中国文学人类学原创书系

文化与符号经济

叶舒宪◎主编

陕西师范大学出版总社

图书代号:SK18N0182

图书在版编目(CIP)数据

文化与符号经济 / 叶舒宪主编. —西安：陕西师范大学出版总社有限公司, 2018.3
(中国文学人类学原创书系)
ISBN 978-7-5613-9830-2

Ⅰ. ①文… Ⅱ. ①叶… Ⅲ. ①文化经济学—研究 Ⅳ. ①G05

中国版本图书馆 CIP 数据核字(2018)第 035915 号

文化与符号经济
WENHUA YU FUHAO JINGJI

叶舒宪　主编

责任编辑	王晓飞
责任校对	刘存龙
装帧设计	田东风
出版发行	陕西师范大学出版总社
	(西安市长安南路 199 号　邮编　710062)
网　　址	http://www.snupg.com
印　　刷	西安市建明工贸有限责任公司
开　　本	720mm×1020mm　1/16
印　　张	20.5
插　　页	2
字　　数	304 千
版　　次	2018 年 3 月第 1 版
印　　次	2018 年 3 月第 1 次印刷
书　　号	ISBN 978-7-5613-9830-2
定　　价	95.00 元

读者购书、书店添货或发现印刷装订问题,影响阅读,请与营销部联系、调换。
电话:(029)85307864　85303635　传真:(029)85303879

总 序

2018年，正值中国改革开放40周年纪念之际，陕西师范大学出版总社推出"中国文学人类学原创书系"，对改革开放的时代大潮在人文学界催生的这个新兴学科，给出一个较全面的回顾与总结，以便继往开来，积极拓展人文学科的教学与研究新局面，可谓恰逢其时。

50后这代人的青春岁月，激荡在汹涌澎湃的"文革"浪潮之中。"文革"后的改革开放，相当于天赐给这一代知识人第二次青春。1977年恢复高考，我们在1978年春天步入大学校园，那种只争朝夕、如饥似渴的求学景象，至今仍历历在目。改革开放带来"科学的春天"，也第一次带来人文科学方面的世界景观。正如改革的基本方向是向发达国家学习市场经济模式一样，人文学者们也投入全副精力，虚心学习借鉴国际上先进的理论与研究方法。"神话－原型批评"就是当时的新方法论讨论热潮中，最早进入我们视野的一个理论流派。1986年我编成译文集《神话－原型批评》时，先将长序刊发在《陕西师范大学学报》上，文中介绍原型理论的宗师弗莱的观点时讲道：

> 物理学和天文学形成于文艺复兴时期，化学形成于18世纪，生物学形成于19世纪，而社会科学则形成于20世纪。系统的文

学批评学知识到了今天才得以发展。……正像自然科学体系的建立有赖于把握自然界本身的规律。一部文学作品,它所体现的规律性因素不是作家个人天才创造发明的,而是在文学的历史发展中,在文化传统中所形成的,这种规律性的因素就是原型。

从文学史的考察中可以看到,文学作为一个有机整体,植根于原始文化,最初的文学模式必然要追溯到远古的宗教仪式、神话和民间传说中去。"这样说来,探求原型实际上就是一种文学上的人类学"。

当时无论如何也不曾想到,这样一段话,居然能够准确地预示这一批学人后来几十年学术探索的方向。"文学人类学"这个名称,也就由此在汉语学术界里发端。10年之后的1996年,在长春召开的中国比较文学学会第五届学术年会上,中国文学人类学研究会宣告成立(首任会长为萧兵先生),如今简称"文学人类学研究会"。从研究文学的神话原型,到探索华夏文明的思想、信仰和想象的原型,这一派学者如今正式提出的大小传统理论和文化文本符号编码理论,可以说早已全面超越了当年所借鉴学习的原型批评理论,走出文学本位的限制,走向融通文史哲、宗教、艺术、心理学的广阔领域。

从1986到2018,整整32年过去了,我们也经历了自己人生从而立到花甲的过程。如今我们要解读的是5000多年前的先于华夏文明国家的"文化文本",阐发的是河南灵宝西坡仰韶文化大墓的神话学内涵。这是当年完全没有预料到的。是问题意识,先把我们引入文化人类学的宽广领域,再度引入中国考古学的全新知识世界,这样的跨越幅度,的确是当初摸索文学人类学研究范式时所始料未及的。

从原型批评倡导的文学有机整体论,拓展到文化符号的有机整体论、史前与文明贯通的文化文本论,这就是我们努力探索近40年的基本方向。自从西周青铜器上出现"中国"这个词语,至今不过3000年时间。2018年2月4日,我第二次给国家图书馆"文津讲坛"开设讲座,题目是"九千年玉文化传承"。今日的学者能够在9000年延续不断的文化大背景中研究

"中国"和"中国文学",这就是从先于文字的文化大传统,重新审视文字书写小传统的一套完整思路。相信这样一种前无古人的理论思路和研究范式,是本土学者对西方原型批评方法的全面超越和深化,这将会引向未来的知识更新格局。

本丛书要展示这40年的探索历程,以萧兵先生为首的这一批兴趣广泛的学人是如何一路走来,并逐渐成长壮大的。本丛书将给这个新兴学科留下它及时的也最有说服力的存照。希望后来者能够继往开来,特别注重不断发展和完善中国版的文化理论和文学理论,包括作为文史研究当代新方法论的三重证据法和四重证据法。

是为丛书总序。

叶舒宪
2018年2月7日于北京太阳宫

序 言
文化符号如何产出经济

一

古往今来,没有哪一个时代像20世纪中期以后这样迅猛而深刻地改变着人类生活。随着金融市场、电子技术、通信信息的高度发展,人类财富积累方式、交流手段、主体间性和生存环境皆随之而变。美国社会学家丹尼·贝尔于70年代提出的"后工业时代",管理学家彼得·德鲁克提出的"后资本主义社会"都是用来阐述这些改变的,而美国著名经济学家理查德·弗罗里达(Richard Florida)则用"创意经济时代"来形容这个时代。在其成名作《创意阶层的崛起》(*The Rise of the Creative Class*)中,弗罗里达认为人类社会已经由服务经济时代进入创意经济时代,并出现"创意阶层",即具有"特别创造力人员"(大学教授、艺术家、建筑师等等)和"创造性的专门职业人员"(高科技、金融、法律等等专职人员)。"创意阶层"都是受过高等教育的知识分子,他们能创造性地运用一套复杂的符号体系,能对国家和地区的经济发展起到举足轻重作用。① 相比"后工业"和"后资本"概念,"创意经济时代"突显出当今社会的新特点:"创意"是最重要的经济驱动力。"创新"是创意的产品,文化符号的创造是"创新"和"创意"的基石。换言之,"创意阶层"对文化符号的提炼和运用程度,随之形成的符号经济是在现代化走向窘困之际能替代工业、制造业的新经济引擎;成功的文化符号打造是经济发展的重要维度和关键所在。

事实证明,与文化符号紧密关联的创意产业正以高于传统产业24倍的速度飞速增长,每天为世界创造着220亿美元的价值,成为众多发达国家的支柱性产业之一。例如美国GDP的7%,英国GDP的8%都由它贡献。② 日本文化创意和产业年收入高达35万亿日元,超过日本汽车工业年产值。韩国原为制造工业强国,1998年亚洲金融危机使韩国将文化产业确定为一大支柱产业。2004年,韩国文化产品已经在世界市场上占到3.5%,一跃成为世界第五大文化产业强国。再回头看看我们自己,相比这些发达国家,我国直到20世纪90年代后期才提出"创意产业"概念,相关产业起步较晚、比重少、创意阶层所占总的就业人口比例也很低。尽管在近几年取得一定发展,但我国文化创意及产业增加值在GDP中尚不足3%。在美国,这一比例是25%~28%,英国是17%,日本是16%。按照国际文化产业发展规律,GDP发展水平与恩格尔系数及文化消费水平具有相关性。按目前我国人均GDP为1000美元,其恩格尔系数应该是44%,文化需求应在个人消费中占到18%,总量为10900亿元,与我国实际文化消费量相比,市场缺口达到5000亿元。③

面对文化创意大好前景与中国现实情况的巨大落差,政府给予的倾斜政策和支持力度已然不小。2010年12月9日,在天津举行的第四批国家

---

① Richard Florida, *The Rise of the Creative Class: And How It's Transforming Work, Leisure, Community and Everyday Life*, New York: Basic Books Press, 2004.
② 王耀辉:《创意阶层在中国的崛起》,见理查德·佛罗里达:《创意阶层的崛起》,司徒爱勤译,中信出版社2010年版。
③ 吴倩茹、彭中强:《文化产业发展报告——中国文化产业现状》,载《安徽文学》2010年第5期。

文化产业示范基地命名授牌大会上,文化部部长蔡武表示:"十二五"期间,文化部将抓紧起草《文化产业促进法》,加快文化产业立法进程,为文化产业发展提供法制保障。在政府重视下,现实状况又如何呢?一方面,纯粹市场化行为正如火如荼介入"创意"领域,甚至出现了新兴的认证培训模式——"创意产业管理培训"(IMART),学习内容包括"如何培养敏锐的商业头脑,寻找合适的商业模式""创业及投资中的财务分析与对策""创业过程中的税收和资金链问题""如何提高销售技巧"等项目。[①] 稍加留意便可看出,"文化"其实已经被排斥在"创意产业"的构成要素之外。

与创意产业悬置"文化"形成对立的是,金融市场不遗余力大打"文化牌"。在房地产和股市日益触到天花板以后,投资"文化"被认为是国家未来战略的重要举措,"文化"开发和交易被众多商人和金融家们看作是能"躺着把钱挣了"的致富法宝。北京、上海、成都、郑州、天津、厦门等"文化艺术品交易所"(简称"文交所")竞相成立。某位看好文交所的研究者私下估计,上下五千年泱泱中华的文化理当价值500万亿美金,而据去年的统计数据,艺术的"盘子"(青花等古玩器物)才产出500个亿,抵不上一家中等的房地产公司![②] 在此种背景下,与"文化"相关的物权、债权、股权、知识产权等各类经济交易信息集中到不同的流转平台,文化产业与资本市场之间的壁垒基本已被破除,且不断被抽空"文化"内涵,成为纯粹的金融化市场行为。

无疑,"文化"可以带来"经济",但"创意"缺乏真正的"文化"也是不争事实。在可持续发展战略的忧虑和转变经济增长方式的现实逼迫下,无论是主流媒体还是资本运作都充斥着有关文化创意的种种话语;政府、市场、金融家、古玩收藏等多重元素构成当下独具特色的"中国式"文化情境。君不见在我们这个盛产"学舌鹦鹉"的国度,昔日最没文化的人、最竭力要革文化的命的人,如今也在大谈文化。好像只要祭出"文化"这面旗,

---

① 相关培训还可参见"中国文化创意产业网"之"教育培训"栏目,http://www.chinawh-cycy.com/Training/2485.html。
② 周华蕾:《浮世收藏:"躺着把钱挣了"?》,载《南方周末》2011年4月21日。

就能获得经济效益,甚至能源危机和环境危机都能迎刃而解,以致很容易让人把文化创意误解为是"空手套白狼"的"把戏"。殊不知,"文化"绝不是餐桌上的馒头!成熟的资本运作诚然是用"文化"带动"经济"的必然环节,但其前提是对"文化"的理解,以及在此基础上的文化符号提炼与实践过程。"文化"要能顺势生财,必须借助符号化的形塑与成功的市场行为。以当下最成功的符号产品——乔布斯的"苹果"系列产品为例:可能不同使用者对苹果产品有着这样或那样的诟病,却无法否定"苹果"的巨大市场魅力,以及在通讯终端市场的绝对主导地位。凭借其时髦新潮拥有着教派般狂热的使用者族群,"苹果"正成为一种席卷全球却有别于可口可乐、麦当劳和IBM电脑的美国文化新符号。谓之为"文化新符号",不仅是指它强大的高科技创新和智能特点,更是指苹果公司总舵手史蒂夫·乔布斯(Steve Paul Jobs)的管理方式与文化追求。从文化角度审视,苹果系列的轻灵、简约和优雅,与以黑铁为主色调的庞然现代机器形成了巨大反差。苹果产品所张扬的享乐主义和小众趣味,亦是对贯穿20世纪高效率主题的一种反讽。为何他要反讽西方现代社会主旋律?沿波讨源,厌倦了西方理性文明浸染的乔布斯曾远足印度学习禅修和冥想,他巧妙地将佛教"无"的哲学应用到苹果设计之中,iPod、iPhone和iPad系列本身就可被视为"禅"精神的隐喻:取消了按键、键盘、鼠标等一切附件,移动设计能力被简化到一个纯粹的屏幕上。[1]《纽约客》的一篇文章这样形容苹果产品:"苹果,是知识的象征,被咬了一口,是欲望的符号,还有彩虹——但颜色不一样。知识、欲望、希望、无政府主义,一个公司能被这么多符号和象征给笼罩着,能不神秘吗?"[2]这种具有时代文化气息和符号提炼术的创意产品,绝不是简单的技术设计和市场行为所能效仿的!再譬如,符号经济时代最畅销的小说之一——《达·芬奇密码》,其巨大成功与作者深厚的符号学专业知识,以及最大限度地调动艺术品的视觉联想效果密不可分。这也无怪乎作者要把小说主人公兰登设计为哈佛大学符号学教授,使其置身

---

[1] Jeffery Cmikshank, *The Apple Way*, McGraw–Hill Press, 2006.
[2] 详见美国《纽约客》(*The New Yorker*)杂志官网,http://www.newyorker.com/。

在文化符号—符号解码—破译文化的神秘世界中以打动读者。电影史上新神话时代代表作《星球大战》编导者当年如饥似渴地补习神话学专业知识的佳话,更足以给时下滥用"神话"之名而不解文化奥秘的跟风者们树立文化创意的典范。同理,《哈利·波特》《指环王》《黑客帝国》《阿凡达》等畅销书和影视作品也绝非仅是魔法或科幻场景的热闹、视觉效果的成功,其成功背后都有着深刻的文化旨趣、巧妙的符号隐喻、自觉的文化提炼过程。

反观国内,以上那样对"文化"的尊重和符号化再生产过程并不多见。除了改革本身所忽略、不够完善的地方(例如宏观经济发展策略,以及医疗、教育、住房等基本问题得不到有效解决,国民难以全身心投入"文化"和"消费")之外,本该属于"创意阶层"的大学教授和人文学者们是否也需要拿出勇气来自我反思呢?"文化"如何走出书斋变为"经济",文化资本如何通过发掘和再造符号来替代不可再生的自然资源?20世纪90年代以来,在符号经济迅猛发展的新现实下,原有的学科界限严重束缚着我国人文社会科学工作者对这种全新的经济转型与文化转型的应对能力,滞后的知识和眼界阻碍着我们在知识创新方面的步伐。符号经济勃兴的现实需求,向传统的人文学术和学者提出了转换知识结构与知识功能的新课题。文化创意所需要的符号增值术,有赖于深厚的人文素养和相当深厚的专业知识储备。残酷的事实一再证明,只有金融资本而缺乏文化资本及其"炼金术",根本无法同国际文化产业的杰作竞争,而盲目跟风或只注重"文化搭台,经贸唱戏"的内在思路也注定无法长远发展。这些都促使学界反思:什么样的专业知识储备才能提供真正的文化创意?如何从学理上剖析文化与符号经济时代的关系,厘清文化符号背后的学术传统和渊源,打造真正有本土生命力的符号产品?……诸如此类的问题亟须严肃对待。

二

人类的一切活动都起源于符号,符号是文化的根基。区别于普通"记号""信号"的符号,不仅形成了人类种种文化景观,更是人类文化的独有标志。卡西尔曾提醒世人:"符号,就这个词的本来意义而言,是不可能被还原为单纯的信号的。信号和符号属于两个不同的论域,信号是物理的存在世界之一部分,符号则是人类的意义世界之一部分。"[1]符号的魅力并不存在于符号本身,而在于它的意义。符号(symbol)一词衍生于拉丁文 symbolum,基本义是"标签"(ticket)或"象征"(token)。符号是指具有其自身之外的隐喻或象征意义,并被用来产生一个由相互关联的意义所构成的系统。换言之,人之所以能是这个星球上唯一的"文化动物"(cultural animal)和"符号动物"(symbolic animal),最大奥秘就在于人类构建出的"意义"和"象征"世界。进一步发衍,对符号世界的研究就是符号学。符号学的起源可以追溯到古希腊时代,不过,作为一种科学观念的"符号学"是启蒙时期才由 J·洛克提出。洛克《人类理解论》将"科学"划分为三类:第一为物理学(physica);第二为实践之学(practica);第三为标记之学(samiotic),即符号学,其任务在于"考察人心为了理解事物、传达知识于他人时所用标记的本性"。[2]与这时期的"科学"性内涵一脉相承,无论是索绪尔的符号学(semiology)还是 C. S. 皮尔斯的符号学(semiotic),都在逻辑学及语言学的谱系下发展完善。尽管这个时期的符号学引领了"语言学转向"(linguistic turn)风尚,但符号对于人类文化的综合研究价值还并不算耀眼突出。

符号学真正大放文化光彩是 20 世纪 60 年代以后,是符号学与人类学相互促进的结果。从学理上看,20 世纪的文化人类学帮助人们明确了一个道理:"一切的文化,除了物质的形式之外,都是以符号的形式而存在的。"[3]一方面,符号学迎合了人类学家的需求,对人类学的发展起到了极大的推动作用。另一方面,文化人类学则把符号学研究真正拓展到文化研究领域,符号人类学应运而生,并在 20 世纪后期取得了快速发展。符号人类学从符号现象入手研究和阐释文化,尤其关注仪式、神话、图腾、象征与

---

[1] 恩斯特·卡西尔:《论人:人类文化哲学导论》,刘述先译,广西师范大学出版社 2006 年版,第 40—41 页。
[2] 洛克:《人类理解论》(下册),关文运译,商务印书馆 2009 年版,第 777 页。
[3] 参见俞建章、叶舒宪:《符号:语言与艺术》,上海人民出版社 1988 年版,第 1—29 页。

宇宙观等方面的深层解读,涌现出诸如吉尔兹(Clifford Geertz,1926—2006)、利奇(Edmond Leach,1910—1997)、特纳(Victor Turnet,1920—1983)、玛丽·道格拉斯(Marlry Douglas,1921—2007)、尼答姆(Rodney Needham,1923—2006)等一批建树卓越、影响广泛的著名学者。在符号人类学的启示下,法国思想家、后现代主义的理论宗师鲍德里亚(Jean Baudrillard,又译为波德里亚)从改造马克思主义的立场出发,针对当代消费社会的现实变化,提出"符号的政治经济学"理论,希望在传统的马克思主义对资本主义的政治经济学批判之外,拓展出符号批判的维度,揭示"消费暴力"所造成的异化新情况,开辟出"符号经济"这一全新的视野。与此同时,20世纪以来的人类生活现状更昭示了"符号"对于社会文化发展的决定性地位。文化和符号从来也没有像今天这样为人所重视,具备文化内涵和深入人心的"符号"塑造成为所有商品的追求目标。在后现代经济的新型增长面前,甚至有西方思想家断言:"随着全球化的到来,文化彻底成为工业。"[①] 其实,后现代社会的新经济模式,既使得追求消费的商品社会不断与现代神话连接,也提供了从实物资产到知识资产的蜕变空间,为一切真正具有知识性和影响力的"文化"提供了登台唱戏的机会。诸如挖掘与利用神话原型成为商品的"源代码"和无形资产;让"文化符号"既能带动经济发展,还能真正复兴和壮大本土文化建设。对这些文化情境的分析及发展抱负,不能只交给商人、市场和官员来回答。这时,一度备受冷落的文学也可以重新回到聚光灯下,并且与人类学结缘,焕发出新的生命力。

若将文学视为人类表述自我的一种符号、一种方式,那么,方兴未艾的文学人类学(Literary Anthropology)与符号人类学(Semiotic anthropology 或 Symbolic anthropology)实为一体两面:文学人类学强调作为文字书写的"文本",符号人类学更强调在人类"符号"表述的大视野中审视文学叙事。这层意义上的文学人类学,甚至可被视为符号人类学的一个方面。作为一门新兴学科,文学人类学强调从文化人类学视野来重新界定文学的定义、发

[①] 斯科拉·拉什、西莉亚·卢瑞:《全球文化工业:物的媒介化》,要新乐译,社会科学文献出版社2010年版,第283页。

生、功能、意义和研究方法;同时,也强调从文学视野来反思文化人类学的研究范式,以及民族志书写问题。在这个领域,"文化"与"文本"、"他者"与"本土"、"原始"与"现代"、"族群"与"国家"等等关系均被置入新的考察空间,"文本"与"符号"也相应被注入新的意义和生命力,"符号"的文学增值术成为可能。文学与人类学的最重要交集点——原型和神话,更是文学人类学的研究重点与优势所在。与传统的书斋型或文学型神话研究不同,文学人类学注重从活态文学、文明起源、仪式叙事、族群关系和文化资本等方面研究神话,让神话具有跨学科、跨文化的穿透力,成为本土文化符号的丰厚土壤所在。因此,文学人类学在一定程度上有别于其他学科的文化关照方式:相对于社会学注重对文化产业的统计调查,传媒和广告界注重直接运用,文学理论注重对"消费社会"的纯理论思辨和人文批评等路径,文学人类学更强调从人类表述自我的符号层面探究"符号经济"的学术根脉与实践可能,从而为当下的符号经济和文化创意产业提供一些视角、资源、方法和研究个案。这也是我们编辑这本书的初衷所在。

　　本书希望围绕着"文化与符号经济"这个中心主题,多侧面、多方位展现不同年龄、不同身份研究者的研究心得。

　　本书内容划分为三个单元,共由20篇与"符号经济"相关的论文组成。上编"文化热销品的符号密码"在文学人类学视野下,重点解读一批流行畅销的文学和影视佳作如何运用神话和原型符号来提升文化附加值,分析怎样才能将文学原型提炼为文化资本、形成学术高度和市场效应皆备的文化产品。中编"民族文化的符号经济之路"从文学人类学角度论述符号经济的多重实践性可能,包括旅游景观分析、非物质文化遗产的保护、文化资本的发掘和符号再造、用原型理论加强广告宣传策略等方面。下编"符号经济与文学增值"旨在从原理和策略方面概括符号经济的特点,讨论文学增值的途径。需要强调的是,引起对"符号经济"的重视还并非我们的唯一宗旨,从"符号经济"来反思人类文化的来龙去脉,关注不可持续与可持续的二元划分,同样是我们不可或缺的问题意识。

　　从策划到编辑此书,既希望它能体现文学人类学的学科诉求与研究价值,也希望跳出单一学科禁锢,倡导面对"文化兴国"现实语境的综合型研究视角;我们主张学理探索与应用性对策研究的互动结合,力求既有文学人类学理论资源的探讨和脉络梳理,也有面向符号经济的本土文化资本的审视与发掘深度,提升文化博弈力的前瞻性思考。我们相信,文学人类学的学科旨趣和研究方法会使得它对研究符号经济有着不可忽视的促进作用,也会有更多的同人们和爱好者们推陈出新,不断呈现出更精良的研究成果。

目 录

上 编 文化热销品的符号密码

谁破译了《达·芬奇密码》……………………………… 叶舒宪 / 003

《哈利·波特》的异教想象及其原型 ………………… 叶舒宪 / 014

《阿凡达》与文化寻根思潮 …………………………… 叶舒宪 / 032

《黑客帝国》的符号编码与文化渊源
　　——兼谈符号经济与学术寻根问题 ………………… 谭　佳 / 063

从《功夫熊猫》看中西符号的融合效应 ……………… 丁树雄 / 090

韩剧《大长今》的品牌铸造 …………………………… 丁树雄 / 099

《熊图腾》PK《狼图腾》……………………… 丁树雄　土　土 / 109

中 编 民族文化的符号经济之路

"七夕"文化的符号经济 ……………………………… 叶舒宪 / 125

大众文化中民歌的符号性打造
　　——全球化语境中民族文化认同的危机及其重构 ……… 王　杰 / 137

现代旅游中的符号经济 ………………………………… 彭兆荣 / 151

民族旅游区的符号化和资本化
　　——丹巴藏寨及其旅游影响 ················ 徐新建 / 164
文化遗产名录的符号竞争 ···················· 李　菲 / 184
符号经济与非物质文化遗产 ·················· 叶舒宪 / 198
象征人类学与景观符号化 ············ 赵红梅　李庆雷 / 212

下　编　符号经济与文学增值

文化资本博弈时代的文学增值术 ·············· 叶舒宪 / 229
解码符号经济 ······························ 黄　悦 / 246
鲍德里亚的"符号政治经济学批判" ············ 刘玲华 / 276
中国文化产业学科面临的问题 ················ 叶舒宪 / 288
用神话原型打造经典品牌
　　——解读《很久很久以前：以神话原型打造深植人心的品牌》的文学
　　人类学意蕴 ·························· 唐　卉 / 295
符号经济的消费特点与品牌增值 ·············· 谢美英 / 303

上编 文化热销品的符号密码

谁破译了《达·芬奇密码》[①]

叶舒宪

20世纪末热销600万册的《塞莱斯廷预言》和21世纪初发行800万册的《达·芬奇密码》,给图书界和文学界带来的震动可想而知。人们有个疑问:这些作者是怎样赢得那么多男女老少读者之心的?其小说能够吸引人的诀窍何在?

一般的看法是,书商精心策划和媒体炒作,作者善用悬念、非凡的想象,出其不意地反拨历史常识……诸如此类因素。然而问题绝非如此简单!

从雷德菲尔德、卡斯塔尼达到罗琳和丹·布朗,这一批作者非常不简单!我们只知道他们是舞文弄墨的小说家,却不知道他们同时也是声势浩大的社会运动的重要参与者和中坚干将。这种眼界和知识上的盲点,使我们不能透彻地领会这一批超级畅销书所蕴含的文化价值意义,更无法从欧美当代社会运动的普遍性与巨大影响力着眼,把握其所以引起共鸣的深层原因。构成我们知识上巨大盲区的这场社会运动就是"新时代运动"。这些作者的灵感和思路无一不是来源于它。该运动的特征就是反叛现代性及其基础——西方基督教文明和资本主义生活方式,让长久以来被压制的

[①] 本文原载于《读书》2005年第1期,经修改辑入本书。

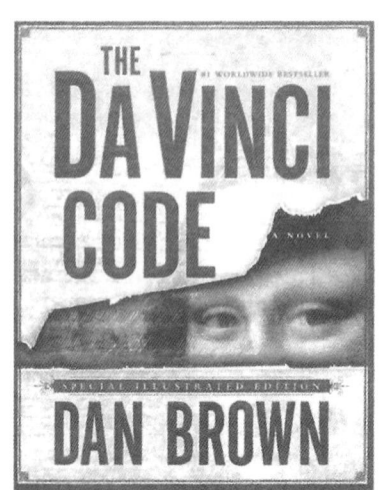

异教思想和观念来对抗和取代正统基督教观念,成为新世纪引导人类精神的新希望。这种精神的反叛大致围绕着四个重心而展开。第一,针对以白人为最高文明代表的欧洲中心历史观,让非西方文化的价值观来取而代之。第二,针对以《圣经》神学为基础的基督教的一神论的长久统治,让具有更加悠久传统的巫术—魔法—萨满教的多样性神幻世界来取而代之。第三,针对西方文明史中希腊文化和希伯来文化占主流的传统,让处于边缘的非主流文化如凯尔特文化得到重构和复兴。第四,针对父权制的男性中心的价值观,让女性重新圣化,让更加古老的女神信仰得到复兴并引导未来的人类精神。

从以上背景出发,重新审视当今这些热门作品,就可以清楚地把握其创作背景和基本价值倾向了。其实,在新时代人大举进军文学想象世界之前,他们就已经大举进军音乐界并一统天下了。今天世界各个城市的音像店里销售最多的不就是署名"新时代音乐"的那类作品吗?比如

《达·芬奇密码》中、英文版书影

《神秘园》系列、卡修·卢恩、喜多郎等等。《达·芬奇密码》的认同取向属于上述四方面的最后一类:借侦探小说的形式重新解读达·芬奇名画中潜藏的异教异端信息,从而在基督教传统压抑的缝隙中发掘出更加悠久的女神宗教的信仰和观念。

倘若像一般书评家那样把它看成是推理破案的侦探小说来读,那就根本无法得其要领。如果和20世纪西方学术思想变迁的大背景联系起来看,那么,新时代运动的第一和第三个重心属于文化研究中的种族－族群

维度,第二个重心属于宗教-政治的维度,第四个重心属于性别-宗教的维度。这三个维度的批判反思恰恰是20世纪后期整合出的、打破原有学科界限的"文化研究"和"文化批评"的基本思路。因此,按照保守的正统的学院派文学批评的理论和思路,已无法适应新时代文学的认识需要。知识的更新与眼界的拓展,是学院派教授们面临的当务之急。要像《达·芬奇密码》主人公哈佛大学教授兰登那样,摆脱学院与书本的束缚,关注世俗与民间的真实生活及其变化的潜流。

《达·芬奇密码》电影海报

具体地看,雷德菲尔德的《塞莱斯廷预言》、罗琳的《哈利·波特》、卡斯塔尼达的《寂静的知识——巫师与人类学家的对话》和丹·布朗的《达·芬奇密码》,都属于新时代人大力拓展的异教想象的代表作。20世纪末问世的前三部书,都突出了新时代人对新千年(实际是以两千年为一个完整时间循环周期)即将开启的新世界的期待。这种期待心理到了21世纪开始,就自然地转化为一种过渡的意识。《达·芬奇密码》第六十二章中提彬的话,就是这种意识的写照:

根据预言,我们正处在一个发生巨大变化的时代。千禧年刚过去,随之而结束的是长达两千年的双鱼时代,要知道鱼也是耶稣的标记。正如星宿符号学者所言,双鱼星座的理念是,人类必须由比他们更强大的事物来告诉他们应该做些什么,因为人类自己不会思考。因此,那是一个充斥着强烈宗教信仰的时代。可是现在,我们进入了宝瓶时代。而这个时代的理念是人类会掌握真理,会独立思考。观念上的转变是如此之大,而这种转变正在发生。

由于新时代人坚信这个转变必将抛弃基督教的两千年统治,所以罗马教廷方面把新时代呼唤的转变时期称作"末日"(索菲语),也就不足为奇。如果说过去的两千年作为一个历史时间单位——双鱼时代,那么该时代的核心宗教精神就是以男性的神子基督为代表的;新时代人宣告基督的男性中心信仰走向终结,取而代之的应是女神精神!这种女神精神不是凭空发明出来的,而是在男性中心时代被压制和埋没的一种潜在的弱势传统。小说中若隐若现的异端宗教组织——郇山隐修会,作为"成立于一〇九九年的欧洲秘密社团"(见《达·芬奇密码》扉页),就是西方社会中保存和发扬女神宗教传统的主角。

郇山隐修会是怎样的一个持不同意见的信仰群体呢?丹·布朗除了在开篇做了简略介绍以外,还在书的最后一章给予说明:"不管怎么说,这个组织历来都有女性的加入。在它历任的领导者当中,就有四位是女性。护卫长传统上由男性充任——即担任保卫工作——而女人则占据了更高的地位,并可能担任最高的职务。"

一个由女性担任最高领袖的宗教机构,希望崇奉女性的神灵,这其中的性别政治内涵,及其颠覆父权制意识形态的欲望,已经和盘托出。19世纪由巴霍芬提出的"母权论",虽然在20世纪已经被人类学所否认,但却不影响女性主义著述依然津津乐道。同样的,像郇山隐修会这样的异端教派历史上是否实有其事,倒并不重要,重要的是它为什么会被作者拿出来说事。我们一旦明白了世纪之交的新时代运动要求恢复古老的女神宗教传统的思想背景,这个疑问也就明朗了。《女神的要素》一书作者凯特琳·马修斯指出,当代人对女神的关注应该看作是"她的第二次降临(Her second coming)"。女神何以重新降临这个世界呢？马修斯认为，人类精神对神性的理解恰好处在一个关键的十字路口上：以往的父权制的一神教统治限制了人类对神的认识，压制了悠久而珍贵的女神智慧。①

与隐修会复兴女神传统相对应，小说中一而再再而三地提到正统基督教历来不提的女神，并竭力称颂女神信仰的伟大。郇山隐修会的著名成员包括牛顿、波提切利、雨果和达·芬奇。所谓"达·芬奇密码"，也就是作为该会成员的达·芬奇在他著名的画中用隐喻编码的方式曲折传达的女神主题。小说的主要场景之所以安排在卢浮宫，也是从双重意义上呼应女神的主题。作者在"尾声"部分，通过主人公的视线描述了卢浮宫建筑的象征意义。其双重蕴涵：一是卢浮宫就是收藏着"达·芬奇密码"名画《蒙娜丽莎》的所在，也是收藏有大量的前基督教世界女神偶像的艺术宝库；二是卢浮宫新建的金字塔形玻璃建筑也呈现为倒立的圣杯状，而圣杯——这个基督教传统的圣物，在新时代人的谱系中也象征着女神！

小说第二十章记述的发生在卢浮宫的男女主人公对话，清楚地揭示了作品的主旨：

> 索菲问道："那么斐波那契数列呢？还有P.S？还有达·芬奇和女神的象征意义？那一定是我祖父留下的。"
>
> 兰登知道她说得对。五角星、《维特鲁威人》、达·芬奇、女神以及斐波那契数列——这些线索的象征意义完美地结合在一起。圣像研究者会把这称为一个连贯的象征系统。所有的一切结合得天衣无缝。

具体地追溯《达·芬奇密码》的构思之源，我以为也许有两部书给了作者明显的影响。一部是生态女性主义代表性学者理安·艾斯勒的《圣

---

① Caitlin Matthews, *The Elements of Goddess*, Element Books Lmited, 1997, p. 20.

杯与剑》,另一部是2001年新问世的惊世大著《耶稣与女神》①。前者为小说的中心象征提供了素材和灵感,让我们知道,小说表现的宗教冲突故事其实也是人类在这个星球上一两万年以来"男女之间的战争"的延续;后者似乎更重要,因为它给《达·芬奇密码》奠定了中心思想。

弗雷克与甘地合著的《耶稣与女神》,副标题为"原始基督教的秘传教义",一看就知道《达·芬奇密码》对基督教反弹琵琶的做法并不是丹·布朗的首创。就连女主人公索菲的名字及其象征蕴涵,也直接来自《耶稣与女神》这本新时代学术著作。书中揭示的秘密是:为什么原始基督教的秘传教义被罗马教会全然埋没呢?就因为其中讲到了基督教女神索菲亚的神话!女神索菲亚在《福音书》里化身女人出现,作为处女与妓女,表达的是心灵堕落和获得拯救的过程。对此,《达·芬奇密码》第五十五章以下有大段的连续补充说明:篡改原始基督教的是一个异教的罗马皇帝君士坦丁,他把基督从人改造为神,删掉了耶稣和他的女人——抹大拉的玛利亚的记录,并通过编造创世记的亚当夏娃神话而彻底终结了女神的信仰和崇拜。圣杯,其实是一个隐喻,是抹大拉的玛利亚的象征化身。作为容器的圣杯代表女神的生育本体——子宫。而抹大拉的玛利亚也恰恰为凡人耶稣生育了后代。作者借兰登之口说:"圣杯代表着失落的女神。关于骑士们寻找圣杯的传说实际上是关于寻找圣女的故事。那些宣称寻找圣杯的骑士是以此来掩盖真相,以免受到罗马教廷的迫害。当时的教廷欺压妇女,驱逐女神,烧死不信奉基督教的人,而且还禁止异教徒崇拜圣女。"

达·芬奇的另一名画《最后的晚餐》,则借"形象密码"再度揭示了被掩盖千年的真相:耶稣身边有个女人——抹大拉的玛利亚。后人忽略了她的性别,把她当成十二门徒之一了。而在《福音书》里她竟然被别有用心地污蔑成了妓女。小说一方面要求揭示这些被歪曲的真相,另一方面还说明了"历史是由当权的胜利一方来书写"的道理。小说人物借用拿破仑的话说:"什么是历史,只不过是编造的谎言罢了!"

---

① Timothy Freke & Peter Gandy, *Jesus and Goddess: The Secret Teaching of the Original Christians*, London:Torsons L. D. ,2001.

如果孤立起来看,《耶稣与女神》这样的书会显得十分刺目:作者为什么要在流传千年的宗教常识背后反弹琵琶呢？然而,稍微了解一下近年来女性主义在宗教与神话研究方面汗牛充栋的著述标题,这样的疑问就自然冰释了。像《古希腊失落的女神》《上帝为女性时》《上帝是女性》《女神的观念》《女性主义神话学导读》《圣经创世记的女性主义指南》《女神的语言》《活着的女神》等一大批同类书籍,已经在西方学院内外随着新时代运动的影响而广泛传播了。无疑,丹·布朗对这些书不会陌生。他的父亲是教授,母亲是宗教音乐家,他对此早已熟悉。以"探寻秘密"的文学形式来讲述新时代的观念,是20世纪末新时代文学的杰出代表——雷德菲尔德的《塞莱斯廷预言》和卡斯塔尼达的《寂静的知识——巫师与人类学家的对话》获得巨大成功的诀窍,丹·布朗对此也心领神会。他这部以"人类历史的最大秘密"为悬念的小说,虽然充满知识性的大段论述,却依然能够吸引读者。反过来看,《达·芬奇密码》创纪录的发行量,对新时代思想的传播,尤其是女神复兴运动,也产生推波助澜的作用。

也许读者会奇怪,为什么一部通俗小说中要津津乐道符号、象征、密码、偶像、神秘数字、字谜、塔罗牌、女神、巫术、占星术、朝圣、秘密仪式等大批神秘的内容？只要你在欧美的任何一个新时代书店里参观过,就会很容易看到,那里琳琅满目陈列着的,正是这些"异教"知识之书。小说以女主人公索菲的祖父——卢浮宫美术馆馆长索尼埃的神秘死亡为开端,给全书埋下了解谜的线索。由于索尼埃让自己尸体的姿势模仿了达·芬奇画的《维特鲁威人》,使小说的情节展开变成了符号

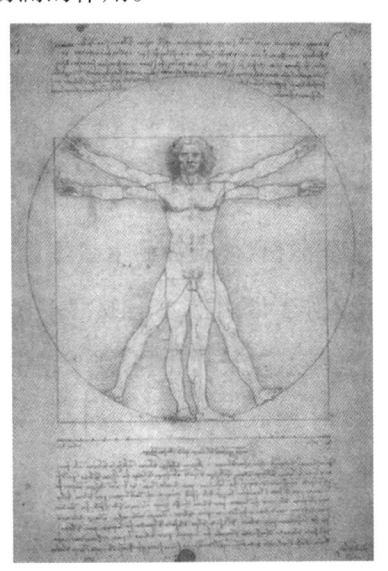

达·芬奇《维特鲁威人》

解码的过程,层层疑团的破译把枯燥的知识转化为生动的启蒙课了。

当然不是巧合。祖父要借助斐波那契数列给我们一些提示

——就像他用英语来书写信息、模仿他最喜爱的艺术作品中的画面和摆出五角星形状的姿势一样。这只是要引起我们的注意。

"你知道五角星形状的含义吗?"

"知道。我还没来得及告诉过你。小时候,五角星在我和祖父之间有特殊的含义。过去,我们常玩塔罗牌,我的主牌都是五角星的。"

兰登打了个冷战。他们玩塔罗牌?这种中世纪意大利的纸牌隐含着异教的象征体系,用五角星花色来象征女神。

象征学专家兰登不仅从塔罗牌的细节中看出女神宗教的蕴涵,也猜测到老馆长的异端身份。专业知识使他成为这方面最在行的侦探!

2001年笔者考察英国大学教育中新时代思想的影响程度,像牛津、剑桥、伦敦和爱丁堡这样的老牌正统名校都还显得保守。黑人教授开设后殖民理论这样的课程,还是经过了辩论之后才获准。新时代人的著作只是从大学外围的书店对师生们形成知识的包围。而今,在丹·布朗笔下的美国哈佛大学的课堂上,情况完全变了。那里讲授的是女神的象征系统:斐波那契数列、五角星、黄金分割(1∶0.618)等在人类文化史上扮演的绝妙角色。

在大多数中国读者心目中,哈佛是当今世界高等教育的金字塔尖。多少家长把送孩子上哈佛作为终极理想,多少学生把哈佛作为自己的人生梦境。这种超常的向往,从《哈佛女孩刘亦婷》能狂销120万册即可见一斑。可是,丹·布朗表现的哈佛大学呢,却是普及新时代信仰与相关异教知识的场所。难道作者在开玩笑吗?

只要大致了解20世纪末以来,新时代人的思想如何迅猛地席卷美国知识界,就可以肯定这里的哈佛课堂情况并不是凭空虚构的游戏笔墨。早在丹·布朗之前,哈佛大学出版社就出版过人类学家克里福德的《文化的困境:二十世纪的人类学、文学与艺术》[1]一书,讨论到新时代人的原始主

---

[1] *The Predicament of Culture*, 1988.

义给作家、艺术家的重要影响。杜克大学英语系主任玛丽娜·托戈尼克根据自己的新时代体验撰写的专著《原始的激情》[①]也曾荣登《纽约时报》畅销榜,引来一股原始主义文化热潮。如此看来,丹·布朗让非主流文化登上哈佛课堂,就不足为奇了。

在兰登教授的讲述中,黄金分割既是上帝造物的大小比例,也是一个异教组织——大地母亲教的核心。兰登给学生们播放了米开朗琪罗、阿尔布莱希特·丢勒、达·芬奇和许多其他艺术家作品的幻灯片,这些艺术家在设计创作其作品时都有意识地、严格地遵循了黄金分割比率。兰登还如数家珍地讲到希腊巴特农神殿、埃及金字塔甚至纽约联合国大楼在建筑设计中所运用的黄金分割率,并兼及莫扎特的奏鸣曲、贝多芬的《第五交响曲》,以及巴托克、德彪西、舒伯特等音乐家的创作。他讲课,不光把西方艺术史上各种佳话生动地展现出来,还通过性别政治的视角,把五角星解释为黄金分割的首要代表,作为美丽与完美的象征,与女神和神圣的女性联系在一起。难怪在他的课堂上,在男生们大受启发的同时,"班上的女生都满脸笑容"。这里确实有女性主义视角对艺术史、宗教史和社会思想史的重要发现。

如此神奇丰富的内容,如此具有启发性的教学方式,难怪大部分无缘到哈佛大学深造的读者们要深深为之所动,从小说模拟的课堂中获得极大的心理补偿呢!

其实,丹·布朗自己是比兰登教授更加精深的象征学专家,你看他别具一格地解析达·芬奇杰作,从《蒙娜丽莎》到《维特鲁威人》和《最后的晚餐》,居然都是潜藏女神崇拜信息的图形密码。这些密码的破译自然指向历史上那场旷日持久的没有硝烟的大战——性别之间的战争。它告诉今人:历史,是男人书写的;而"男人的欺骗是多么黑暗"。如同兰登所解释的:"隐修会认为,君士坦丁大帝和他的男性继位者们通过将女性神灵邪恶化的宣传活动,成功地将基督教转变为男性统治的宗教,将女神的地位从现代宗教中抹去了。"这些理论性的描述不是正好呼应着女性主义的历

[①] Marianan Torgovnick, *Primitive Passions*, New York: Alfred Knopf, 1997.

史批判,以及把"历史(history) = 他的(his)故事(story)"的男性偏见公式改换为"她的故事(herstory)"那种激进要求吗?

新时代人为了告别父权制基督教的统治,已经做了大量工作和再启蒙铺垫。现在,轮到丹·布朗在新世纪开端做出全面的清算了。第二十八章的下面一段,可以说是书中分量最重的血泪控诉:"由天主教裁判所发行的《巫婆之锤》无疑堪称人类历史上最血腥的出版物。它向人们灌输'自由思考的女人们给世界带来威胁'的思想,并教导神职人员如何去识别、折磨并消灭她们。……在追捕女巫的三百年中,被教会绑在柱子上烧死的女性多达五百万。"读过《哈利·波特与阿兹卡班的囚徒》的读者,一定还记得主人公哈利·波特曾在魔法学校撰写论文,题目是《十四世纪焚烧女巫的做法是完全没有意义的》。这看似漫不经意的少年戏笔,实际上清楚地说明了作者的新时代思想倾向。罗琳在作品中不讲基督教的那一套,也不去表现西方文学中常见的上帝、教堂与《圣经》,却以一位少年男巫为主人公,让他出面为历史上被基督教教会迫害烧死的数百万女巫翻案昭雪。

原来这些顶级畅销书的作者在性别政治立场上如此一致!尽管他们在生理性别上有男女之分。罗琳于2004年获得爱丁堡大学的荣誉博士学位,但还不能算学院派学者。卡斯塔尼达本人在加州大学攻读人类学博士学位,是典型的学院知识分子。而丹·布朗让美国最古老的高校哈佛大学的学者也走入了民间异端宗教复兴运动的核心位置。其言外之意是深远的:作为西方现代性的教育、知识、科学之标志的最高学府的教授,兰登在课堂上讲的是什么呢?能够从黄金分割、五角星、十字架中解读出女神象征意义的他,充分表明部分学院派知识分子对新时代观念的认同。

新时代人为什么要恢复女神的信念?小说中也有所暗示。如第二十八章的另一段,讲到上古女神时代结束,大地母亲已经变成了男人的世界,毁灭之神和战争正在夺去无数人的生命。男性时代已经延续了两千多年,而没有受到女性的阻挠。郁山隐修会认为,正是由于女性的神圣地位在现代生活中的被剥夺才造成了"生活的不平衡"——霍皮族印第安人所说的"koyanisquatsi"。这种状态是由睾丸激素诱发的,人们对于大地母亲也愈发不敬。人与自然、人与人之间关系的彻底失衡,可以说是人类群体性的忘本的恶果。恢复女神信念则带有精神拯救和文化治疗的性质。

由男性的睾丸激素直接诱发暴力和战争，这样的判断在学理上能否成立，肯定会有好一番争论，我们暂且存而不论。而这种对和平的强烈呼吁，对平衡的渴望和追求，也许就是在世人对战争和杀戮已经司空见惯，人体炸弹和恐怖主义肆虐全球的今天，新时代人的女神文化理想的积极意义所在吧。

综上所述，在我看来，《达·芬奇密码》这样的世界级畅销书的成功（这里仅就超级发行量而言）秘诀就是：以"假语村言"的小说形式去尝试一种引经据典的重大历史符号的考据工作，从根源上挑战和颠覆正统的神圣观念。这样的做法可以看成是文学作者面对符号经济时代的一种文化创意。借用符号学术语来讲，其一鸣惊人的效果的原因就在于：借用最具人气指标和知名度的符号能指，采用一种类似去伪存真的探索程序去改变符号所指。

《哈利·波特》的异教想象及其原型

叶舒宪

一、透视《哈利·波特》的异教想象

20世纪后期,资本主义的现代性危机在思想文化领域产生了重要的回应。后现代主义的文化寻根便是这种反叛现代性的激进表现。如詹明信《晚期资本主义的文化逻辑》所言:"不论从美学观点或从意识形态角度来看,后现代主义表现了我们跟现代主义文明彻底决裂的结果。"[1]《哈利·波特》这部轰动当今世界的通俗文学作品,便可以作为这种"跟现代主义文明彻底决裂"的标本来读。可惜的是,当人们惊叹这部小说的巨大市场效应和儿童文学幻想的得失时,它所代表的后现代文化寻根的思想倾向却被批评理论界所忽略。本文拟从《哈利·波特》的异教想象入手,考察它与现代性文化彻底决裂的种种表现方式,揭示其与西方民间的精神运动的内在联系,借此把握当代资本主义社会内部非主流思想的脉络。

按照马克斯·韦伯的观点,资本主义现代性是建立在基督教新教精神

---

[1] 詹明信:《晚期资本主义的文化逻辑》,陈清侨等译,生活·读书·新知三联书店1997年版,第421页。

英国成人版　　　　　　　　　　　　美国版

各国《哈利·波特》封面欣赏

的大背景之上的。因此,反叛现代性可以表现为反叛基督教的世界观。于是,作为基督教的历史对立面的巫术,便通过《哈利·波特》的儿童文学形式得到重新推崇,而和西方文学传统息息相关的基督教教义、教堂、仪式等统统被异教性质的魔法所代替了。这位曾经穷愁潦倒的英国女作家罗琳为什么要这样表现她对魔法的青睐呢?因为她在自己的艰苦生涯中已经充分意识到资本主义的物质主义具有非人性的发展倾向,她希望借助于巫术魔法来抗衡这种市场社会的非人化力量。按照詹明信的判断:"当前西方社会的实况是:美感的生产已经完全被吸纳在商品生产的总体过程之中。也就是说,商品社会的规律驱使我们不断出产日新月异的货品(从服装到喷射机产品,一概得永无止境地翻新),务求以更快的速度把生产成本赚回,并且把利润不断地翻新下去。"①市场导向的一种为追逐利润的最大化而疯狂生产与倾销的生活机制出现了,它正在以无情的吞噬本能消磨和改造着人的天性,把无数的个人引向那种根本没有节制的走火入魔局面之中。看看《哈利·波特》中只为公司订单而生存的姨夫德思礼一家吧,这和当年马克斯·韦伯所设想的那种"经济生活理性化"的资本主义图景,显然是大相径庭的,甚至是南辕北辙的。罗琳用悲怜和调侃的口吻,把

---

① 詹明信:《晚期资本主义的文化逻辑》,陈清侨等译,生活·读书·新知三联书店1997年版,第429页。

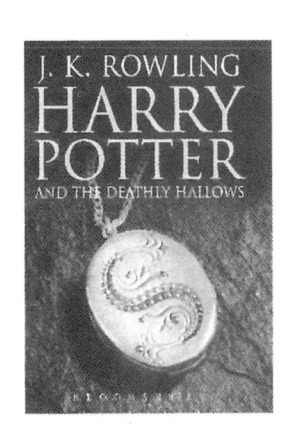

这种将生命完全陷入生产和消费的恶性循环状态而不得觉悟和自拔的人称为"麻瓜"。相应地,她将巫术魔法的世界作为从麻瓜世界获得解脱的对照面,这就必然使巫术世界乌托邦化。《哈利·波特》的异教想象就此得以展开。为了理解异教想象在当代文学中复兴的大背景,先简略回顾一下学术史上的相关动向。

给20世纪西方民间的文化寻根运动提供异教动力的最重要学者应该是荣格。1997年英国出版的《神秘教辞典》指出,荣格是当代思想史上对异教思想给予高度关注和再检讨的一位大师。他在1912—1926年间悉心研究异教与早期基督教的关系,成就显著。他认为,西方文化因为对异教思想的压制而限制了自身的活力,他在异教思想中找到了原初的深层心理学的种子,并且希望西方知识界摆脱成见而将异教思想吸收到现代文化中来。[①] 诸如藏传佛教、禅宗、易经、炼金术等,都可以成为对西方思想传统进行补充和改造的宝贵资源。可以说,通过关注异教的心理学家荣格和同样关注异教的神话学家坎贝尔(Joseph Campbell)及其大批著述的广泛影响,异教和非西方宗教在当代西方学院派和非学院派的普遍接受和持续反响,终于获得了权威的中介和重要的基础。

法国版　　　　　　　　　　　　　　　芬兰版

---

① *Dictionary of the Occult*, Geddes & Grosset, 1997, p.106.

英国人类学者苏珊·格林伍德(Susan Greenwood)撰写的《巫术实践中的性别与权力》一文指出:巫术和巫师通常被看作是异教信仰的一种形式。[①] 异教(pagan)这个词出自拉丁文 pagus,意为乡村。当代自诩为异教的人则在更宽泛的意义上使用这个词,指称"尊重自然的人"。《异教欧洲史》的作者琼斯(P. Jones)和彭尼克(N. Pennick)指出,对异教信仰的当代定义是:"一种崇敬自然的宗教,致力于使人类的生活与季节循环所体现的宇宙韵律相和谐。"[②] 在这个定义中不难看到,由于基督教信仰的衰落,原来作为基督教对立面的异教思想已经在今人心目中改换了价值色彩,由负面的变成了正面的。

在史前和早期文明时期,崇敬自然似乎是天经地义的人类价值取向。这是和初民的古朴纯真的思维和感知方式密切相关的。列维－布留尔在《土著人如何思维》(*How Natives Think*, Washington Square Press, 1966)中率先提出,人类具有两种并存的精神状态:一种是理性－逻辑的(rational-logical);另一种是神秘的(mystical)。人类学家斯坦利·坦比亚(Stanley Tambiah)发展了列维－布留尔的观点,认为可以区分出面对宇宙的两种方式:男男女女们在各种地方都可以体验到的两种现实秩序。前一种是因果性的,它强调原子的个体和距

德国版　　　　　　　　　　　　乌克兰版

① Susan Greewood, *Gender and Power in Magical Practices*, Steven Sutcliffe and Marion Bowman ed., *Beyond New Age: Exploring Alternative Spirituality*, Edinburgh University Press, 2000, pp. 137-154.
② P. Jones and N. Pennick, *A History of Pagan Europe*, London: Routledge, 1995, pp. 1-2.

离,通过实证科学的范畴、规则、方法和数理逻辑的理性来表达。后一种是参与性的,它是这样一种面对世界的方式:把个人完全包容到作为整体的世界中,人的行动则通过神话和仪式来表现。① 这两种面对世界的方式,同哈诺(Michael Harner)主张考察生活现象时注意区分的"意识的正常状态"(Ordinary State of Consciousness, OSC)与"意识的萨满状态"(Shamanic State of Consciousness, SSC)②形成对应。所谓萨满,指的是作为原始宗教的萨满教中具有超常法术的巫师。换言之,巫师在做法和另一世界进行沟通时,正是通过意识的萨满状态来实现的。从人对待世界的两种态度中,出现了两种截然不同的世界,二者的关系是排他性的,无法交融,犹如水与油。用正常状态的意识无法进入和了解萨满状态的意识,反之亦然。所以,萨满的凭灵与飞翔(幻游)等特殊本领,只有从这种特殊的意识状态获得理解。从改变意识状态的技术角度来理解萨满教,它可以说是通过意识状态的改变来改变人类生命的专家所掌握的一项神秘技术,这些专家认为他们所追求的那个另外世界的现实要比日常经验的世界更为根本,也更为重要。比较宗教学的权威学者艾利亚德也正是从脱魂技术角度来定义萨满教的。而今日流行西方发达社会的新萨满主义则希望通过萨满意识的训练达到人与宇宙自然的交融状态,在基督教之外重新获得恢复人的精神灵性的途径。

| 阿根廷版 | 荷兰版 | 意大利版 |

---

① Stanley Tambiah, *Magic, Seiencd, Religion, and the Scope of Rationality*, Cambridge University Press, 1991, p.128.
② Michael Harner, *The Way of the Shaman*, San Francisco: Harper, 1990.

人们在什么情况下需要这种改变意识的专门技术呢?《哈利·波特》给出的答案是相当具有反讽性的:当你沉溺在麻瓜的世俗世界里觉得现实生活完美无缺的时候,当然无须去改变你的意识状态。这就是德思礼一家为什么那样坚决地反对巫术,尽量避免与巫师一类人有什么接触的原因。而当你在现实中感到压抑和禁闭,要求精神的解脱和飞升时,魔法世界的使者猫头鹰就会降临到你的面前。通过在霍格沃茨魔法学校的学习培训,巫术的脱魂技术就可以为你派上用场了。从这一意义上看,巫师—萨满的特殊致幻术的存在犹如一种能够帮助个人超脱现实的技术毒品。早在漫长的史前时代,脱魂术的广泛运用本来就同草药植物的仪式性服用密切相关。只要浏览一下保罗·德弗罗《漫长旅行:药物致幻的史前史》(1997)①,就会对此种已有数万年历史的人类最古老的调控精神技术肃然起敬,从而对文明史上屡遭压抑和迫害却顽强延续下来的巫术传统的精神根源有所领悟。那绝不是用"迷信"和"愚昧"等简单的贬义词就可以轻易打发掉的。

日本版　　　　　　　　　　　　　　　　　　　**中国版**

　　研究西方巫术历史的专家基思·托马斯讲到基督教信仰中的魔鬼观念的必然性时写道:"最重要的是,无所不在的魔王乃是无所不在的上帝的观念中的一个基本成分。早期的希伯来人无需将邪恶原则人格化,他们可以把它归咎于其他敌对神祇的影响。唯有一神论取得胜利后,人们才有必要解释:既然上帝是善良的,那么为什么世界上还有邪恶? 于是魔王就

---

① Paul Devereux, *The Long Trip: A Prehistory of Psychedelia*, New York: Penguin/Arkana, 1997.

有助于维持完美神的观念。"①在基督教传统中,异教想象通常被等同于来自上帝的敌人——撒旦魔鬼世界的一种召唤。"魔王也起着支持基督教正统派的作用。正如早期的基督教会把异教神祇看成是魔鬼一样,16和17世纪好斗的各宗派也声称他们的对手是崇拜撒旦的。"在资本主义借助理性的权威而建立起对科学技术的崇拜的历史过程中,可以说正是巫术的废弃才使技术高涨成为可能,而不是相反。正如马克斯·韦伯所强调的那样,巫术是"经济生活理性化的最严重障碍之一"。到了20世纪中叶,昔日的神灵上帝的威严已经丧失殆尽,而科学对于自然界的控制程度已使得它在某些人眼里成了神灵。② 于是,过去上帝的对立面——巫师,又成为今日反叛科技迷信的急先锋。今天,对于有些人来说,精神病医生和心理分析家未能为之提供满意的取代物,于是他们继续赞助占星家和算命者。报纸上的算命天宫图和轿车上的吉祥物是与最近一位研究者的结论一致的:"约有四分之一的人持有这样的观点:宇宙可以恰当地称为巫术的。"事实上,巫术在现代社会里发挥的作用要比我们所理解的更大。马林诺夫斯基关于巫术填补了科学空白的论点有着同义反复的特征,因为凡是未被专门研究者承认为真正科学的东西都被认为是巫术的,反之亦然。③ 从往昔巫术与基督教的对立发展到今日巫术与科学的抗衡,我们不难理解为什么在科技所向披靡的发达社会里,会出现回归巫术-魔法世界的空前浪潮。

自拉什迪《撒旦的诗篇》(1989)问世以来,在当代文学表现中,异教与魔鬼一方已从昔日的妖魔化转向了如今的乌托邦化。《哈利·波特》给我们提供的巫师群体已经作为取代近代科学教育的正面形象出现了。作者采用原型和象征命名的办法来展示他们的异教实质。基思·托马斯考察西方巫术历史的数十万言巨著的最后一句话是意味深长的:"如果给巫术下的定义是在缺乏有效的焦虑缓解技术的情况下所使用的低效缓解技术,

---

① 基思·托马斯:《巫术的兴衰》,芮传明译,上海人民出版社1992年版,第336页。
② 基思·托马斯:《巫术的兴衰》,芮传明译,上海人民出版社1992年版,第552页。
③ 基思·托马斯:《巫术的兴衰》,芮传明译,上海人民出版社1992年版,第556—557页。

那么我们必须承认,没有一个社会可以少得了它。"①就《哈利·波特》的儿童文学创作而言,从另外一个相反的角度来看,托马斯定义巫术的话可以反过来说:如果在缺乏有效的幻想满足技术的情况下使用某种不伤害他人的幻想满足技术,那就是巫术幻想(魔幻想象)。

的确,没有一个社会少得了巫术,也没有一个社会的儿童没有幻想。借儿童幻想文学的形式来凸显异教思想的正面意义,虽然不是从罗琳开始的,但是确实在罗琳这里取得了空前的成功。人类学家鲍维在《宗教人类学》中提出,当代的异教主义是20世纪的一种创造(虽然许多团体声称与传统有联系),它提供了对占支配地位的西方思维模式的一种回应。现代的科学的宇宙观不能提供一种包容了人类和生态的整合性的宇宙图景,如格雷厄姆·哈维所说:

> 异教的宇宙观"复魅"于世界。异教的人们谈论神与精灵,并不是因为信仰它们,而是因为他们认真看待许多文化的如下暗示:世界并非只居住着动物、植物和矿物,而且也居住着新加入来的人类。世界是一个令人激动的、神圣的生存场所。②

《哈利·波特》在某种意义上就是要用"复魅"方式给我们重新展现这个神奇而神圣的生存场所,异教想象的各种原型在此发挥着重要作用。下文从几个方面扫描这些原型。

二、异教想象的诸原型

(一)女神与女巫

基督教作为典型的父权制人为宗教,其排斥女神的思想倾向尽人皆知。著名的"三位一体说"教义建立在人间社会的父子关系模式上,并未

---

① 基思·托马斯:《巫术的兴衰》,芮传明译,上海人民出版社1992年版,第558页。
② Fiona Bowie, *The Anthropology of Religion*, Oxford:Blackwell,2000,p.54.

给女性的神圣性留下余地。而当代女性主义神话学启发之下的《圣经》研究打破了这一性别禁忌,试图在男性中心话语形成的背后去发现被埋没的原始基督教的女神形象。① 2001年各大英文书店都在显赫位置推出弗雷克和甘地合写的新著《基督与女神:原始基督教的秘传教义》②,认为罗马教会全然掩盖了原始基督教所信奉的女神。这部书启发人们:现存的父权制文本中除了显形的女神以外,还潜藏着一批有待发掘的隐形的女神。《哈利·波特》无形中为这种再发掘提供了线索示范。如果我们了解到,罗琳自上中学起就迷上了女性主义作家杰西卡·米特福德的自传《荣誉与反抗》③的话,那就不会怀疑《哈利·波特》或隐或显地流露出的女性主义倾向了,具体表现在:

其一,女神隐形方式之一是命名中的原型意向。如格兰芬多学院(Gryffindor)的名称隐含了神话怪兽格莱芬(Gryphon),她又被认同为报应女神的化身。④ 在西方异教传统的神话怪物谱中,格莱芬是出现频率仅次于人面狮身女妖斯芬克斯的一个。⑤ 罗琳让她钟爱的男女主人公在这样一所学院里学习,的确是耐人寻味的。她还给霍格沃茨学校的副校长取名叫麦格(McGonagall),这个名字影射着希腊的智慧女神雅典娜,其罗马名为密涅瓦(Minerva)。⑥

其二,女神隐形的另一种方式是化身为女巫。魔法世界与麻瓜世界的对立,如果从性别尺度去划分,那么魔法世界也就等同于女巫的世界、阴性的世界,而麻瓜们的世界则为阳性的世界。《哈利·波特与魔法石》叙述

---

① 参看叶舒宪:《发现女性上帝:20世纪的女性主义神话学》,载《民间文化》2001年第1期。
② Timothy Freke, Peter Gandy, *Jesus And the Goddess: The Secret Teaching of the Original Christians*, London:Thorsons L. D. ,2001.
③ 参看西恩·史密斯:《〈哈利·波特〉背后的天才:J. K. 罗琳传》,宋润娟、王澍、申云化等译,时代文艺出版社2002年版,第46页。
④ 戴维·科尔伯特:《哈利·波特的魔法世界》,麦秸译,人民文学出版社2002年版,第95页。
⑤ J. E. Cirlot, *A Dictionary of Symbols*, New York:Philosophical Library,1971,p. 213.
⑥ 戴维·科尔伯特:《哈利·波特的魔法世界》,麦秸译,人民文学出版社2002年版,第147页注①。

魔法学校开学时,新同学互相介绍自己的家庭出身:

"我是一半一半。"西莫说,"爸爸是一个麻瓜,妈妈直到结婚以后才告诉爸爸自己是女巫。可把他吓得不轻。"

"那你呢,纳威?"罗恩问。

"哦,我是由奶奶带大的,她是女巫。"纳威说,"不过这么多年来我们家一直把我当成麻瓜……"①

少年主人公们逃离麻瓜世界来到女巫的世界,在象征的意义上就是逃离了基督教的父权统治,重新回到女神的怀抱。霍格沃茨学校中典型的场景是学生们骑着扫帚飞行。熟悉西方巫术史的人一看就知道扫帚是古代女巫的标准坐骑。据女性主义的解释,扫帚与女巫的特殊关系来自现实社会中妇女打扫的职业:家庭主妇常不离扫帚,那是父权社会的性别分工的产物。我们中国人在汉字"妇女"的"妇"字中,至今还可以直观地看到一把扫帚!

(二)埃及宗教与巫术

《哈利·波特》的主要冲突除了魔法世界与麻瓜世界的对立,还有魔法世界内部的善恶对立,而表现后一对立的原型是古埃及的鹰蛇之战的传统神话母题。伏地魔(Voldemort)代表蛇的一方,魔法学校代表鹰的一方。如前所述,哈利所在的学院"格兰芬多"影射鹰头狮身怪兽。由于狮子与老鹰分别是大地和天空的生物之王,所以鹰头狮身的格莱芬成为阳界的主宰、统治力量与德行的象征,成为阴暗与邪恶的蛇的对立面。在《哈利·波特与火焰杯》中,作者告诉我们伏地魔是靠一条巨蛇的毒汁维持生命的。作为小说中的头号恶魔,他同哈利的争斗就这样再现着鹰蛇之战的异教主题。除此之外,德拉科(Draco)这个词在拉丁文中是龙或蛇的意思。德拉科·马尔福作为坏人出现在哈利的对立面,就不足为奇了。

伏地魔是人类欲望和贪欲的化身,其欲望的对象主要是长生不死。这

---

① J.K.罗琳:《哈利·波特与魔法石》,苏农译,人民文学出版社2001年版,第76页。

从巴比伦史诗时代开始就一直是神话英雄们追求的理想。但是在今日的女作家罗琳笔下,追求长生已经具有了人类罪恶的性质,因为它是违反自然的,是人类狂妄自大的一种表现,也是最大的物欲、最大的贪婪。在托尔金和罗琳看来,希望无限延长人体自身的物质存在,当然是一切物欲的终极目标。于是,必须动员人间的一切力量去战胜我们每个人内心深处的心魔。就像《指环王》(《魔戒》)的主人公竭力要销毁那只象征无边法力和长生不老的魔戒一样。

龙(dragon)蛇不分,是东西方幻想文学共同的困惑。《新约》中上帝警告说:"我要把耶路撒冷变成废墟和龙的窝穴。"龙的窝穴象征魔鬼的老巢,而今天的魔幻作家却对此情有独钟,《指环王》的作者托尔金说,因为龙代表着幻想的世界,因此我对龙有一种刻骨铭心的向往。罗琳对于《指环王》这部魔幻小说也有一种铭心刻骨的向往,她外出旅行时随身带的一本书就是《指环王》。她在改造埃及的鹰蛇之争母题时融入某些英国式成分也是合情合理的。英国历史上把入侵的北欧异族海盗加以丑化和妖魔化,表现为火龙。而代表正义的英雄圣乔治,他屠龙的故事则是古代英格兰最流行的传说。邓布利多发现龙血的12种用途,是他巫师生涯的主要成就。这正像巴比伦创世神话中主神马杜克用混沌恶龙提阿马特的血创造人类一样。

埃及作为古代魔法的一个重要发源地,对于巫术文学创作者来说具有无穷的吸引力。罗琳在《阿兹卡班的囚徒》中写到赫敏羡慕去埃及旅行的一家人时说:"我真的妒忌啊——古埃及的巫师真令人着迷。"赫敏为什么会这么艳羡去埃及的人呢?理由是到埃及学习巫术-魔法具有真正的寻根索源的意义。英语中表示巫术-魔法的词 magic 出自希腊文 mageia,而希腊文的 mageia 则是埃及巫术神赫卡(Heka)传到希腊后的称谓变音的产物。《埃及巫术》一书的作者,大英博物馆东方文物部的馆员巴奇(Sir Wallis Budge)说:"从很早的时代起,埃及人就被认为是一个巫师和魔法师的民族。希伯来、希腊和罗马的作家提到埃及人时称之为神秘学的专家(experts in the occult sciences),或是那种根据情况变化能够行善也能够伤人的神秘力量的掌握者。"①英国人的文化寻根想象钟情于埃及的最新例证是：2001年问世的一部新书《方舟王国：古代不列颠人种是埃及法老后裔的惊人故事》②，在最后一章使用了"失落的殖民地"这样的标题，把英伦三岛的文化根脉追溯到古埃及的殖民远航登陆所带来的影响。这位名叫艾文丝的女作者，在魄力上可以说远远超出了为古希腊文明寻根的《黑色雅典娜》一书。《黑色雅典娜》的作者伯纳尔争辩古希腊可能做过埃及的殖民地，而艾文丝却要论证英国人的若干祖先来自埃及。据说这是"一本让传统的专家们脸红的书"。也不知是让他们气得脸红，还是羞愧得脸红。书的封底介绍说，这是一部修正历史的新著，综合了考古线索和发生学的证据、语言学与埃及学的知识，具有挑战性地提出不列颠人种来源的真相。从体例上判断，《方舟王国》显然不是科幻小说，因为书后附有参考书目和引用文献索引，明眼人一看就知道这是典型的学术书写法。

在《方舟王国》第十三章（末章），艾文丝生动描述了爱尔兰如何成为埃及人登陆之岛屿，同时发问：这一重要历史事件为什么长期被学界所忽略呢？一个主要原因是，这样的信息假如被人们接受，那么学院派将很快重写整个历史，引起对传统的"历史事实"怀疑。重要的是要指出：许多学者的生涯就建立在这些"事实"之上。这样就把知识人的既得利益与他们的学术假面之间的关联和盘托出了。作者还举出大英博物馆的中世纪馆中重要文物为证，试图让读者相信她的书是有实证根据的，而不是异想天开。我想，有心的读者如果能把学术书《方舟王国》和非学术的《哈利·波特》对照着看，一定会对西方民间的寻根与文化再认同问题有更加深入的体认。

（三）希腊神话

影片《哈利·波特》发挥了小说所没有的视听技术手段，一开场就造成强烈视觉效果：猫头鹰送信的母题被夸张表现为惊人的神奇一幕——德

---

① Sir Wallis Budge, *Egyptian Magic*, The Citadel Press,1978, p.4.
② Lorraine Evans, *Kingdom of Ark*, the Startling Story of How The Ancient British Race is Descended from the Pharaohs, London: Pocket Books, 2001. charpter13, The Lost Colony, pp. 275-287.

思礼家满屋子里飘信的情形如同雪花漫天飞舞。对于习惯看基督教的教堂壁画的信徒来说,这样的异教景象是匪夷所思的。罗琳在这里采用的猫头鹰信使的母题直接来自希腊神话。本来,猫头鹰在古埃及神话中是死亡和黑夜的象征,它伴随着死去的太阳在地平线下面的阴间世界运行。① 古希腊都城雅典的象征就是一只猫头鹰。智慧女神的化身动物也是猫头鹰。小说中后来出现的斯芬克斯怪兽、马人(Centaurs)等也都脱胎于希腊神话。霍格沃茨魔法学校的占卜术课的教师名字叫西比尔(Sibyll),这显然是希腊神话中著名的预言家西彼拉(Sibyl)的再生形象。② 而哈利的女同学郝敏(Hermione),从发音上就可以判断是从希腊奥林帕斯山上著名的众神使者赫尔墨斯(Hermes)的大名中化出来的。当今哲学领域流行的"解释学"(hermeneutics)原来也脱胎于赫尔墨斯之名。难怪郝敏在小说中以机敏和智慧著称,许多难解的哑谜一经她手即可迎刃而解。她不仅爱读《古代魔文入门》一类偏门书,而且"一有疑问,就上图书馆"③。不过,与希腊神话原型不同的是,罗琳在郝敏形象上更多地表现出女巫的特征,批评家们一致认为这也是书中最能体现作者本人的人物。这位曾经被牛津大学拒之门外的女作者,也许正因为没有进那所古板的世界名校,才一直有幸保留着来自民间的神话想象力吧。④

(四)凯尔特文化

较早自欧洲大陆移居到英伦岛屿上的是凯尔特人。他们和后来入侵并且占了上风的盎格鲁-撒克逊人的文化之间长期处于对抗状态。由于凯尔特人在人口和技术上处于劣势,不得不退让出英格兰的较富庶而平坦的土地,据守在北部的岛屿和山地高原。这就是今日与英格兰貌合神离的苏格兰国家和北爱尔兰共和国的由来。当代西方的凯尔特文化复兴运动对居住在苏格兰的罗琳产生了明显的影响。该运动在学术上的表现是强

---

① J. E. Cirlot, *A Dictionary of Symbols*, New York: Philosophical Library, 1971, p. 247.
② 戴维·科尔伯特:《哈利·波特的魔法世界》,麦秸译,人民文学出版社2002年版,第42页。
③ J. K. 罗琳:《哈利·波特与密室》,马爱新译,人民文学出版社2001年版,第149页。
④ 西恩·史密斯:《〈哈利·波特〉背后的天才:J. K. 罗琳传》,宋润娟、王澍、申云化等译,时代文艺出版社2002年版,第59页。

调和重新发掘被压抑的凯尔特文化传统,甚至把凯尔特传统抬升到足以同西方文明两大源头相提并论的高度去认识。简·马凯尔著《凯尔特人:重新发现西方文化的神话与历史根源》①一书认为,历史学家把凯尔特人当成一个比罗马人次要的民族,然而,事实上西方世界的萨满的、神话的和精神的传统却植根于凯尔特文化。虽然史书记载不详,但通过详尽地探讨凯尔特人神话,进而揭示其所滋生的文化,就可以把凯尔特人作为从古欧洲先民到希腊罗马统治的过渡,恢复凯尔特人文化在欧洲文明发展中的重要性。

与基督教文化不同的是,凯尔特文化的宗教倾向较为古朴,保留着很多原始宗教的特征,尤其是在萨满教和巫术传统方面异常深厚。用哈利·波特购买魔杖的那家奥利凡德商店来做证,其金字招牌上写着"自公元前382年即制作精良魔杖"②。这就提示出,巫术传统比救世主基督降生人世以来的历史还要久远得多。当然也要比给英伦带来基督教的盎格鲁人文化早得多。凯尔特神话中,人变身为鹿、天鹅、野猪和渡鸦都是司空见惯的。

英国最早的巫师来自于凯尔特人,这可以从语源学方面得到清楚的证明:早期的巫师被称为德鲁伊特(Druid)。这个名字来自凯尔特语,意思是"知道橡树"。而橡树在印欧民族信仰中是一种神圣的树,因为它常常是神圣的槲寄生的寄主,也就是人类学家弗雷泽名著《金枝》得名的那种圣树枝。"古时候的巫师,异教的斯堪的纳威亚人和凯尔特人都非常崇拜橡树"③,借助于橡树的威力,可以保护人不受魔法黑巫术的攻击。古代的这些"知道橡树"者,他们是英国和高卢(今天的法国)的一批有学识的人。德鲁伊特一般担任当地的祭司、教师和法官。《美国传统辞典》的解释是:"德鲁伊特教的祭司,古代盖尔或不列颠人中一个祭司品级的成员,他们

---

① Jean Markale, *The Celts: Uncovering the Mythic and Historic Origins of Western Culture*, Inner Traditions International, Rochester, Vermont, 1993.
② J.K. 罗琳:《哈利·波特与魔法石》,苏农译,人民文学出版社2001年版,第49页。
③ 克里斯蒂娜·霍莉:《西方民俗传说辞典》,徐广联、胡泓、陆道夫等译,黄山书社1990年版,第497页。

在威尔士及爱尔兰传说中是预言家和巫师。"

小说中讲到的"塞尔基"(Selkie)和"麦罗"(Merrow),前者为英国北部岛屿的海豹人,后者是爱尔兰人鱼。从地域划分上看,都属于古代凯尔特人地区。罗琳想象中的这些异教成分说明她在苏格兰生活的这些年岁中的确对凯尔特文化有所认同。凯尔特人在历史上反抗盎格鲁-撒克逊人的入侵,坚守英伦北部并竭力维护自己文化独立性的精神,对于一向同情弱小的罗琳来说,显然是会引起共鸣的。现代史上日耳曼人的德国威胁英国的情景,似乎又重新演绎了盎格鲁-撒克逊人压迫凯尔特人的古老原型。这个在英国人心目中挥之不去的种族文化冲突的历史阴影,也以变相的形式出现在《哈利·波特》一书中:与学习黑巫术防御术的霍格沃茨学校形成对立的是,位于欧洲大陆的魔法学校德姆斯特朗,那里以传授邪恶的黑巫术而闻名。"不准泥巴种入学"的录取禁规表明一种典型的种族主义倾向,那正是对纳粹德国的日耳曼纯种优越论意识形态的影射。戴维·科尔伯特把英国和欧陆的这两所魔法学校的对立解说为是影射东西欧对立[①],这似乎显得过于牵强。不过《哈利·波特与火焰杯》结尾处,两个方面为了共同的敌人而联合起来的情节,则是意味深长的:莫非是回应亨廷顿的"文明冲突说",让西方历史上的种族矛盾得以化解,去共同对付新的敌人?

除了以上几个主要的异教传统,罗琳的神话想象取材于印度、北欧和阿拉伯等文化的内容还有不少。在某种意义上,可以把《哈利·波特》当作一部异教知识大全来看。

三、异教想象的文化寻根意蕴

罗琳不是哲学家,但她毕竟是受过正规大学教育的知识分子,是有独立思考能力、有广阔见识的当代作者。她对宗教、神话、民间传奇等想象世界尤为熟悉,对于欧洲的精怪、妖魔故事以及魔法巫术的历史了解得如数

---

① 戴维·科尔伯特:《哈利·波特的魔法世界》,麦秸译,人民文学出版社2002年版,第59页。

家珍。所以我们当然可以期望从她悉心创造的魔幻故事里解读出相当分量的思想蕴涵和文化蕴涵。

人们原来以为,韦伯所说的被资产阶级的理性和资本主义精神"祛魅"以后的世界,将是一个更合理的、更接近理想状态的社会。然而,现实的景象却呈现出韦伯等人完全没有预料到的一面:"祛魅"以后的世界,失去了原有的宗教力量的牵制,使得世人更容易为自己的物欲而痴迷、而疯狂。万能的科学取代了万能的巫术,成为新的迷信的源泉。马克思所揭示的新宗教——商品拜物教,在市场魔鬼的助长之下已经让世人陷入另一种"魅"而不能自拔,那就是物的丰富对人的存在的剥夺,对生命意义的彻底歪曲。在理性的解释之下,世界已没有任何神秘,发展生产满足物欲,并且催生更大更强烈的物欲,由此而陷入恶性循环,乃至打着经济全球化的旗号把全世界都拖入这种恶性循环,这可以说是在理性旗号下推行的最广泛的现代愚昧!当60亿之众的人类都沉溺到"财富"的美梦之中,都开始合理合法地追逐自己的发财之梦时,我们地球的末日也就为期不远了。

这不是危言耸听。因为地球只有一个,茫茫宇宙间已发现的能够承载生命的星球仅仅这一个,它所能承载的生命当然是有限度的。当每一个人都在响应时代的召唤而努力为自己的发财致富梦而奋斗的时候,他当然不会想到这种致命的限度,这种终极的大限。(它使我想起如来佛的掌心这个比喻)只要拉开一些距离,从历史的长焦距上回顾一下人类的来路,问题就会比较容易地凸显出来了。

一万年前,这个星球上的人类个体数量只有2000万,而且除了果腹之外没有更多的贪欲。那时的人与自然之间的关系是可以想象的:以全球未遭破坏的生态和资源养活相当于今日的一个大都市的人口,而且是内心平和的,他们不挖煤也不开采石油,不追逐黄金,更没有令现代人丧心病狂的生产崇拜和增长癖。那时的地球母亲当然也不会为她的不肖子而流血流泪。而今天呢?地球对生命的承载能力由于人类的狂妄行为而大打折扣,不得不以牺牲大量其他生命物种的代价来维系人类这一种生物的一意孤行的物欲满足。温室效应,厄尔尼诺现象,沙漠化的森林,赤潮化的海洋,毒化的黑色河流,天上的酸雨加地上的人造垃圾山、核污染和艾滋病,所有这些我们的祖先根本无法想象的新恶魔一个又一个地加速降临到我们眼前。执迷不悟的人类啊！仍然心安理得地陶醉在自己的理性自大狂妄想中。的确，宇宙间的生命进化迄今只出现了一种理性动物，可是它的理性究竟要把它领向何方呢？天造孽，犹可说，人造孽，不可活。生态的毁灭性后果虽然也引起有识之士的忧虑和呼吁，但是与市场和物欲魔鬼的力量相比，竟然显得像螳臂当车一般滑稽和无奈。

前资本主义社会毕竟还有权威的上帝和外在的魔鬼力量相抗衡，如今基督教的信仰早已失去号召力，"上帝已死"的世界成了物欲魔鬼独大的世界，而且魔鬼已不是外在的幽灵，而是变成了内在于人心中的可怕驱动力。商海横流和物欲横流的世界充斥着推销商声嘶力竭的广告欺诈，人们良知的声音微弱得几乎完全被市场的叫卖嘈杂声所淹没。这种财富之魅、物欲之魅，由于有市场和利益的看不见的手的强力驱使，光靠伦理的说教来祛除它，显然无济于事。代表人类中最敏感神经的现代艺术率先起来发难了：毕加索完全扭曲了人类的面相，把理性疯狂的实质昭然揭示于天下。现代文学紧跟着揭竿而起了。超现实主义打出的自动写作大旗向理性自大狂发起空前猛烈的攻击。魔幻现实主义则根本无视什么理性与非理性的界限、现实与梦幻的划分。经过一番爆炸效果，文学的魔幻世界从南美移植到英伦，我们看到一所足以对全世界儿童实施再教育的霍格沃茨魔法学校，女作者罗琳莫非要让世界级的大巫们，而不是大科学家们，来重新指导这场人类精神的再启蒙？

借异教想象的复活，当代文学艺术好像是在为世界复魅，而实际上是以魅祛魅，即用前基督教精神的魔法来祛除商品拜物教之"魅"，以及为商品拜物教乔装打扮的理性之"魅"。

早期人类学家弗雷泽建构的"巫术—宗教—科学"的人类精神进化三段式模式，难道至今已经走到了尽头，又要重回这三个阶段的初始，开始另一轮循环吗？若是这样，迎接新一轮的"巫术-魔法"思维高潮的到来，是不是意味着要同时祛除已经走火入魔的科学崇拜之"魅"？哲学家海德格尔曾忧虑科技的自我膨胀会超出人类主体的控制，把我们从这个地球上连根拔起。他对与科学共谋的哲学理性的批判，要求思想重新回到西方哲学的开端——柏拉图之前的状态。他或许没有意识到,回到思辨性哲学以前,也就意味着回归巫术思维。那么,摆脱了理性异化的"诗意的栖居"理想,是不是必然落实到神奇虚幻的魔法世界?罗琳在回答采访时说,她曾患抑郁症,有强烈的治疗的冲动,摄魂怪(Dementors)(《阿兹卡班的囚徒》)即为心理抑郁症的人格化表现。[1] 我们可以发问:是什么东西摄走了当代人的魂灵,使其陷入迷茫和苦闷而不得自拔?回想一下现代心理学大师荣格的《现代人寻找灵魂》,我们或许能够有所领悟:魔法的复魅其实是要为丧失了灵性的当今人类招魂。

---

[1] 戴维·科尔伯特:《哈利·波特的魔法世界》,麦秸译,人民文学出版社2002年版,第40页。

《阿凡达》与文化寻根思潮[①]

叶舒宪

谢谢宁波市图书馆"天一讲堂"给我这样一个交流的机会。今天和大家交流的题目是《〈阿凡达〉与文化寻根思潮》。就像这个题目所标明的,主要是对2010年年初在国内公映的一部影片《阿凡达》做一个大背景的梳理和分析。这部影片在世界上迄今是最流行的,理所应当被作为一个文化产品来分析看待。单从票房而论,这部影片应该说是全世界自有电影业以来,最具有影响力的一部作品。虽然《阿凡达》被搬上银幕才不过半年多时间,但是它把众多纪录都打破了。我既非专门从事电影研究,也不是拍摄专家。那我将会从哪个角度讲这部影片呢?我要讲的是与《阿凡达》原创者背后相关的文化思潮运动及其对我国的文化产业、符号经济之路的启示。

其实在《阿凡达》之前,早已经有了文化寻根的系列作品出现,只是可能大部分的观众、读者没有把它们联系起来看。今天我就把它们联系起来重新解读。首先提及的,同样是在全球引起巨大轰动的电影——《指环王》。它一共有三部,当时拍摄的外景地在新西兰南岛。那里给全球观众

[①] 本文根据作者2010年6月26日在宁波市图书馆"天一讲堂"的演讲整理而成。

提供了神话中的"中土世界"的现实风貌。为什么讲《阿凡达》先要联系到《指环王》呢？因为《指环王》的原著小说有着极其重要的文学地位，它是20世纪中后期以来，西方文化寻根思潮的里程碑之作。《指环王》原著作者托尔金是牛津大学中古英语教授，他写了很多小说，主要是以神话、寓言的形式来表达他的文化寻根思想。当然如果没有电影《指环王》，教书匠托尔金也许并不会引起大家的关注。

在大家熟悉的文学传统中，经常出现一种"宝物"类叙事，即人类所有的个体都希望、祈求能够得到的宝物或圣物，它与神圣和信仰相关联，具有神奇力量。《指环王》中的"宝物"就是一枚金戒指。不过，它被赋予负面的、邪恶的力量，所以又叫"魔戒"。与那些常见的"宝物"主题一样，谁拥有了它，谁就拥有了无与伦比的力量，同时伴随着私心、占有欲。于是"魔戒"本身及其对它的争夺，便会带给人间流血、屠杀、种族灭绝等等灾难。只有把这个"魔戒"从人类社会中销毁掉，人与人之间的和谐才能够重新实现。简言之，《指环王》套用了一个很常见的文学主题。那么，它的思想魅力在哪里呢？这就源于它的寓言式叙事和比喻魅力。"魔戒"到底比喻什么呢？做比较文学的学者通过《指环王》原作者托尔金一系列的论文、讲课记录和表达的观点，找到了他所要寓言的东西。实际上"魔戒"就象征着唯利是图的资本主义社会。也就是说，在现代资本主义社会的现实土壤中，存在着对资本主义社会强烈不满，对其进行否定、批判的人，他们要重新寻找方向，用创作隐喻现实。

遗憾的是，这类创作的思想张力，在中国却往往被归入儿童文学的范畴，好像跟成人没关系一样。如此一来，小说出版时成人也不屑一顾或看不懂，因为所谓"成人"的思想貌似深沉，不屑于反思儿童读物的虚构世界。然而，令人诧异的是，看看今天的欧美学术界，研究《指环王》、研究托尔金已成为一门专门的学问。在美国的大学还出了一本杂志，名字就叫《托尔金研究》(*Tolkien Studies*)，专门研究他的思想和创作。这种现象似乎让我们这些"成人"们不解，毕竟，《指环王》在中国主要是少儿们爱看，成人一般看个热闹——那还是托了电影上映的福。殊不知，从《指环王》开始，国人要理解这些"诧异"和"不解"，就必须探讨其背后深层的文化因素,要研究西方社会中20世纪以来的文化寻根思潮。否则,对于从《指环王》到《阿凡达》这类作品,我们就无法真正理解其思想魅力;对原创者的知识、时代背景,还有他所受的影响一无所知,要在本土打造有类似影响力的文化产品,则更是几乎不可能的。

以下,我将分几个方面来介绍相关背景与基本知识。

一、现代性危机与"文化资本"时代

《阿凡达》可以说是自有人类以来最成功的一部文化产品。称其为"产品",因为它是今天的电影工业者按照市场营销原则打造出来的"商品"。这种市场行为绝不是某一个艺术家(像蒲松龄写《聊斋》一样)写一本书,有人看就看,没人看就算了。与之相反,作为一部商业电影,《阿凡达》是有预算、有投资,并且用了14年的时间创造出来的。无疑,它是我们今天学习文化产业、推进文化转型最好的典范和标杆,也成为影视行业获得市场回报的最佳力作。无论从投入与产出的比例来看,还是从社会影响来看,从任何方面看都可谓是一部资本大获成功的文化产品。针对此,我在这里要强调的是,正因为这是个文化资本的时代,所以最重要的不在资本而在文化,以及什么样的"文化"才能带来"资本"。

什么是文化资本的新时代?资本主义到今天已经走过了300年左右的历史,它的实质,非常简单地概括,就是把前资本主义时代所没有释放的所谓生产力给释放出来。这靠什么?靠的就是大量地攫取自然资源。在资本主义出现之前,人们也烧煤,但是规模非常小;石油、钢铁也一样。总之,大自然提供的一切资源,都处在所谓的原生态状态下,人类没有不可再生式地掠夺。可是,三百年来的资本主义通过人为无节制消耗自然资源所推动的工业革命、工业主义,形成了我们今天所谓的现代社会。

资本主义的原理,最基本的一条准则就是要扩大生产力、获得剩余价值。为了实现这样的目的,第一个条件就是要无限制地攫取自然资源。资本家们为什么要"无限制"获取?因为人口是不断增加的、产业是不断升级的:刚开始是手工作坊,而后变成集约化,最后变成跨国公司,这样逐渐扩大、组织起来的胃口和贪欲是永远无法满足的,于是形成各方面的危机。换言之,这一切都是因为自然资源的有限性而造成。其实,《阿凡达》的导演卡梅隆所塑造的地球人形象,就是对资本主义现存的生产、生活方式所做出的一种宣判。大家不妨想想,卡梅隆对当下的社会生产方式究竟是肯定的还是否定的?毫无疑问,卡梅隆对地球人,对现实资本主义生产、生活方式做了一个彻底的否定性宣判,毫不留余地的、彻底的否定。

所以,在关注《阿凡达》票房的同时,更要透视其背后的文化因素。对文化资本有兴趣的人士,更不可看不到"文化",只追求"资本",那就是缘木求鱼、舍本逐末,完全丢掉了文化的反思与批判的力量了。地球的资源是有限的,任何一种矿物质,包括石油和煤,总量就那么多,而人口则在增加、膨胀。如何批判人类社会的无限欲望及人类对物质的贪婪追求?这就是从《指环王》到《阿凡达》的作者们都在思考的核心问题。例如《指环王》把贪欲对象化为一个魔戒,人人都对其痴迷,忘记了人之所以为人的道理。我们不可以再在过去两三百年竭泽而渔式的生产基础上,来发展人类的未来,用今天的话说,这是不可持续的。所以必须寻找替代性的资源。什么东西最好?有人说太阳能,有人说核能,但是这些"替代"都有负面作用,任何一次技术的进步都要增加一层风险。它们还称不上是"最好"的替代性资源。如果对这一点理解不透,不妨关注这条新闻:墨西哥湾的石油泄漏事件。本来开采石油是为人们服务的,但是现在搞得得不偿失。虽然英国石油公司总裁拿出200亿美元放在那儿,好像能补偿污染一样,这能补偿得了吗?这是钱的问题吗?这是生意人、资本家思考问题的方式,只有金钱,只是经济。正是要纠偏这些现象,卡梅隆的眼光才远远超出了这类地球上的"经济"人,他要问:地球人为什么会陷入如此的危机和窘境?如何解决与超越?他对之思考并进行了强烈批判,并在电影中创造了一个地球上没有的外星空间,这就是电影中的"潘多拉"。

批判之后,何去何从?这就要从主要依靠消耗自然资源的原始资本时代,进入到今天的文化资本新时代。这种转型的最主要意义,就是要用文化资本替代自然资源的开掘和消耗。也就是说,以后用什么东西来拉动经济增长。这就是对文化资源的再发现。在经历了三百多年的资本主义发展后,西方已经充分认识到这个转型的必要性。所以我们看到,在第一、第二世界国家,当我们刚刚改革开放的时候他们就转型了,比如以好莱坞、迪斯尼为代表,不再注重使用廉价劳动力、粗放型、大量耗费自然资源、高污染的产业。这些他们不要了,先转给"四小龙",即韩国、中国台湾、中国香港、新加坡,先向他们转;然后我们改革开放了,身边的榜样就是"四小龙",于是我们一会儿建汽车厂,一会儿搞电器。汽车产量我们赶上来了,世界最大的电视机、电冰箱产地现在就是中国。我们宣传推广"中国制造"实际上是把第一世界转给"四小龙"的我们再接过来。可是人家却早已经转向低能耗、不用廉价劳动力、集约型的,只用创意、点子就能赚钱的产业,这就是成功的文化资本和符号经济创造。针对中国国情,也许有人会认为,我们目前的"消耗性"发展是不得已而为之,这些是求"发展"的必经之路。但是,我们也应该强调后发优势,那就是充分汲取教训,少走或不走弯路。否则就会在不知不觉中充当麻木的看客。举个例子:

1997年,被英国殖民者霸占了近150年的香港回归中国了。就在这个时候,发达国家的文化资本就开始打主意了。这就是众所周知的迪斯尼乐园。迪斯尼在香港建游乐园的时候,我看没有人反对。但是不要忘了,香港迪斯尼的修建初衷绝对不是只瞄准香港的几百万人口,而是这个"东方之珠"背后更为广阔的大陆市场。他们知道中国有4亿儿童,在已经回归了的香港先建一个滩头阵地。事实也证明,香港的迪斯尼乐园成为大陆游客的必经之地,甚至是主要游玩场所。这些实际上既是西方文化产业的战略布局,又带有后殖民时代的文化扩张。迪斯尼式的文化战略,已经不再是八国联军时代的军事武装入侵了,而是用文化的、软性的、带有诱惑力的文化产品。显然,迪斯尼的试探和成功在中国没有遇到不同意的声音,大家都当作好事,因为地方经济马上拉动了,相关的产业链、商业贸易都被带动了。何乐而不为呢!但是这样想的全是"经济"人的账,没有人从文化传播、文化利益,从民族的文化产业的保护角度来看这个问题,所以现在上海的迪斯尼也是一片叫好之声,我看这个是需要大家好好反思的。当然,我不是要让大家成为狭隘的民族主义者,而是恰恰要超越保守和怡然自得心理,要用"文化资本"的眼光来审视这些热门的文化现象,更从中反思中国本土文化如何才能真正成为资本和产业。

在审视和反思中,最需要警醒的问题是:我们引入了西方各行业的资本巨鳄之后,再来扶植本土的文化产业谈何容易?很多本土品牌的衰落就是血的教训!大家常讲我国周边的军事战略形势十分严峻,但是经济背后的文化安全却被极大地忽略了,这太值得深思。虽然全球化使我们必须引进那些外来文化产业,但警惕性决不能放松,而且是各行各业的,中国制造不能只是利润率微薄的"硬件",还要有"软件"——文化产品。文化推广不能只是靠圣哲先贤们的精神思想,还要有拿得出去的文化精品。这些就是文化资本时代的竞争力所在。换言之,全球化中的文化资本时代所要竞争的核心,就是各自的"文化"。

其实,我们国家的高层最近几年开始意识到这个问题,主流媒体一再强调文化软实力,文化立国、文化兴省,浙江也比较早就提出了"文化兴省"的口号,但是具体应该怎么做?这个工程实践起来非常困难。因为,这场向"文化资本"的转型之战,实际上就是为过去那两三百年耗费了过多的自然资源做一个补偿或者赎罪。换用时髦的说法,要转化成"低碳生活",或叫节能的、减排的生活,总而言之,转型的目的就是尽量减少对自然资源的破坏性使用。毕竟,自然资源的总量就那么多,要想人类持续发展,就必须要保住它。最近一两年才听说有资源税,因为地球上的任何资源都不是属于任何一个小利益集团的,而应该是属于人类的。石油和煤都需上亿年才能形成,人类有汽车以来才一百年,地下储藏的油已经烧了一半多了,这是一件非常可怕的事情。

我们思考的这些转型问题,谁想到了对策?《指环王》的作者托尔金和《阿凡达》的作者卡梅隆,都想到了。所以前者虚构出"中土世界"与"魔戒"来批判人类的贪欲;后者想出完全不消耗自然资源的一种高级生命体,想象他们栖居在如诗如画的潘多拉星球。作者的思考是非常深切的,虽然他们不是在写学术论文,也没有用理论的语言讲,但是他们塑造的形象及其传播力量是非常巨大的。

由此可见,从实体经济向文化产业的转型,也可以概括成从物质经济向非物质经济,或者叫符号经济,或者叫虚拟经济的转型,这是三百年来第一次,不是哪个人、哪个国家、哪个公司,而是全球性的。意识到早一些的可以引领潮流,意识到晚一些就完全被牵着走。借用现在的主流话语,以文化资本的开发、利用为经济引擎的时代,这就是"科学发展观"。在"科学发展观"的教育之前,大家只知道发展是好的,根本不讲节能减排的问题,不知道什么是粗放型经济。实际上这不单是中国自身的问题,这更是资本主义的市场逻辑问题。刚才已经说过,其实,现代社会中的资本主义逻辑是先把发展的破坏性,从第一世界交给亚洲"四小龙",然后又转移到我们这里。试想,倘若我们幡然醒悟后,要把这一棒再交下去,还有接手人么?中国现在仿佛一个世界级工厂,"中国制造"不断在各个领域成为世界第一的同时,也带来了无数的问题。在这种情况下,还有没有大国有资源,而且劳动力比我们还廉价?显然没有。那这一棒怎么办?我们只好自己消化,所以我们既面临拉动经济的问题,又面临消化产能过剩的问题,同时还要面临发达国家新一轮的文化产品输出问题。真是一种两难的局面。那么我们该怎么办?

第一步,就是要先认真观察西方社会在这方面的实践与利弊。西方的文化产业者们付诸"文化寻根"行动来弥补现代性危机,他们在反思自身文明的同时也带着人类的视野,这就给我们提供了有价值的借鉴。这些文化寻根的思想者们都是写文学作品、拍电影的,没有打着哲学家、政治领袖的旗号出现,他们的观念不是个人的,而是一个普遍的文化思潮的产物,只不过是他们利用了大众传媒的手段和传播力,产生了空前的影响。一言以蔽之,他们所要纠正的、要反对的就是把地球变成一个新荒原的工业主义或者说是高耗能的、自杀式的发展方式。这样一来,便不难理解《阿凡达》的创作背景,以及对我们的启发价值。

二、文化人类学与《阿凡达》

追根溯源,《阿凡达》的编导者詹姆斯·卡梅隆所依据的思想观念的背景就是文化人类学。一个导演凭什么把地球人整个否定掉,然后设想出一个外星的理想世界?就是因为他读了大量的文化寻根的书,特别是文化人类学的书。文化人类学研究的是什么？文化人类学的起源就是随着西方殖民主义者占领了各地的殖民地，发现了许多的原始人开始的。人类学最早是研究所谓原始人、蒙昧人，或者说是原住民的。他们大部分不会穿正装，甚至穿得很少，赤身裸体；有的连农作物都不种，靠的就是打打猎，采一些野果子为生。人类学称之为"狩猎采集社会"。人类学家最初是研究他们的，所以如果在卡梅隆创造的纳威人身上要找地球上的原型的话，那就是借用了人类学家所研究的这些原始人。卡梅隆把他们不同的特征通过想象嫁接到一起：身材3米高，深肤色，长着尾巴，以打猎为生，信仰自然神灵……

人类学告诉我们，人类从猿进化到人，也就是从四足动物变成两足动物，从树上下来到直立行走，到今天是300万年。如果把这300万年用生产生活方式来划界的话，可以说299万年是原生态的，只有1万年以来开始背离了原生态，这就是我们用人类学的思想来对卡梅隆的作品做这样一个诠释的基础。

那么前299万年人类是什么样的呢？就是我们刚才说的，比如不会种农作物，不会种大米，不会种谷物的这样一个生产方式，纯粹靠老天爷提供的自然物品来生存。狩猎就是捕捉动物，采集主要是野生植物。为什么说有299万年？因为今天的人类学家、考古学家发现地球上有很多进入农业社会的最早村落，用现代科学的测年方法，大约都是1万年前的。也就是说人类在1万年以前是不生产粮食的，1万年前的时候世界上少数地方开始生产粮食，然后这种生产技术，或者说农耕文化逐渐扩散，逐渐传播，于是今天世界上大部分的地方都有粮食生产的痕迹，只有深山老林、远离文明的一些偏远地方还保留着狩猎和采集的生活。像日本的北海道有阿伊努人，在中国的大兴安岭里有鄂伦春、鄂温克族，在民族学家刚去的时候，他们还不种粮食，只是打猎、采集。

如果把人类发展的前299万年看成是原生态的，而最近的1万年的农业是人工的，就会清楚一个问题——农作物是从野生的植物驯化而来的。我们可以称之为"次生态"。它的出现将改变和终结原生态。农业出现以后，作物不是大自然给的，而是改变了大自然野生植物的生长规模和周期，人工制造出了粮食——300万和1万相比,就是1/300,哪一种社会是可持续的,哪一种社会是不可持续的,在人类学的时间标尺下一眼就看明白了:原生态才是可持续的。人们从开始种下第一粒种子,产生第一粒粮食,到今天也就是1万年的事。在浙江河姆渡出土的是7000年前的大米,但是这不是最早的,最早的是在湖南、江西发现了将近1万年前的人工驯化的水稻。

近300年来的这个社会又是怎样的?人们所接受的一切观念都是这300年来产生的,把它看成是天经地义的,了不得的,肯定是进步的,是向前发展的,却根本不去反思。换个角度看,这300年是造孽的历史,是人类犯下原罪的历史,我可以引出一系列知识界精英的看法,特别是20世纪以来的思想界的。过去只从好的方面来看待生产发展、产量提高、进步进化,人们早就忽略了自然界的限度。可是卡梅隆看到了,而且是高度自觉地看到了,所以他认为地球已经没有希望了,虽然过于悲观了一点,但是他绝非在开玩笑。在他之前,20世纪70年代已经产生了"罗马俱乐部"——那是世界各国的知识界和政府退职的要员们集体思考人类问题的集会,他们发出了一个报告,报告的题目叫《增长的极限》。人类都想增长,都想发展,以为是永恒的好事情,最后发现不行,那是有极限的,一旦到了限度就非常危险。从文化人类学眼光看,人类作为一种文化动物,只有到了20世纪才真正地达到了文化的自觉。过去习惯说"人是能够劳动的生物""人是政治动物、理性动物"等等。到了20世纪产生了文化人类学,能够从300万年的进化来判断人的所以然,才告诉人们"人是文化动物"。也就是说,地球上已知其他一切生物都是没有文化的,那么人能不能凭借自己的文化来拯救自己呢?这就是我们讲的核心。

所以,我们才把文化产业与符号经济看作带有救世的战略性质。但现在的问题是,文化产业在现今我国经济中占的比重还是微乎其微的,第一世界国家文化产业的发达程度已经远远超出我们的想象,第二世界国家正在向它转型。这就是为什么韩国人要拍一部《大长今》,却完全用中国明朝的文化礼仪风貌来占领中国的电视市场的原因。这是文化战略思考,都想把自己本国的文化品牌打出来,寻找消费市场。在这种情况下,中国的电影制作人,中国的电视剧、中国的文化产业的从业者们的眼光相对来说比较短浅,只有"经济"人的思考,只看重投入多少钱能够产出多少,根本没有再向深层次去挖掘"文化"之所以然。为什么美国人的一部《功夫熊猫》能比中国人自己拍的还要考虑文化特色和市场号召力呢?毋庸置疑的是,真正的"功夫"和武侠文化,必须由我们国人自己去阐释并将之转化为"资本"。然而,太多的地方和国人还被蒙蔽在工业发展的迷雾中。

我在陕西生活了 20 多年,2007 年又回到陕西参加一个学术会,主办方非常热情,请与会者再次参观司马迁的故乡——陕西的韩城。大家一路坐在中巴车里,看到的却都是冒着浓烟的烟囱。这种景象虽然在宁波肯定已经看不到了,可是在西部的有些地方,冒上烟已经不错了,有的地方还没有资格冒烟。冒着浓烟的司马迁的故乡说明什么?说明了那里还在走向工业主义,也就是西方人 300 年前做的事。D. H. 劳伦斯在小说中批判的景象,在这里很多地方才刚刚开始。那里的天空虽然不是阴天,是晴天,却仍然什么都看不清,整个感觉是灰色的,因为旁边全是大大小小的炼煤厂、炼焦厂。以至于当地老百姓有一种职业,拿着簸箕、笤帚坐在路边,车开过去一颠簸,碎煤渣就落下来,然后扫一扫今天的收入就够了。那是个让人触目惊心的煤灰世界,过了黄河就是山西,整个都是产煤区。这就是正奔向工业主义的现实景观!中国大地上随处可见类似景象。比如河南郑州,走出郑州可以看到宋代的帝王陵墓,陵墓旁边保留着距今 1000 年左右北宋时代的石刻,旁边就是麦地,完全在庄稼地的包围之中。出了庄稼地,河南的现代工厂一样是烟囱的森林,冒着烟的,不冒烟的,电线杆子一排排地笔直站着,似乎在眺望更为壮观的工业时代。同时,河南又是著名的传统文化大省,其中各县市很热衷申报"文化之乡"等评估项目。所谓"文化搭台,经济唱戏",文化仅仅是噱头,这是没有文化自觉的表现。

再看看大家置身于其中的宁波城。它没有滚滚浓烟,鼓楼还是老的,天后庙还是老的。大家都知道有一个名垂千古的天一阁,到了那儿的文人们一定要找天一阁在哪里。可叹的是,旁边的高楼大厦比它高好几倍,找了半天才找到一个角度,能给它留下一个影象。更可叹的是,它后面还有一座尚未落成的高楼大厦。再这样下去,所谓文化之"根"还能到哪里去找寻呢？回到浙江的湖州，那里有宋代大书法家赵孟頫的故居，还有湖笔博物馆，前面是一个公园，公园旁边的小区被联合国授予"人居环境奖"。在我看来，两者对照非常鲜明。下面是清代以前的庭院式的建筑，也就是古代诗人们的诗意场景。今天获奖的这个楼也就是颜色白一点，楼和楼之间不到20米，夏天从这个房间都可以看到对面的床上，这就是获人居奖的项目。可悲可叹也！

这些触目惊心的景象无时不在鞭笞和鞭策着我们。我们的"文化寻根"要寻什么？在我看来，文化寻根就是寻一个已经被后人遗忘了很久的文化大传统，这个传统还是今天人们赖以生存的基础。同时，更是要寻一种生产和生存方式的变革，追问曾经的"根"为什么会变成今天这样，还有什么文化传统能被追溯和复兴？

三、神话复兴与文化寻根

接下来就看看西方国家是如何"文化寻根"的。《指环王》《阿凡达》等文化产品是怎样打造出来的？它们在国际上是怎样流行的？卡梅隆的灵感又是从哪来的？

卡梅隆在1977年看了一部电影，就此决意改变自己的职业生涯。他原来是干什么的呢？他是电影学院毕业、专业搞电影的吗？或者是大资本家、独立制片人吗？都不是。卡梅隆是开大卡车的司机，而且年轻时据说学习的是物理专业，他的传奇经历，听起来本身就够拍电影的。吸引他进入电影行业的影片就是大家熟悉的《星球大战》。西方的文化产业，从好莱坞的生产方式来看，已经半个世纪以上了，有一个不成文的规则，一定要利用传统的文化资源来不断重新打造今天的文化产品。所以编剧、导演、制作者首先要下功夫做研究，把研究工作放在第一位。这跟今天读学位要写论文是一样的，没研究以前随便写出来的东西是没有生命力的。研究首先是学习已有的经典作品。好莱坞经常要翻拍，甚至把世界各地的成功剧本拿过去，重新拍过。表层原因是电影文化之间的学习与再传播，深层原因是把文化产品重新打造成文化资本，占领市场。

《星球大战》的导演乔治·卢卡斯，他编导的这一系列电影成为电影史上的经典，也是成功的商业电影，在世界上培养了大批的星战迷，并催生了相关的星战产品，成为一种独特的文化现象。饶有兴味的是，虽然电影《指环王》晚于《星球大战》产生，但卢卡斯当初却也受到了托尔金的影响。为什么一部电影能够让卡梅隆这样一个卡车司机改行？因为卢卡斯用他所学到的西方神话学的知识，再造出一个外星的新神话世界。《星球大战》一听就是外星的，但是展现外太空的大战，故事模型用的却是西方文学中惯用的英雄历险模式。这从哪得来的？就是从美国最著名的神话学家约瑟夫·坎贝尔那里学来的。

　　卢卡斯在《星球大战》开拍以前就向神话学大师——坎贝尔请教。坎贝尔认为，现代社会人类陷入了精神的饥荒，拯救的希望就是为现代人重新找回他丢失的灵魂，寻找的方式是什么？那就是要重新回到神话的世界。请注意，坎贝尔讲的"神话"，同汉语语境中理解的意义有很大差别。在中国大学中，只有中文系从事神话的教学与研究是合法的。这里面的学科逻辑是，文学的源头来自神话，所以文学、神话可以看成是一类，是虚构的故事而已，这样神话就归属于文学下面的民间文学了。这种归类的源头来源于20世纪前期的学科引进与定位。至20世纪初，西学东渐以来，中国神话界对"神话"的接受和使用一直有一个错位问题。其实，神话不仅仅是属于文学的，更不仅仅是所谓的民间文学专有的对象。

　　科学不是从来就有的，哲学也不是从来就有的。在此之前，神话是人类进入科学和哲学思维时代之前，普遍的思维和感知方式，是当时人类用以理解和解释周围世界的产物。神话学家认为，神话的原型模式广泛存在于人类意识之中。故而，作为一种可以被普遍接受的集体无意识形式，神话题材和内容就被商业电影人充分利用。根据这点，就像卢卡斯套用英雄神话模式来表现当代社会一样，卡梅隆对此心领神会，他一定要塑造出一种完全按照神话的思维方式来生存的纳威人，在他们那里没有空洞的哲学理论、科学技术、抽象思维、三段论。有的是什么？有的是人和自然的沟通，和神灵的沟通，那就是一个神话的世界。所以，不能仅仅认为《阿凡达》是文学的或者民间文学的产品。它通过表现人类文化的原初形态，来展望救赎现代性危机的道路所在。它更说明：神话和神话式信仰与生存，既是人类文化原初的精神生存方式，更是不应被科学和科技所淹没、替代的永恒家园。按照坎贝尔的话来说，神话是我们赖以生存的东西。你可以否定传统，但你不能把你的精神、把你的魂都丢掉，否则你就完全变成失魂落魄的行尸走肉。

这样的一种后现代思想，从美国的学院派，从神话学家那里，传播到了好莱坞的导演那里，以文化资本的方式运作出来。现在全世界都看到了《星球大战》《指环王》《阿凡达》等商业大片的巨大影响，文化产业的投入和产出比，是实体经济的老眼光所无法想象的。要想获得最大多数人的认可，不是意识形态，不是武力强加，而是带有普遍性的心灵触动和深层记忆的唤起。那就要靠复苏人类童年的神话思维。当然，不同的文化，神话思维的表现形式也不尽相同。文化寻根的学术意义和符号意义即在于此。

在坎贝尔之后，有一位英国女性神话学者名叫凯伦·阿姆斯特朗，非学院派人士、不是专业从事神话研究的人可能不熟悉，但是她的思想对人们理解从《指环王》到《阿凡达》这样的文化产品，是最有帮助的。如果说卡梅隆是用形象来表达神话精神，那么阿姆斯特朗就是用理论来表达类似思想。她写了一本书，叫《神话简史》，讲的就是人类的现代社会如何抛弃了神话，把神话看成是荒诞的、不合理的，用今天的理性取代了它。因此，人类文化才发生了危机，所以现在的文化寻根就是要把丢掉的灵魂重新找回来。怎么找？停留在书本和理论上不行，实际上要为文化产业招魂。

下面几段都是她的话：

> "超验"就是人类经验的一部分。我们渴求心醉神迷的那一时刻，那时我们的内心深受触动，并且在一时间超越我们自身而飞升起来。宗教曾是获得心醉神迷狂喜状态的一个最传统的方式，但是如果人们在神庙、圣殿或教堂或修道院中不再能发现它，那么就会到别处去寻找它：在艺术、音乐、诗歌、摇滚、舞蹈、毒品、性或体育运动中去寻找。

> 如同诗歌与音乐那样，神话能够唤醒我们进入狂喜状态，即

便是面对死亡,或者是在我们面临毁灭之际所感到的绝望之中。如果一个神话丧失了这样的功能,它就已经死了,变成了毫无用处的空壳。

因此,认为神话是一种低劣的思维方式,当人类达到理性的阶段时,便可以抛弃掉,这是完全错误的。

如果人们在神庙、教堂中不能再发现精神归宿,就会到别处去寻找它。人不是纯粹的像蚂蚁、蚊子一样的生物,一定要有精神的需求、精神的生活和精神的归宿,而且精神的能量要影响到他生命的质量。所以她说,人类找不到这种出神的那一刻,一定要到别处去寻找。

今天人不了解,为什么和我们毫无关系的南非世界杯足球赛,所有人都在谈论。很显然,现代人精神没有地方寄托了。怎么办?传媒整天都在播报,即使没有中国人踢球也要热闹,这毕竟是替代性的,因为体育有激烈的对抗,一场球赛会被宣称为国与国之间的"生死战"。有什么生死战?其本质,不就是人类的孩子在一起玩游戏。当然,其中有一些经济利益是真的,比如广告、转播费、还有赌球等。不过究其根本,那些还是"玩"的层面。因为现实中普遍的战争没有了,人类的欲望无法释放,一定要转换渠道去寻找。今天的青年,很多人进了歌厅就不愿意出来,还有人痴迷到网络世界中。为什么?都是源于有精神寄托在其中。有人说21世纪是精神疾病爆发的世纪,越是发达的国家精神疾病的比例就越高。为什么?这就是现代性危机中的精神空虚表现。据统计,我国抑郁症患者的比例已经达到西方发达国家的水平,精神的呵护没有跟上物质生产的发展。

可是,我们物质生产的发展本质是什么呢?中国企业的利润往往就维持在5%~10%之间,靠的还是粗放型、高投入、低效率的生产。我们中国人生产8亿件衬衫,换来的利润够买一架空中客车飞机。大家想想,8亿是什么数字概念?要多少纽扣、多少染料,要耗多少劳动力,要污染多少土地?目前的这种生产经营方式,不改是绝对不行的。在这样的情况下,神话得以作为新的文化资本在国际上首先得到重视。最近几年在国内也开始引起重视,但是很遗憾,形似而神不似,电影的名字也叫《神话》,电视剧也叫《神话》，网络游戏也叫《神话》，什么都叫神话。但是有没有让你出神？让大家信服？基本是没有，因为没有思想，没有对现实的关照，无非是弄一点噱头来吸引眼球。

2005年江西省委、省政府举办了一个中国傩文化艺术周。傩，就是戴着鬼面跳舞驱邪治病，俗称跳神。由省领导挂帅的傩文化艺术周，至少把我们曾经彻底否定为迷信的民间信仰当作文化来看了。他们从世界范围请来了30个跳神表演队，其中包括近邻韩国的表演队。韩国表演队中有一位最重要的成员，70多岁高龄，胸前挂着一排一排的勋章，跟开国上将一样，可她就是一个跳神的，用咱们的话说是一个大巫婆，却满戴着国家授予的功勋。可见中韩两个不同的国度，对传统文化的看法差距如此之巨大。从韩国请来的这个跳神表演队，在北方叫萨满，宗教学上称为萨满教，南方则叫傩。2005年春南昌的这个场景让我们反思——把自己本土已经失掉的文化之根再续上，却还要请外国的同类现象来作参照，我们距离"文化之根"已经很遥远！传统文化的东西不能一概而论为迷信，过去失落的现在需要重新找回来。这里有强烈的文化反思和寻根意味。

这场源于西方的文化寻根运动，同我们讲的新神话主义，关系非常密切。下面就在理论上提示几个要点：

（一）何谓启蒙

对于现代性的反思，学界代表人物有福柯、萨义德等，这都是学院派的。人类的精神状态、思考方式从现代进入后现代，一般被看成20世纪后期的事。后现代思想提出的问题是：这个世界如果有问题，如果病入膏肓，是从什么时候开始得上的，人们如何来治疗它？首先，关键问题就是何谓启蒙？300年前为资本主义鸣锣开道的启蒙思想家哪里去了？当时认为人类只要摆脱了中世纪基督教的统治，进入生产力大发展的时代，民主社会就会实现，人类未来的目标就三个词——自由、平等、博爱，这是启蒙时代写在旗帜上的。为什么今天人要问何谓启蒙？难道今天的人看不懂两三百年前人说的话了吗？不是看不懂，而是当年启蒙精神发展到今天的现实结果使他们对所谓启蒙的合理性、合法性提出了质疑。

人类真的是向自由、平等和博爱在迈进吗？不说别的，看看两次世界大战就明白了，人和人之间的仇杀、大规模杀伤性武器及无辜而死的冤魂的数量，从来没有如此惊人。所以有一位英国历史学家，也是20世纪最著名的历史学家——霍布斯·鲍姆用一个词概括20世纪：新野蛮时代。面对白骨和血泊的事实，启蒙时代以来的关于人类永远进步、永远向好的历史观，全部被否定了。人类为什么进入了所谓的新野蛮时代？为什么而仇杀？说到底，就是因为人口太多，地球的空间太小，资源太有限，为了生存就要争夺。每一个人的欲望都在膨胀，但是能够满足欲望的资源和手段是有限的。

这些思想家们认为所谓现代性，就是启蒙以来建构的这种理想，永恒进步的观念出了问题。在它的蒙蔽之下，人类的精神家园变成了荒原，在歧路上渐行渐远。今天的人必须重新觉醒，所以后现代知识观——倡导重新寻找替代性的知识和方向。法国思想家利奥塔写了一本书，名字叫《后现代状况》。他认为人类的知识现在看来有两类，一类是西方人在大学中传授的，写在百科全书里的，借此授予硕士、博士学位的那一套东西，他称其为"科学知识"。另一类没有写在百科里，大学里也没有它的地位，只有民间还在传承。那是什么知识？请到非物质文化遗产展览上看一看，就是那些知识，过去根本没有被当回事儿的东西。今天看来，它们是在文化中还活着并传承着，但是却没有合法的地位。利奥塔把它们叫作"叙述知识"，这类知识一般都以神话传说，例如"梁祝"这样的方式被传承着。所以利奥塔认为人类除了科学还有这一部分，而且这一部分知识的覆盖面要远远大于所谓西方的科学知识。所谓"科学"只是在西方社会中产生的，通过西方的经济和武力的强势把这样的文化传播到了世界各地，它的知识背后所代表的文化价值是纯粹西方的，或者说根子上是西欧的。而"叙述性"的知识，包括千千万万的后发展社会和无文字社会，也就是人类学家研究的所谓原住民、原始社会。

再看卡梅隆的影片，大家会发现他确实在领会后现代大师们所反思的究竟什么是科学知识、什么又是神话的叙事知识、孰优孰劣。当地球人开始克隆生命，开始掌握最先进的超导武器时，电影中的纳威人却什么也没有，只有天上飞来飞去的像凤凰一样的伊卡拉，只有同自然万物乃至整个星球一样的同母亲树的紧密联系，他们只有生活在神幻的祖先时代的这些东西。电影中貌似迷信、巫术的内容通过以上"反思启蒙"角度的梳理,就不再感到奇异,他只是把原来抽象的理论与思想完全形象化了。

（二）人类学写作

人类学写作也是卡梅隆创作的渊源所在。什么叫人类学写作？人类学最初是研究那些原始人的,好多作家、艺术家也开始不表现西方社会,偏偏要表现所谓的"被殖民者",所谓落后的、生产力低下的、原始的社会。这样的写作方式一开始被认为是带有一点异国情调味道的文学,到20世纪后期变成了反对西方主流文化的新潮流。英语世界中最畅销小说的作者中有两位,即卡斯塔尼达和莱德菲尔德,他们代表的就是人类学写作,即反对启蒙运动以来现代性的、资本主义的生活方式,他们的榜样是谁？如果在美国,那就是被殖民者镇压和屠杀、几乎灭绝、最后少数幸存下来的印第安人,也就是影片《与狼共舞》中看到的人物形象。今天的人类学写作不是把他们拿来猎奇、点缀一下,而是觉醒的文明人、大学教授、知识分子们要重新洗心革面,向原住民的文化保有者学习。他们没有文字、没有百科全书,也没有大学教育,知识基本上是掌握在巫师、萨满的手里,用口传的方式传承下去的。

卡斯塔尼达原来是美国加州大学人类学系的博士候选人,本来要拿博士学位的。他要做博士研究,研究课题是印第安人的草药治病系统原理。他找到了印第安社会中幸存的一个巫师,向其请教草药知识。但是在调研的过程中,他发现印第安巫师所代表的这种精神,恰恰是现代社会中所没有的——人与自然和谐的精神,这就是治病原理——与所谓"科学"格格不入。所以他不写论文了,拜倒在新的师父脚下,要重新理解何谓"人"。这是一个西方白人知识分子向所谓原始人学习人类学写作的最好例证。他这样写作,一写就写了七八部小说,一发而不可收,每一部的发行量在英语世界都是500万册左右。这发行量证明文化寻根运动在整个西方社会的接受程度和普及程度。从另一个角度说,也许正是西方过于成熟的资本主义文明,早已滋生了这样一种普遍的"寻根"情结。

（三）活态神话的复兴

作为对传统文化的再认识,"神话复兴"是一个知识的解放和再生产运动,本不受经济利益的直接驱动。我们今天大谈的"口传文化""非物质文化遗产"等热门领域,是芬兰著名的人类学家、民俗学家劳里·杭柯提出的。为什么要把口传和非物质文化遗产挂在一起呢?过去人们只认为书本的知识是唯一的知识,现在看来民间活态的知识,这些世世代代口头传承的知识同样是后人值得珍惜的文化遗产,所以叫口传与非物质文化遗产。这些流传数千年的神话虽然是口头的、无形的、非物质的,但却保留着大量的文化信息,绝非凭空虚构的"故事"。

这种重新寻找本土文化中的文化遗产的运动,由联合国发起。联合国教科文组织受到这位人类学家的影响,提出保护非物质文化遗产的全球计划。中国是最早加入《非物质文化遗产保护公约》的国家之一,因此我国新的考核政绩的指标,跟当地的文化遗产保护联系起来了,这不能说是坏事。但是目前真正能理解非物质活态文化保护和文化寻根精神的人,则太少太少。

2007年,一个山区的贫困县——河北涉县,引起了世人关注。大家都知道中国神话有几大女神,首屈一指的就是女娲娘娘。《红楼梦》开篇就讲女娲炼石补天剩下一块石头,才有了贾宝玉。这女娲是从哪来的?不研究神话的人,一般对此不去深究。在中国的大地上,除了古书中零碎的记载以外,可以说有千千万万女娲的祭拜场所,叫女娲庙或娲皇宫。在河北涉县的山崖上,山顶下方石壁上保留着隋代始建的娲皇宫。中国的建筑大师看了以后说这是奇迹。首先建造是奇迹,那山上没土,全是石头,没法打地基,是靠缆索把建筑绑在石头上的。是今天人造的吗?当然不是,是一千多年前隋朝时始建的。难得在涉县这样一个偏远的地方保留了隋代的娲皇宫。当地的老百姓每年农历的三月三到三月十五要来祭拜。他们心目中的女娲,不是今天在大学语文或者中学课文里讲的文学故事中的女娲,而是活态的物质文化遗产。这跟课堂上讲的、当童话教给学生的想象故事是不一样的,女娲在此是虔诚信仰的对象。2007年这个地方打造了女娲文化节,当地的旅游和经济收入随之见效。目前,女娲庙还有很多,但是能找到地面上仍存的,唐代以前修建的则基本没有了。隋代的娲皇宫,在穷乡僻壤被保存下来,它代表着什么?代表着民间的香火没有中断。这样的遗产对于学院派来说是不大知道的。在960万平方公里的国土上，野火烧不尽，要找的话还是很多的。这种活态神话传递的文化信息，再佐证其他文字和实物图像材料，有可能告诉后人中国神话的现实土壤是怎样的。这又岂止是历史文献所能提供的，这就叫作神话历史。不过，国内这类活态神话的真正复兴，还需要相当程度的知识动员与文化觉醒。

四、文化寻根的理论与现实意义

以上所谈的人类学和文化寻根思潮到底有什么意义呢？其一，是诊治现代文明病的。现代有什么文明病？只要看看深圳的富士康公司的"十九连跳"（自杀）事件，就知道了。花季青年为什么一个接着一个的那么容易轻生？这不得不说是一种精神危机的表现，现代文明病已经到了难以解救的地步。

对此，人类学家和文化寻根的作家、思想家们给出了一个共同的诊断：今天的人类正在变成社会"恐龙"。为什么要把今天的人类比作社会恐龙呢？恐龙，曾几何时是地球上最大的生物，而且是无敌的。但是而今安在？除了到自然博物馆看看化石，看看恐龙蛋，活着的早已经没有了。可见，并不是最强大的、技术最厉害的、最能打仗的就了不起，也许貌似最强大的，却一样是不可持续发展的。相反，蚂蚁、苍蝇，亿万年还持续到今天，这就是现在考察文化寻根的新的标尺。刚才讲了人类进化的300万年可分为两个阶段，一个是原生态的，毫不破坏自然，用中国老百姓的话，"棒打狍子瓢舀鱼，野鸡飞到饭锅里"。那时大自然的物产是不断再造的，根本不存在吃完的问题。随后进入农业社会，尤其是工业社会，人类可以大规模生产粮食了，这时候人口就迅速膨胀起来。今天的地球上生活着65亿人，如果大家都按照这种高耗能的、不环保的方式追求自己的生活目标，那人类整体的寿命肯定要大打折扣。首先应该觉悟到，这不是什么慈悲为怀不杀生的问题，而是人类整体存续的问题。这个整体的问题，我们把299万年不伤害自然资源的生活方式，叫作原生态社会，把1万年前发明农业以来的叫次生态社会，把300年以来的工业主义叫反生态社会。为什么要把

300年来的工业主义定为反生态呢？40亿年中，地球上从来没有发生过整体生态毁灭的威胁，恐龙再厉害，灭不了其他一个物种，它连个苍蝇也灭不了，它能吃小动物，但是不会危及其他生物的生存。也就是说，地球生命整体丝毫不受威胁。进入农业社会以来，生命的物种开始减少了。到了近300年以来的工业社会，每天或者是每小时，都有物种在灭绝。为什么哥本哈根会议不欢而散？人们只是考虑自己国家的利益，没有从整个地球的生命（包括人类自身）承受着前所未有的威胁的角度出发。今天的人类已经掌握核子武器，足以把人类和整个星球毁灭多次。恐龙被动地灭绝了，人类比恐龙高明，却又不知不觉中地踏上了灭亡之旅，这绝不是危言耸听。

所以这些文化寻根的思想者、作者们，不是跟工业化社会过不去，受了什么刺激非要写原始的、落后的，他们意识到这个危机只有从病根上诊治，要提倡所谓后现代，重新启蒙。他们不是追问和反思究竟什么是启蒙吗？事实上，人不可能按照自由、平等、博爱这个永恒的理想向前走。为什么是这样的？因为资源总量的有限性和人的需求的无限性是无法解决的终极矛盾。地球生存空间是有限的，这并不是哪个人错了，哪一国的领导人错了，是人类作为理性动物本来就没脱离自然。启蒙运动所宣扬的理性根本上是一种人为建构。现代性所建立的生活方式，在反生态现实中的理性，实质上都是非理性的。所以这些理论家、文学艺术家们做的工作，就是在默默无闻地帮助人们重新意识到这样的悖论，然后为人类社会寻找一个未来的发展方向。这正是寻根文化思潮的意义，人类要从"根"上去寻找救治精神危机的良药。

有听众会说，你讲《阿凡达》讲了半天，怎么没有从影片开始入手？我想，从影片开始讲是一种常规教学的标准模式，比如把故事复述一遍，讲解作者通过什么表达了什么。这些内容，大家完全可以从众多影评中查到。我更关注的是影片背后的思潮和文化深层因素。我更愿意告诉大家：为什么会产生这样一部作品？它的真正意义在哪里？正如我刚才所讲，在《阿凡达》背后，是半个世纪以来西方的一个思想和文化运动。影片的成功不只是个人的功绩，单凭卡梅隆自己的天才和毅力，他也许很难拍出一部具有如此广泛影响的作品。

所以,最后,我再把包括《阿凡达》在内的几部作品联系起来,结合上述理论做一小结。

讲座一开始谈及《指环王》时,就已说及"魔戒"象征着人类贪欲,象征资本主义生产方式,"中土世界"的人们面对"魔戒"的诱惑而难以自拔,但是如果不把它毁掉,人类社会就永远无法摆脱争夺和杀戮。这是《指环王》的作者给出的哲理,虽然是以童话的形式,里面却有深刻的现实思考。而且,看看奋起反抗的树精们的力量,《指环王》中隐喻的生态保护意识不言而喻。

第二部作品是《哈利·波特》。罗琳的书已经全部出齐了,电影还差一部。看起来好像这是小孩最爱看的东西,是写给孩子的,被当成儿童文学。但是,很明显,成人群体的高度认同也在为该书和电影的成功推波助澜。尽管罗琳不是学院派学者,但她的知识资源绝不简单。在她的知识背景中,如果要给她找一个导师,那就是《指环王》的作者托尔金。按照罗琳自己的说法,她从小读托尔金的书,那时候没有电影,只有小说,读《指环王》读得入了迷,尤其是其中魔幻的世界。《指环王》第一次塑造了一个穿着白袍的叫甘道夫的正面巫师形象。巫师在基督教的文化中是永恒的反面形象。巫婆、巫师们是恶魔的代表,历史上的教会曾有残酷迫害女巫的运动。因为信仰者一般都不容忍一切异教,认为这些都是邪恶的、反动的。《指环王》却破天荒地塑造出正面的巫师,这一点对罗琳可谓醍醐灌顶。看看《哈利·波特》主人公的父亲母亲是干什么的,马上就明白了——他们都是巫师:其父是男巫,其母是女巫,哈利的父亲为了对抗伏地魔而遇害,他的母亲为了保护儿子,自己也牺牲了。罗琳把基督教的所谓献身、仁爱精神,体现在巫师那里,这是一次正名、一次平反的努力。《哈利·波特》这样的作品,把巫师的后代放在一个魔法学校展开叙事,学徒们可以从现实世界进入魔法世界,两个异质的空间被对照起来。她之所以要放弃现实,要到这个魔法学校中寻找真爱、温情,就是要表明资本主义现实的利欲熏心、尔虞我诈,已经把人性异化了。作者通过把资本主义的现实之阴暗、腐朽和运用想象构造出的魔法世界的希望尚存相对立,正是表现了文化寻根思潮的深刻影响。

另一方面,《哈利·波特》的作者要替所有被以女巫的罪名而遭杀害的人平反昭雪。《哈利·波特》写出一部正面的巫师的新传,它成功了。这就表现了文化寻根派激进的反西方中心的倾向,是从西方内部去反对它。要在男性中心的神权背后寻找一个女神的传统,这一追就要追到刚才说的一万年前的农业社会。那个时候人类产生了一种观念,把具有繁殖、生产功能的东西叫作我们的"母亲",那就是大地母亲这样一种神话观念。因为农民们发现大地中能够生产出农产品,和母亲可以生产出孩子来是同一种原理。按照神话思维,这是同样的生产力量在发挥作用。大地也是母亲,人类中的母亲也是母亲,他们两者之间是有着交相感应的神话关联的。

第三部作品是《达·芬奇密码》。这部作品没有讲巫术,也没有讲魔法,但与文化寻根思潮相契合的是,它也是对资本主义背后的西方主流价值观进行反思和批判。放入思想史视域,这是20世纪以来,和少数民族运动、后殖民运动、女性主义运动、生态运动同一个阵营的,都属于文化寻根浪潮。丹·布朗通过作品要找什么呢?他要寻觅的就是为男性权威的宗教传统所压抑和遮蔽的女性崇拜的传统。这是圣殿骑士团秘密存在的真正根源。看过电影的观众都知道,作品中的情节处处充满了象征,如倒金字塔、圣杯、五角星等。一切象征最后解释成一个符号——女神崇拜。想想卡梅隆《阿凡达》影片的最后,纳威人靠什么打败了地球人武装到牙齿的超级武器?这就是大母神。母神显灵了,没有女神,纳威人、潘多拉世界肯定毁于一旦。

为什么大家都要抬出这个女神来崇拜?在这一点上,卡梅隆和《达·芬奇密码》的作者完全是一个思想阵营的。他们很清楚今天人类的文明社会,没有例外,全部是父权制社会。父权制社会最大的特征是什么?女性处于一个从属的、被动的,或者是被看作是低等的地位。这是千百年来父权制意识形态不断建构出来的。更为久远的女神文明之根,需要被重新发掘出来,以拯救正日益走向暴力冲突的男权社会。法国的女性主义理论家、萨特的女朋友波伏瓦,她的代表作就叫作 *The Second Sex*,翻译成中文是《第二性》。有人会说,第一和第二的排列不错嘛,金牌银牌。很遗憾不是这个意思,实际上说的是如果男人是原生的、一等的,女人就是次生的、二等的。

今天的这些文化寻根者们同样要站在被压迫的、被埋没的弱势一边,他们都是男性作家,却要写女神的威力,这本身属于文化寻根的阵营之一。他们针对的就是西方社会中男性中心主义的意识形态。基督教讲圣父、圣子、圣灵,父、子一听都是男性的身份。圣母玛丽亚倒是女性,但未婚,是圣灵感孕。在玛丽亚的背后还有一个更深远的崇拜女神的传统,甚至祭司都是女性的,把圣殿骑士团这样一种历史上曾经有过名称的组织拿来说事,丹·布朗写这个小说,仅调查的材料就可以摆半间屋子。《达·芬奇密码》每一页写成的书背后,撕掉的资料是十页以上。他绝不是躲在屋子里靠想象在写作,他是到处调研考察,所以写出来就像真的一样。用神话学的眼光看,于整个人类大传统而言,女神崇拜的文化之根是绝对真实的。女神崇拜的重要表现形式就是大地母神的形象,也是今天在早期的艺术中反复看到的符号形象。翻开西方艺术史、人类艺术史,凡是第一章都从两三万年以前开始讲,此时是旧石器时代末期。史前的维纳斯像,一看造型,巨腹丰乳,显然都是女性,代表一种生育、生命再生产的能量。这样一种现实不是虚构出来的。20世纪的考古发现表明,农业社会之前,人类普遍是崇拜女神的,农业社会开始也是崇拜女神的。为什么?因为女神代表大自然,代表土地,代表母亲。英文中"祖国"这个词,就叫 motherland,就是"大地母亲"之意。中文的"祖"字已经变成男性化的符号了,但是咱们最早的土地神,不是土地公公,不是土地爷爷,而是土地奶奶,也是女性的。相比男性中心社会鼓吹暴力、战争和杀戮,女神所代表的世界是一个相对平等的、和谐的、自然的社会。这样一种文化寻根的对象与价值诉求被这些作者们当作是重新认同与复归。所以,新的图腾、新的符号,代表了文化寻根新的价值观。

再来看《阿凡达》。影片的情节想象与《指环王》《哈利·波特》《达·芬奇密码》这一系列作品一样,都是来源于被西方社会主流价值观所忽略、所压抑着的价值诉求,现在则要把它们重新复兴起来。《阿凡达》——这个名字采用的是古代印度的梵语,意思就是天神化身或者天神下凡。影片中的男主人公,他在现实社会中已经伤残了,卡梅隆让他在外星人那里重新找回了一个男人的价值和尊严。这样的写法不是卡梅隆的独创,只要熟悉西方文学传统的人,都明白这是一线贯穿的。D. H. 劳伦斯的《查泰莱夫人的情人》,主人公就是一个坐在轮椅上的,怎么坐在轮椅上的? 战争致残的。他的夫人重新找到了一位园丁——代表原始落后的粗野下人,并且私通了。这个小说讲的情人就是从这儿来的。卡梅隆可以说站得更高远,他让一个在地球上伤残的人,代表另一个世界拯救者的身份。杰克有一种双重身份的转换:当他躺进那个太空舱睡着的时候,他在此世界停止意识;醒来后,他在那个世界就复活了——新的命运、新的开始。所以卡梅隆用了印度神话中所谓天神化身这样一个原型,来表达今天地球人如果还有救,那就是赶快转换你的文化身份,不要再按照地球人的方式去生存。

在《阿凡达》中,文化寻根的目光已经无法落在地球上了,因为地球已经全部被污染了。怎么办? 一定要想象一个与自《星球大战》以来的充满危险的外太空世界有所不同的地方,人类一般害怕的就是外星人的武器更先进、手段更残忍。在卡梅隆看来,外太空不是可怕的,反而比人类要淳朴、纯真,或者说返璞归真的世界就在那儿。他用了人类学研究原始文化的诸多元素来打造纳威人的形象,肤色是深蓝色的,显然不是西方的白人,也不是亚洲的黄种人,较接近的是非洲部落民,原住民部落一般都是深肤色的;把他们的耳朵塑造成和某种野兽的耳朵一样;再把人类进化中已经蜕掉的尾巴还原,甚至脑后的大辫子还有连接大自然网络、沟通信息的功能。这是卡梅隆异想天开的地方。

按照西方文学传统,大凡写到原始人,都要写成一种和现实的文明社会相对立的、负面的形象,但是卡梅隆没有按照老路走,他塑造了在人格方面、在精神的生存状态方面都远远高于地球人的存在。纳威人表面上是原始的:生产、生活方式非常原始,他们的宗教信仰、通灵活动类似萨满教,万事万物都有灵。他利用了人类学研究原住民文化一个世纪以来的重要成果。这些原住民的世界和地球人形成对照,主要是要反衬地球人的邪恶和偏执,也就是说现代文明进入了病症阶段,它的症状是什么? 按照影片的划分,可以把地球人看成是异化的人,纳威人是天真而没有被异化的人类,或者叫原生态人。地球人中按照职业还可以分成几种不同的异化的人,当然地球人不完全一样,有的还有天良,但是没有办法也被一种看不见的力量所驱使,成为贪欲的工具——这就是地球上起最终决定作用的东西——金钱。金钱的力量以跨国公司的大老板为代表:军队是他雇佣的,用于武力掠夺资源和保护贸易;科学家是他雇佣的,研究出的克隆技术,能够造出纳威人的躯体。这些不是为了研究而研究,而是要到外太空去寻找最值钱的能源。影片中把它叫作超导矿石。大家还记得它的价值几何吗?每公斤两千万美元。地球人为什么要到潘多拉去?不是什么钉子户和开发商的问题,而是地球人没有资源了,地球的资源被消耗殆尽了,只有到外星去寻找替代品了,于是找到所谓潘多拉的超导矿石,这个战争就是这样引发的,一切为了利益。在地球人中,这些贪婪金钱的经济人占了绝对的主导地位,就是跨国公司老板。军事人,也就是以少校为代表的反派形象,他也是被金钱雇佣的。这个电影拍出来以后美国军方还提出抗议,说丑化了他们的形象,让人老想起越南战争、伊拉克战争,想起了所有的倚仗先进武器凌驾在原住民之上的统治者。但是毕竟军事人不是要害的所在,他们是被金钱雇佣的。科学家同样被雇佣,不过只有这些科学家还有天良,他们不愿意为了钱而丧失人性去为虎作伥。这样的情节是作者有意安排的。地球人分为这几类,都同样没有办法摆脱唯利是图者的支配。

地球上没有资源了,要到外星去寻找替代资源,这好像看起来有点杞人忧天,但是如果没有今天方兴未艾的生态保护运动,卡梅隆绝对不会自己想象出这一点。在这背后有一个西方知识界的集体转向,即转向原住民社会,重新向他们学习。这样的一些风向,从作家、艺术家那里,到知识界的人士,现在已经成了相当普遍的一种思潮,即重新回到原来被认为是原始、落后的人与文化那里去。现在他们被认为是新的榜样。为什么?因为终于发现只有他们代表的那种生存方式才真正是可持续的,我们生存的这种方式是没法持续的。

这就是卡梅隆借着这样一个知识转向告诉世人的道理,外星的生态人重新教育地球上异化的人,这教育意义是非常深远的,不是儿童看看热闹、研究研究声光电新技术、看看3D效果就能理解的。需要深度思考和挖掘,才能够领会。卡梅隆借助人类学想象,塑造出的这种生态人就是要给地球人重新树立榜样。

最后的结局大家已经很清楚了,眼看着外星的生态人要被唯利是图的掌握高科技武器的地球人毁灭掉了,但就在这千钧一发时刻,卡梅隆动用了传统神话的力量,也就是丹·布朗《达·芬奇密码》所要寻找的女神文明的力量,生态世界的力量,最终战胜了地球人的入侵。这样的一种场景,在以前的文学中是没有的,也许哪个末流的作家写过,但是在主流的文学史上都是殖民者一方,代表着拥有先进武器、高科技的一方获胜,没有例外。所以卡梅隆的这个影片的结局,虽然让很多观众感到意外,但是他是有意而为之的。他为什么要让生态人获胜?因为他希望给地球人留下一线拯救的希望。虽然你们的资源已经耗竭了,虽然你们彼此之间已经唯利是图、不可救药,但是生态人还是留下了希望的种子。潘多拉星球的名称取自希腊神话中的人物。希腊神话中的潘多拉,只要把盒子一打开,人间的灾祸、病菌都来了。但是神话还有一个细节,潘多拉盒子底下还有一样东西没有露出来。什么东西?就是"希望"。这就是卡梅隆借助外星世界的想象,留给人类的一线希望,这也是我对这部作品所透露出的人文关怀的理解。

今天就讲到这里,和大家进行交流,不对的地方,欢迎大家多批评,谢谢。

附录:听众提问及回答

提问:一部《阿凡达》让我们有了很多思考,尤其是对我们生存的环境、生存的地球有了更深的思考。您在刚才的讲座中也说到了好莱坞一系列大片引起了大家的关注。大家在看这些影片的时候都感觉到非常的震撼,因为这种高科技的影像技术让我们感受到了好莱坞影片的发展高度。中国很多导演也在学习他们的技术,也用了很多大制作、大投资,把后期也拿到好莱坞制作,但是没有一部影片有那样强大的影响力,是中国的导演没有文化吗?我们有五千年文化积淀的中国导演,为什么没有一部让世界震惊的大片呢?

叶舒宪:不是没有文化,我们是文化大国,像你说的历史也悠久,而且文化未曾中断。但是从 1905 年废除科举、打倒"孔家店"开始,一切都以外来的为好。中国今天的大学里讲的东西 80% 以上都是从西洋的大学直接搬来的,所以我们生活在这样一种文化的根被遮蔽的语境中,不能要求在今天这个背景中成长出来的导演、制片人、作家,能够有像卡梅隆那样的文化背景。我们自己文化断根了。在这文化断根的一个世纪中,我们失去了传统的东西,今天人们刚刚意识到它的价值,所以这需要有一个过程。中国确实缺少像卡梅隆、丹·布朗、罗琳以及托尔金那样重量级的学者型作家,一般都是电影学院毕业,学了一些影视制作方面的知识,有一些拍摄经验或者做过演员,或者哪个演员演得好一点转行做制片,这样有点像"近亲繁殖",只是在电影业的狭隘的渠道中做,眼睛只看着电影技术,这是不行的。刚才讲的每一部电影背后都和西方的思想文化运动息息相通。如果你进入不了这个运动,利用不了其成果,只用个人的才华是很难实现超越的。今天中国的现实比较浮躁,没有一个导演 14 年拍一部影片,做不到。不说 14 年过去就该退休了,还得养家糊口、成名成家,所以在我们今天比较浮躁的文化生态制度之中,容易产生出一些短命的、缺乏深度、没有内涵的东西。解决的办法很明白,把我们了解到的西方知识界的转型作为一种新的知识传播开来,把我们自己真正的文化之根找到,希望还是有的。

提问:您是神话学研究的专家,著作很丰富。我们大家都知道,无论中国还是外国都有很多神话。您个人比较喜欢中国的神话还是外国的神话?中外神话有什么异同?现在对我们有什么影响?

叶舒宪:本人是中文系毕业的,教外国文学 18 年,然后到社科院做专题研究,主要的研究方向是中国文化,希望在中国的上古文化中找到华夏文明的最重要的价值所在。本人写过《诗经》《庄子》《老子》的文化阐释,都是纯学院式的研究,带入了一些刚才介绍的后现代的思想和价值观念。如果说中国的神话和西方的神话各自有什么特点,我要说的就是,中国的神话是一个世纪以来才开始研究的,在 1902 年以前,汉语中就没有"神话"这个词。这是非常奇怪的一个事情。古汉语中没有"神话",那我们今天用的是哪来的呢?这是西学东渐以来,最初留洋日本的学者,用日文中的"神话"两个字翻译了英文的 myth,然后汉语中才有了"神话"这个词。于是鲁迅、茅盾这些文学家们很热衷,认为文学的源头就从神话来的。

但是我们已经提到,把神话变成文学中的一类,就把它的 80% 给弄没了。说得严重一点,神话不是属于文学的,反过来文学是属于神话的。神话是与理性相对的,是人类还没有进入科学和哲学时代的基本思维和感知方式。到北京参观故宫,看到神话了吗?"紫禁城"这个名字就是神话。你看到紫颜色了吗?为什么叫紫禁城?它是一个神话观念的命名。东边日坛,西边月坛,南边天坛,北边地坛,说明什么?这里是中央。中央是什么意思?地上的中央对应天上的中央,叫紫薇宫,那是天上至高无上的天帝居住的地方。所以人间这里是在模拟天上的至高统治者,紫禁城的名称就是一个神话的命名。当你没有这个背景知识的时候,你根本不知道这说的是什么,而且这个词翻成英语,翻成任何一种语言,意思就没有了。

中国的神话,绝不仅仅是在古书中,在《山海经》里找点小故事给儿童看看的那种神话。中国整个文化都是被神话观念架构出来的,就连"天人合一"这样一种观念,也是如此。看看《红楼梦》就明白了,先是女娲炼石补天,剩下一块石头变成了人间的《石头记》,然后儿女情长、功名富贵才开始上演。这样的一套讲述方法本身就是神话式的。所以中国的神话是弥漫性的。反过来解答为什么 1902 年以前中国人没有这个词,因为我们的神话太多,根本用不着以一个词来标示它。到孔庙中有文圣人,到财神庙有财神,中国人少有不信神的。祖先都是神,关公之类英雄也被当成神。所以我们的文化是一个典型的用神话编码出来的文化,全方位的神话研究,在中国才刚刚开始。一个巨大的重新认识中国文化的工作刚刚启动,谢谢。

提问:说到神话,还有这么一个问题,刚才在讲座中说到一系列的好莱坞大片是根基于西方的民间文学,您也说到中国也有很多这样的神话,为什么在影视片中无法跟他们对等呢?

叶舒宪:这个问题回答起来比较长。简单而言,中国的神话不是古书中写下来的故事情节,不能仅把那些当今被视为儿童故事的题材称为"中国神话"。我一直主张,中国神话是一整套"天人合一"的思维方式,谁能找到这个,谁才能拍出代表中国文化的作品来。中国的神话观念,过去认为就是商周以来有一些神话,现在看来绝不仅仅是商周以来三千年,因为在浙江出土了五千到四千年前的良渚文化,在余姚的良渚博物馆,大家看到国王和王后的形象都复原出来了。他们全部是用玉器装扮,头上戴的是三叉玉冠,手上拿的是象征王权的玉钺,这些全是神话观念的反映。上海世博会有一个震旦馆,展出的是台湾的大企业家、收藏家收藏的古玉。该馆告诉我们的就是中国的神话远远早于人们所知道的三皇五帝、伏羲女娲的故事,那应该是五千年前就出现的。所以如果大家兴趣多一些,重新进入考古学家复原给我们的古老而全新的世界中探索,中国神话的探讨空间非常广阔。对导演、作者们来说,题材、象征和原型是取之而不尽的。

提问:说到文化寻根,一定是跟文化断根相对应的。中国也经历过几次这样的断根,这给我们造成什么样的不可弥补的后果?另外也请叶教授说一说,讲到文化寻根,我们的影视作品中有没有中国文化的寻根的作品?我们要寻到什么样的根?

叶舒宪:真的是不可弥补的损失。举一个简单的例子,前些年在伦敦索斯比拍卖行拍卖一个元代的青花瓷罐,拍出了约2亿(人民币)的天价。要说它的价值就代表了中国传统文化中艺术品的价值?未必!文化是无法用经济的价值来衡量的。尤其是在中国人的文化精神、灵魂的寻找方面,这个价值能用数值来算吗?没法估算。我们生活在一个真空之中,原来我们以为自己的文化是不好的,"五四"新文化运动以来,国人要割断传统的尾巴,生怕拖着自己不能前进。所以一定要打倒"孔家店",认为《二十四史》里面只写了"吃人"。现在看来,本土文化价值还需要重新认识。至于怎么样重新认识的问题,已经摆在每一个公民的面前。当然学者们、专家们责无旁贷,只有全社会形成合力,保护、重新认识中国传统文化的工作才不至于流于形式。

提问:那么我们的根在哪里呢?

叶舒宪:我们的根,简单说,在世界上相对来说生态环境比较差的地域,却滋生了一个生命力最强大的文明,就是中华文明。为什么说是生命力最强大呢?中华文明从时间上比,悠久比不过苏美尔、埃及,后二者都是五千多年。时间上没有人家早,最初的生态条件也比人家差,那边是尼罗河、底格里斯河、幼发拉底河,都是在灌溉农业基础上,然后建立了城市、国家。看看咱们河南、山西、陕西,这些地方的新石器遗址只有一种粮食,就是小米。浙江河姆渡文化这边七千年前已经种大米了。但是孕育中原文明的地方是不产大米也不产麦子的,只产小米,因为土地无法灌溉,水利很差,小米则是一个耐干旱的农作物,我们的寻根就找到这儿了。在生产条件、自然条件相对比较差的情况下,却能够养育出一个生命力强大的文明,原因难以用一句话来概括。如果一定要概括,那就是它是一个多元文化的整合体。它既有当地的黄土文明的经验,又整合了南方的生产水稻的经验,又整合了从西边来的生产小麦的经验,又整合了两边的骑马民族游牧的经验,又整合了东边海洋文化的经验。所以在中原文明的建构过程中,有时候是中原唱主角,有时候是周边的少数民族唱主角,甚至少数民族入主中原,建立新的政权。这背后又产生了新的文化融合,所以它的文化基因是超多元的,这就跟生物育种的道理是一样的,避免了"近亲繁殖",反而养育出了可以适应各种生态变化的、文化生命力持久的文明。这是我们今天能取得的一点初步的认识。

提问:说到寻根,我们也要追根溯源,就会想起中国古代的道家,道家实际上是最早主张归根的,在这方面请叶教授说一下道家对我们现在的影响。

叶舒宪:道家传统的断裂也就在我们说的最近一百年的文化革命过程中。起先打倒了"孔家店",随后狠狠地打倒了"道家店"。老子、庄子在我们上学的时代还被看成是反动的,他们要"小国寡民",人民少而禽兽众,一切人类社会的礼法都不要。今天我们看,那恰恰是跟卡梅隆塑造的原住民一样,代表一种生态的理想。今天西方思想者认为以老子、庄子为首的道家同今日的后现代主义是息息相通的。因为西方人经历了破坏、毁灭,才发现又得重新走回去。现在再看两千多年前的道家圣人,他们是超前的智慧者，他们生活在春秋战国时代，但是他们提出的观念是有人类价值的，对他们的重新认识的运动正在展开。

提问：现在大家对上海世博会都非常热衷，有空都想去看一下，而且很多人也认为生产的发展越迅速越好，科技给我们带来享受，也带来文明。您是研究人类学方面的专家，能否说一下人类社会的前景是怎样的？

叶舒宪：世博会我也看了，但是要我建议的话，请大家不要过于热衷。看看纳威人的生活，再看看在烈日下排九个小时队领一张门票的情形，那是生态的还是反生态的，还用说吗？人类的前景，这个问题也不是我能解决的，我通过我理解的《阿凡达》，其实是希望大家有理性、有知识，一起来思考人类未来是怎么样的，这样人类的未来可能就更美好一些。如果大家都还是盲目地跟着反生态的现实，继续做犯罪的事，那人类的前途就堪忧了。人类学的教育确实是以前所没有的。我们的知识中，只知道社会历史从黄帝讲起，讲不到1万年以前，更讲不到300万年以前。是人类学加上考古学，才带给我们新的知识观，一下子把我们的眼力放长远了，这是以前的历史学家、人文学者所没有的。中国古人说，人无远虑必有近忧，现在有了这样一个超长的远虑，有了卡梅隆这样一个超距离外太空的反观眼光，对我们审察身边的事情，应该说是非常有启发和帮助的。

《黑客帝国》的符号编码与文化渊源
——兼谈符号经济与学术寻根问题

谭 佳

引 言

  出于个人阅读和审美偏好,笔者一直有点疏远科幻题材,书籍影视皆然;对那些票房颇高的好莱坞类型片,也不时挑剔其趋众媚俗。然而,看完好莱坞最成功的科幻片——《黑客帝国》系列后,我还是为之震撼。无论如何,我不曾料到:计算机程序、哲学沉思、神话传说、宗教信仰、打斗特效、情节设置……这些竟都可以如此浑然相融。我更不曾预想到,成功的文化符号能有这般雅俗共赏的效果。如今,距离《黑客帝国》首次上映已过去6年。其间,《指环王》系列(2004年)、《达·芬奇密码》(2006年)、《哈利·波特》系列(2004—2008年)、《阿凡达》(2010年)等等佳片不断壮大好莱坞的文化产业。相比这些魔幻系列及其鲜明的神话特色,《黑客帝国》侧重运用神话、宗教、科技符号来隐喻其哲学沉思,影片的魅力更体现为一个个颇具匠心的符号塑造(片名、人物、物象等等),它们所带来的阐释热潮至今没有影片能超越。正因如此,探究《黑客帝国》如何在"神话—宗教—哲学—科技"之间进行符号编码,分析这些符号的文化渊源就显得别具意义。

尽管评论《黑客帝国》的文章和著作已经有很多,但立足于"神话—宗教—哲学—科技"来分析影片中的符号构成规律,并探寻其学术根脉、反观本土文化问题还并不够充分。尤其相比国外学者,国内学院派的相关解读并不多见。所以,笔者并不准备写一篇纯粹影评,或是凭空谈"符号经济"。笔者要借分析《黑客帝国》为端绪,追问文化符号与本土学术的关系问题。

改革开放30年后的今天,国人在"文化-符号生产"方面还很薄弱,对本土文化的寻根意识与文化自觉更亟须加强。否则,以文化符号塑造为主体的非物质经济,就不可能具有真正的思想穿透力和现实影响力。所谓"符号经济",若没有相关人文专业学者的文化寻根与严肃反思,就只停留在"跑马圈地"的拉项目、得利益阶段,势必存有缺陷与遗憾。针对上述问题意识,本文虽谈论"符号经济",但笔者并不从经济学角度分析商品"虚拟"价值之所以然,也不准备凭借鲍德里亚等大师思想去研究消费社会之奥秘。概言之,本文旨在文学人类学视角下,解读影片主要人物/物象的符号元素,分析它们的学术根脉;进而探讨:为何只有立足文化根脉和学术传统的"符号"才能带来思想/经济双重财富,反之则似无源之水、无本之木,只能是喧哗的噱头或是井底之人追求短浅利益而已。我们又该如何认识本土文化的"符号"资源?

一、《黑客帝国》的符号经济及效应

《黑客帝国》用辉煌"战果"展示了何谓真正的"符号经济"。

1999年3月,复活节的周末,沃卓斯基兄弟编剧兼导演的《黑客帝国》(*The Matrix*)上映。这部好莱坞司空见惯的科幻类型片,由华纳公司1998年投资6000万美元拍摄而成,主创人员和演员们并非大红大紫,上映前没有声势浩大的宣传攻势,上映档期也没安排在暑假或圣诞节等最佳黄金时段。此时的《黑客帝国》并不被影评人和媒体看好,甚至连制片人都不指望它在票房榜上名列前茅。然而,就是这部貌似普通的科幻片,在这样一个票房淡季,居然狂收2.84亿美元,名列全年本土票房第四。共计4.6亿多美元的全球票房更力证该片对全世界观众的吸引力。《黑客帝国》在当年奥斯卡电影节上一举夺得最佳剪辑、最佳视觉效果、最佳录音、最佳音效四项大奖,受到业内权威肯定。四年后,2003年推出的续集2《重装上阵》、续集3《矩阵革命》乘胜追击,更进一步。两部续集狂掀全球范围内的"黑客"热潮,社会反响极为热烈,其巨大的经济利润和连锁效应至今成为业内人士的努力方向。其后,沃卓斯基兄弟集合美、日、韩三国动画人,用动画手法讲述《黑客帝国》,这就是知名的《黑客帝国动画版》(The Animatrix)。它由9部可以独立成章的短片构成,全球发行,再加上电视台购买费和后期卡通人物的版权买卖等等,"动画版"所取得的市场回报不言而喻。大量以《黑客帝国》内容为依托的电子游戏被开发运用,以网络为载体的"黑客社区"成批涌现。仅2003年,互联网上与《黑客帝国》直接关联的网站或虚拟社区就有上万个,间接相关的更达几十万之多。在这条产业经济链上,三星电子趁机借《黑客帝国》打造了自己的品牌传奇,成为一再被广告界传颂和研究的成功案例。[①] 电影、动画、动漫游戏、网络、广告、软件程序、电子配备、卡通产品、虚拟社区……它们共同掀起了21世纪初一道独特的"黑客"文化景观。

让人尤为瞠目的是,这道"黑客景观"不仅由影迷们、电影人士、计算机爱好者、商人们构成,各国严肃的人文学者们也纷纷参与进来讨论影片。借用法国知名媒体《新观察家》杂志的话讲:"《黑客帝国》竟然能唤醒了人们几十年沉积下来的对哲学的诠释热情。"象牙塔里的学者们根据不同的知识结构、宗教信仰、文化偏好对影片做出深刻诠释:从柏拉图到康德,从尼采到萨特,从超验主义到法兰克福学派,从犬儒主义到鲍德里亚,从伦理学、心理学到人类学,从神话、神学到哲学,从科技主义到女性主义、生态主义……只要去观看和思考,似乎都可从这部包罗万象、神秘莫测的影片中获得灵感。西方学术界还相继出现了数本讨论黑客"玄学"的文集,例如《理想主义〈黑客帝国〉中的哲学以及物质的真相》《〈黑客帝国〉中的现

---

① 薛建新:《三星电子借〈黑客帝国〉打造品牌传奇》,载《财经时报》2003年4月19日。

实》《〈黑客帝国〉与哲学》《全面解析〈黑客帝国〉》《选择红色药丸》《母体世界探密》等等。其中最知名的是《〈黑客帝国〉与哲学》，其翻译本在中国也甚为流行。① 该书由美国十多位哲学家、社会学家和文化研究学者合著，分别从形而上学、认识论、伦理学和美学等角度对影片思想做深刻的学术探讨。大陆"黑客"系列专著有《接入"黑客帝国"》《解码〈黑客帝国〉》等。② 甚至，素以严肃著称的权威核心期刊《哲学动态》，也刊有学术论文评论《黑客帝国》的哲学意义。③

毫无疑问，"黑客"系列给全球电影界带来一次史无前例的冲击，从来没有一部科幻电影，一个由好莱坞制造的大众文化宠儿，能够吸引这么多的拥簇者和深思者。更没有任何一部科幻电影能像它那样引发持续的大规模讨论——讨论剧情、讨论主题、讨论特效、讨论演员、讨论计算机、讨论环保、讨论哲学……仅去逛逛"天涯"网站上的热门帖——《〈黑客帝国〉背景，哲学意义等细节讨论》便可窥一斑。④ 也许是受从众心理，或"酷""炫"等时尚流行元素的引导，《黑客帝国》一度成为年轻人对话的"语码"之一。崇尚个性和新潮的年轻人，不仅喜欢去验证自己是否看得懂斑驳离奇的情节，而且也喜欢跟进各类文化讨论，尽管他们之前也许从未听说过"物自体""质料""形式"等哲学范畴。这些现象折射出媒体打造的"话语资源"如何左右时尚化思考、快餐化阅读等文化问题，同时也昭示着流行符号如何能良性引导电子科技培育下的"后现代人"去关注文化和哲学。作为在商业上极为成功的电影，"黑客"系列以其智慧深度召唤时人思考、讨论人类思想中那些经典命题，诸如生与死、真与幻、精神和肉体、知识的不确定性、正义、自由、信仰等古老而永恒的哲学问题，其文化意义远远超越了经济

---

① 威廉·欧文：《〈黑客帝国〉与哲学——欢迎来到真实的荒漠》，张向玲译，上海三联书店2006年版。
② 金二编：《接入"黑客帝国"》，人民文学出版社2003年版。孙昊、潘紫径编撰：《解码〈黑客帝国〉》，中国华侨出版社2003年版。
③ 孔明安：《技术、虚像与形而上学的命运——鲍德里亚形而上学问题的哲学反思》，载《哲学动态》2002年第10期。
④ 参见"天涯"网站，http://www.tianya.cn/publicforum/content/filmtv/filmtv/1/296551.shtml。

利润本身。

这部电影的经济和文化魅力,以及那些独树一帜的讨论及影响,为正在奋发打造文化符号和产业的国人带来无数启发。曾经被孔圣人定义为"不语怪力乱神"的华夏文化传统,正在用各种方式狂热拥抱西来的"怪力乱神"作品,国人自身也在孜孜不倦地进行本土神和各类文化符号的再加工、再创作。尤其针对什么样的"符号"才可能带来正面绩效的"经济"、刺激文化发展等问题,《黑客帝国》带来了多重透视点。

二、《黑客帝国》的符号编码

(一)复杂情节与多元符号

《黑客帝国》的巨大吸引力首先来源于观众对内容的费解、反复推敲和争论。影片情节设置复杂,时空结构错落于虚拟世界、真实世界、电子程序世界、锡安城、机器城之间。影片人物出场众多,对主要人物和情节的理解还必须伴随对计算机技术的一些了解方能完全认识,对影片中各类形象符号的解读更需要涉及神话、宗教、哲学等多方资源。许多观众对此望洋兴叹,争论不休。难怪新浪网专门设置了"你看懂《黑客帝国》了吗?"的大型调查。为了让读者对影片有大致了解,对后文符号分析不会感到唐突,笔者先将影片内容做大致介绍:

在2199年左右,人工智能(机器人)已经战胜人类,统治了地球。每一个人都生活在幻觉中,即由电脑所制造的活生生的虚拟世界中。制造这虚拟世界的电子程序就是Matrix。人的肉体被载入盛满营养液的器皿,身上插满了各种插头以接受电脑系统的感官刺激信号。这一个个装满人的玻璃器皿组成了一个庞大无比的机器城,它能让人类用自身生物电为机器提供大量能源。以墨菲斯(Morpheus)、崔妮娣(Trinity)为首的"觉醒者"叛逃出Matrix,这些反抗成功的人生活在锡安(Zion)——一个地心深处的地方(那时候的地面早已被机器人占领),他们时刻准备防卫来自机器世界的搜寻和毁灭性攻击。受到"先知"(Oracle)指引,墨菲斯和崔妮娣等人决心去虚拟生活世界寻找救世主(The One)——尼奥(Neo),协助他摧毁机器城,从 Matrix 中拯救人类。

第一集,尼奥最初还叫托马斯·安德森(Thomas Anderson),他是虚拟生活世界中一位最普通不过的软件公司小职员。安德森只有在网络世界中才感受到奇怪力量,这种力量让他悟到世间莫名的虚无。这时,墨菲斯出现了,他让安德森做出选择——这就是被影评人士津津乐道的、有名的"红丸"和"蓝丸"之分:选择红丸能带他走出母体,认识"真实";选择蓝丸则让他继续留在这个虚拟的程序世界。安德森选择了红丸,试图揭开"真实"。于是,安德森知道了残酷的 Matrix 面目,开始接受成为"救世主"的程序训练,并与反面人物进行斗争。这些反面人物是 Matrix 中维持秩序的特工(Agent),他们不是真正的人类,而是由机器编写的程序,特工代表叫史密斯。这集最后,安德森被史密斯杀死后又复活,而且还具备了超能力。于是,墨菲斯苦寻的救世主诞生了。

第二集,被杀死的史密斯同样复活并升级,他不再是一个普通特工,而是不受 Matrix 控制,是可以将自己代码(思想)植入普通人并进行自我复制、控制他人的高级人工智能。救世主尼奥被"先知"指引,知道必须先找到开锁人(Keymaker),见到幕后人物才能了解一切。开锁人却被法国人梅罗纹加(Merovingian)囚禁。梅罗纹加是一段该被 Matrix 删除的老旧程序,但他设法逃脱并收留了很多与自己一样——即将被删却又成功逃脱的程序。营救开锁人的过程是一场经典打斗大戏,在此之后,尼奥终于见到幕后神秘人物,即 Matrix 的建造者——设计师(Architect)。尼奥终于明白,原来锡安竟然也只是一道程序,它是为了让 Matrix 更平衡而设计,终将会被机器人消灭。在尼奥以前,已经有 5 任救世主见到过设计师,然后按程序,回去选 23 个人重建锡安,开始新的循环。然而,出于对崔妮娣的爱和自由的信念,尼奥放弃这种选择,决定去拯救锡安。

第三集,便是尼奥"拯救"经过,影片上演了精彩的人机大战,既有锡安人与机器人之间的战争,也有尼奥和崔妮娣冲进机器城的战争,以及尼奥与史密斯的最后对决。崔妮娣用献出生命的方式帮助尼奥冲进机器城,尼奥与设计师谈判:自己去消灭对 Matrix 最有破坏性的史密斯,设计师放弃消灭锡安。最后,尼奥采取与史密斯同归于尽的方式消灭了对方,设计师遵守诺言,让机器与人类处于和谐共生的状态。

在笔者看来,影片内容的最大创新在于突破了以往影像中常见的"真实—虚拟"二维时空维度,加入了"电脑程序"(Matrix)——第三维层面,从而打破常规叙事手法,跌宕离奇。在此基础上,影片充分利用电脑病毒、新旧程序、系统维护、版本升级等计算机方面的科技符号来编织情节。同时,影片的具体人物、物象设置则运用了大量神话符号和基督教符号,从而巧妙隐喻了"存在""真实""信仰""认识你自己""异化"等等哲学命题。科学—神话—宗教—哲学是影片符号的核心元素。另一方面,影片又融入了香港枪战片、中国功夫、元神出窍、佛教轮回、因果报应(Karma)、古罗马议会政治、印度教的颂歌、虚幻(May)等多种文化符号,以及救世英雄、拯救、爱情、背叛等等常见的叙事主题。诸此种种都被主创人员娴熟圆满地运用在影片中,震撼了不同层面的观众。追本溯源,究竟什么样的符号编码和元素整合,才能达到这些叙事效果呢?

(二)主要符号分析

1. 片名符号:Matrix

Matrix 源于拉丁文的"子宫"(Mātrix),和母亲是同一个词根,其本意是子宫、母体、孕育生命的地方。这时可将 Matrix(Mātrix)理解为"母体",表现一种保护孩子不受外界过度刺激的母爱力量,是让孩子得以成长的安全之所。与此相契合,影片的开场镜头是尼奥在梦魇中感觉处在子宫一样的大桶里,被拔去了像脐带一样的电缆插头,并且沿着管子滑行,似乎正要"出生"。数学名词里,Matrix(矩阵)用来表示统计数据等方面的各种有关联的数据。电影正是基于 Matrix 代码能制造虚拟世界的数学逻辑来奠定整个叙事的合理性。除此,Matrix 不仅是一个虚拟程序,也是一个实际存在的机器世界。在这个机器城中,人类自身被放在一个盛满营养液的器皿中,身上插满了各种插头以接受电脑系统的感官刺激信号。人类依靠这些信号,生活在一个完全虚拟的幻景中。这时,作为符号的 Matrix 具有多重隐喻效果:影片反复呈现的机器城场景——装着人类真实身体的一个个玻璃器皿,不就很像孕育生命的母体"子宫"么?同时,Matrix 又是一个巨大的网络,连接着无数人的意识,在 Matrix 中出现的人物都可看作具有人类意识特征的电脑程序。Matrix 系统分配给他们不同的角色,让他们"真实"地生活在"虚构"中,避免看到真实。这个层面上,"母体"本身,即造物主制造的一切究竟有无可能是真实的?我们何以承担履行所谓"人类"的角色,"有意义"地度过生命?这类从 Matrix 一词引发的疑问是片名带来的最强震撼。它通过科技符号来编码,却又巧妙地隐射哲学思考,皈依智慧的怀抱。

2. 人物符号:男主人公尼奥(Neo)

尼奥的原名叫托马斯·安德森(Thomas Anderson),其名其姓都具有明显的基督教符号色彩。在希伯来语中,Thomas 意思是双生,这象征着在第一集的尼奥具有双重身份:一个是程序员托马斯·安德森,另一个是黑客尼奥。Anderson 的词根 andr-是希腊语,意思是"人类",Anderson 原意是"人之子",这正是耶稣的身份,也是耶稣经常用于自称的名字。当"虚拟生活世界"中的 Anderson 意识到"真实世界"后,便改名为尼奥(Neo),去获得新的力量。Neo 是"新"的意思,Neo 这三个字母掉转顺序后就可以组成"one",表示他就是那个拯救人类的救世主"The One"。"基督"一词在希伯来语中的本意就是"被指定的那个人"——The One,他是上帝选出来的拯救世人的唯一人选。影片中,尼奥就是墨菲斯要寻找的救世主。这些巧妙的符号编码,可真让人意外!不仅如此,纵观编剧们为尼奥安排的际遇,其实有着《圣经》中耶稣的影子。《马可福音》第 1 章第 9—11 节,记载了主耶稣在约旦河被施洗者约翰洗礼的关键时刻。而尼奥则是被墨菲斯和其他"尼布甲尼撒"号飞船人员施以"洗礼"。耶稣在死后的第三天复活,尼奥第一次死而复活,也恰好被安排在 303 房间。死而复活后的尼奥得到超凡能力,不也是对耶稣的模仿么?《新约》记载,耶稣最后献出了自己的生命作为"对许多生命的救赎";尼奥也是执意牺牲了自己的生命来挽救锡安和人类。耶稣死亡和复活前的一个显现节,耶稣被他的三个门徒美化了,他的脸和衣服都发出一种耀眼的白色。与此类似,尼奥与反面人物史密斯同归于尽后,他的全身散发着光彩,就如耶稣在俗世的结尾是其肉身飞升到天堂一样,影片最后一个镜头——尼奥在一片光彩中飞向了天空。不难看出,主人公之名——Neo 的符号编码极其精巧,它根源于基督教神学传统而显得格外赋有张力和阐释价值。

3. 人物符号:女主人公崔妮娣(Trinity)

首字母 T 大写时,Trinity 是固定的基督教词语,指"三位一体",Trinity Sunday 则指"圣三主日",即复活节后的第八个星期日。《马太福音》(第28章第18节)记载主耶稣在升天之时对他的门徒说:"天上地下所有的权柄都赐给我了,你们要去使万民作我的门徒,奉父、子、圣灵的名给他们施洗,凡我所吩咐你们的,都教训他们遵守,我就常与你们同在,直到世界的末了。"后人依据这段内容将圣父、圣子、圣灵称为"三位一体"。所谓"体"指本体,即本原、本质,"三位一体"是基督教信仰的基础。女主人公被称为 Trinity,这个符号显然又是一种宗教编码。在笔者看来,《黑客帝国》用崔妮娣来阐释"爱"与人类的本质关系,这也是基督教最基本教义——"爱"的内涵。一方面,崔妮娣从最早甘愿冒生命危险去帮助尼奥,用一个饱含爱意的吻激活了尼奥,让他具有救世主的代码;然后又几番不惜以自己生命为代价冲入矩阵、地铁站去救尼奥;在最后去机器城的途中,崔妮娣在重伤下坚持到生命最后一刻,帮助尼奥到达了机器城。崔妮娣对尼奥的感情是她一切行动的动力。另一方面,崔妮娣的爱才能使尼奥从普通"人之子"变为"救世主",完成了"三部曲":死而复活、选择拯救、舍生取义。比如,建筑师为尼奥准备了两扇门,一扇门通往锡安,尼奥可以像前任一样选择23人重建锡安,一扇门通往营救正在与特工打斗的崔妮娣。尼奥毫不犹豫地选择了去救自己的爱人,这便是他和以往救世主最大的不同,他拥有人类特有的感情体验。这也正是建筑师最不能理解的——人类非理性的固有缺陷。非理性的情感究竟是人类固有的缺陷,还是人之所以为人的本质所在? 这是影片要让观众思考的终极问题之一。影片通过神学符号 Trinity 来承载带动这些思索,体现了影片高明的符号编码能力。

4. 人物符号:核心人物墨菲斯(Morpheus)

同男女主人公的人名符号一样,影片二号男主人公也不是一个随意编码,而是借助神话来命名的独特符号,意味深长。"墨菲斯"(Morpheus)是希腊神话中的梦神。大名鼎鼎的睡神修普诺斯(Hypnus)与海仙女帕西提亚(Pasithea)结合,他们生下三个儿子:墨菲斯(Morpheus)、福柏托尔(Phobetor)、樊塔萨斯(Phantasus)。这三个孩子是所有其他梦神(Oniros)的头目,并各司其职:墨菲斯化身为人托梦,福柏托尔化身为鸟兽托梦,樊塔萨斯化身为无生命之物托梦。很明显,Morpheus 作为影片人名,是借喻了希腊神话中的梦神符号,尤其凸显只有墨菲斯能为人托梦、改变人之梦境的超凡能力。影片中,墨菲斯是一个能把人们从梦境般的虚幻世界中唤醒的指路人。墨菲斯受潜意识的支配和先知指引,用近于偏执的信念坚信尼奥就是救世主,能够拯救人类。为此,他不惜一切帮助尼奥,协助他寻找神谕,完成从"人之子"向"救世主"的升华。影片中的墨菲斯象征着人类的力量源泉,一种对生命对自我的拯救性和肯定性力量。没有这股力量和他固执的指引,也许安德森们将永远在 Matrix 而不自知,或心甘情愿陶醉于明知梦幻的沉醉中。例如影片中的叛徒里根(Reagan),他愤怒于墨菲斯让他吃下红丸后看到了不愿碰触的"真实"。为此他宁可作叛徒,也要再次回到"母体"中继续其梦境生活。更让人深思的是,人类精神力量的原动力,究竟是对现实世界的清醒认识,还是受不知晓的类似梦境般生理力量的左右? 这类思考让人想到了尼采、弗洛伊德等大师思想。电影设计出的墨菲斯,由于充分运用古希腊神话符号来传递其隐喻意义,故而让人回味无穷。观众既可欣赏墨菲斯的扮演者——劳伦斯·菲什伯恩(Laurence Fishburne)魁梧强壮的硬汉风采,也可借此符号去探源古希腊神话的智慧,或者去揭秘"梦"之隐喻,摘得哲学珍果。

5. 人物符号:线索人物先知(Oracle)

"先知"(Oracle)的希腊语本意是解惑,传递解释神的预言。Oracle 的词根 Or-的意思是"说",源自于拉丁语,在宗教语境中可以理解为传递神灵的预言。这些预言可以是人、地方、事情,也可以是物品。神话信仰中的"先知"能用自己看到的模糊景象指导信徒,但不能帮他们做决定,决定本身完全取决于人们主观的意愿。这些神话内容都与影片中的"先知"完全一致。电影中的"先知"由一黑人老太太扮演。她首先帮助尼奥确认了自己的身份,其次指引他去找开锁人和建筑师,在尼奥和史密斯决战的关键时刻,及时提醒尼奥让史密斯通过复制自我而消亡。"先知"通过不断提醒尼奥"认识你自己",教导他只有进行自我"选择"才能获得"存在"的意义,进而帮助他解开疑惑,找到自信。"先知"的角色和对白,让人不禁联想叔本华、萨特等大师的思想。更难得的是,编剧们还巧妙运用了古希腊神话故事来设计这个人物,甚至具体情节也与希腊神话故事相似。比如,先知对尼奥的警告,就类似神话中先知给斯巴达王(Leonidas)在塞莫皮莱大战前的警告。古希腊神话中,先知警告斯巴达王:要么他的城市被毁灭,要么一个斯巴达国王必须死去。斯巴达王面临选择自己生命或是整个城市命运的关卡。这些不正与影片中的先知预示尼奥,他将在爱人崔妮娣和整个锡安城的命运之间做出选择一样吗?其实,尼奥与神话中的斯巴达王面临同样抉择:个体命运,或是整个人类的命运。"先知"这个神话符号的存在,使得影片情节显得内在悬疑紧张、跌宕有序,同时更能使科幻的情节背后折射着古老智慧和终极关怀。

6. 人物符号:反派史密斯(Smith)

英文中的 Smith 意思是铁匠。影片中的病毒 Smith 与"铁匠"有何关系呢?原来,《圣经·以塞亚书》第54章16节:"吹嘘炭火,打造合用器械的铁匠,是我所造。残害人行毁灭的,也是我所造。凡为攻击你造成的器械,必不利用。凡在审判时兴起用舌攻击你的,你必定为他有罪。这是耶和华仆人的产业,是他们从我所得的义。"用 Smith 作为影片最重要的反面人物符号,就是用其神学意义来象征该形象"残害人行毁灭"的攻击本性,也指代史密斯在 Matrix 系统中的作用——消灭一切危害矩阵运行的异常程序。而 Smith 在片中的车牌号是 IS 5416,联系前面提到的《圣经·以塞亚书》第54章16节可知,这也绝非一个随意符号,而是暗含着深刻的宗教意蕴。无疑,这些都是影片借神学符号赋予角色宗教色彩和科学内涵的成功表现。

7. 人物符号:守护天使(Seraph)、梅罗纹加(Merovingian)

影片中的"守护天使"专门负责保护先知,没有他的保护,便不可能有先知以及相关的启示。这个人物为何叫 Seraph 呢?原来,塞拉夫(Seraph)又是个充满宗教和神话意味的符号。在欧洲中世纪神话故事里,Seraph 是天使9个等级里级别最高的六翼天使。《圣经》中的六翼天使便是"炽天使"Seraphim,他是神最亲近的御使,直接和神沟通,在希伯来语中代表着

"燃烧"和"蛇"的意思。影片中的塞拉夫，其实就是保护先知不受侵害的一道防火墙，他必须确保先知的安全。让人称奇的是，在知道了 Seraph 的希伯来语原意后，便不难理解影片中的他为何能模仿动物（蛇、螳螂等）来打斗。而这类打斗技巧又进一步被编剧们放入"中国功夫"元素中，于是，塞拉夫以中国人的样貌出现。这些符号设置都并非随意而为或凭空漫想，其背后无不是西方神话学和宗教学在做支撑。

影片中还有个形象丰满的人物——梅罗纹加。影片中的这个人物，确切说应该是"程序"，由于太陈旧，他本该被 Matrix 删除，但他成功逃脱并收留那些该被删除的程序，成为能量很大的首领。这个人物取名为梅罗纹加（Merovingian），其渊源在于法国历史文化和神话故事。Merovingian 是法国封建社会中六个王朝中的第一个，欧洲中世纪的黑暗历史正是从梅罗纹加王朝开始，前后经历六朝。而这，刚好符合电影中 Matrix 曾经有六代版本的细节。梅罗纹加王朝是欧洲浪漫神话的发源时期，神话里的核心人物是"堕落天使"。七位堕落天使因为背叛上帝被赶出天堂，撒旦（Satan）是这些堕落天使们的首领。他们分别代表的罪行是：路西菲尔的骄傲、玛门的贪婪、撒旦的愤怒、阿斯莫德的欲望、别西卜的暴食、利未安森的嫉妒、巴力毗珥的懒惰。这些神话人物和情节与影片中的梅罗纹加的身份和性格特征相暗合。如果不知道这些神话故事和文化背景，就会不经意或诧异于为何梅罗纹加一出场，便那样夸张地盛赞法国文化和美食，以及为何被刻画为拥有骄傲自大、贪婪易怒等等强大的邪恶力量。不难再次看出，影片中的人名符号及其褒贬如何与西方神话和历史文化传统有着根深蒂固的关系、相互联袂共生。

8. 地名符号：锡安（Zion）

影片里的锡安（Zion）是人类从 Matrix 程序中逃离出来的活动中心，也是人类对抗 Matrix 和机器城的最后基地，是影片描写最多的地点和景观，包括不惜画面浓重渲染原始洞穴般的众人狂欢场景。Zion 原意是古代耶路撒冷一个要塞的名称。在《圣经》里，它是所罗门王建造圣殿所坐落的山，位于圣城耶路撒冷。在基督教文学中，它经常被用来指称信徒们的精神家园和天堂。在犹太教教义中，"锡安"又代表上帝的荣耀，是神的救赎来临的标志。当大地被毁灭后,人类将在锡安接受最后的审判。由此看来,Zion 是一个充满宗教隐喻的符号。电影用这个名字来命名人类的最后的守护基地,象征着这里是正义与自由得到彰显的地方。同时,设计师让人类的毁灭与新一轮开始都发生在锡安,非常吻合它在犹太教中的意义。还值得注意的是,影片对锡安的具体刻画格外用心。比如,锡安城主要以有色人种为主,尤其是议会里的议员和战舰的船长等高层人员都是黑人。锡安的"议会"与古罗马的元老院制度相似,并且都是由年老之人(包括一半以上的女性)来立法和管理国家。很明显,影片除了借用 Zion 的神学符号意义,还在对其描绘中结合了文化人类学思想,希望借此突出破除种族主义,提倡多元和谐的人类文明。诸此种种,都更让这个地名符号显示出升华主题的魅力。

9. 物象符号:"尼布甲尼撒"号(Nebuchad-nezzar)飞船、"逻各斯"号(Logos)飞船

影片中,墨菲斯指挥的飞船名叫"尼布甲尼撒"号,这个符号实则借用了神话中智慧之神的名字。在《圣经》中,尼布甲尼撒是巴比伦的国王,他曾找人解梦,即《但以理》中记载尼布甲尼撒"做了一个他记不清楚的梦,但是他一直在寻找答案"。电影内容完全取材于这则启示。所以在影片最开始,尼奥感到最模糊但却持久的问题就是何谓 Matrix、何谓"真实",他一直在寻找答案。于是,他和墨菲斯等人一起,乘坐"尼布甲尼撒"号飞船去寻找先知所指引的"真实"。飞船的名字及其符号意义再次与影片情节内容巧妙结合,相互表征。

"逻各斯"(Logos)来自希腊语,也是希腊文化最精华的"逻辑"的词根。在影片第三集最后,尼奥和崔妮娣正是驾驶着"逻各斯号"去机器城谈判,带着信念的力量和理性的智慧去拯救人类。这艘飞船的名字也非普通的符号,而是隐喻着西方哲学的核心词语——logos 意蕴及其巨大的思想力量。

综上所列,从情节设置到主要人物、地点和物体的命名,影片为我们演示了绝佳的符号编码景观。法国哲学家保罗·利科在《活的隐喻》中论述道:"隐喻不仅提供信息,而且传达真理。隐喻在诗中不但动人情感,而且

引人想象,甚至给人以出自本源的真实。"①尽管《黑客帝国》并非利科所说的诗歌,但同为叙事文本,"黑客"系列的成功在于巧妙运用文化符号来达成电影的多重隐喻。这些文化符号无一例外都以大量的西方神话、宗教文化现象为依托,它们在长期的传承和使用中已经成了固定、常规和具有约束力的隐喻词语,从而不仅让影片思想具有深层隐喻,更充分体现了作者的精神寻根意识。

如果说《黑客帝国》缘于神话、宗教、哲学、科技四大方面作为符号编码的根源,并融汇了心理学、人类学、女性主义等等多重元素取得巨大成功,那么,是不是只要从神话、宗教、哲学中抽取几个词语命名,或者拼凑一些神话情节和宗教语录,再披上"科学技术"的外衣,就能打造出成功的文化符号呢?答案自然是否定的。只要对比那部曾被戏谑为《一个馒头引发的血案》的"大片"内涵,便心知肚明。或是稍加留意,反思一下举世瞩目的北京奥运开幕式上,"神话"符号的运用及效果是不是如同雅典奥运开幕式上的"神话"那样摄人心魄、无可替代?姑且不论技术制作等专业因素,笔者将从学术传统本身来反思"符号经济"之根脉在何处的问题。

三、"符号"渊源:学术寻根与本土反思

(一)"哲学"及"神话"符号之根

通过上文分析可知,《黑客帝国》的每一个重要符号都非空穴来风,而是有大量学术底蕴。影片成功运用了神话、宗教、科技符号元素,使得其"哲学"沉思顺势而出、俯拾可得。比如,影片借墨菲斯之口,对经验世界的"真实"发出诘问:"你认为真实就是你的触觉、嗅觉、味觉、视觉吗?"借"先知"之口阐明"选择"与"存在"的关系。借史密斯之口嘲讽人类:"只会大量地繁殖自己,只知道消耗光所有的资源。"借设计师之口,说出"希望"和"信念"是人类最大的力量和弱点。借锡安城老议员的话道出:真正的"控制"不是占有或打倒对方,只有相互和谐才是真正的"控制"等等。

---

① 保罗·利科:《活的隐喻》,汪堂家译,上海译文出版社2004年版,第171页。

除了这些显而易见的人物对白之外,影片还暗含了多个层面的哲学思考,尤其是对一种更高层次的"真实"之追问。从苏格拉底开始,何谓"真实"就是一个核心思想问题。苏格拉底的弟子柏拉图,用了"洞穴"寓言继续讨论何谓"真实"。

柏拉图在《理想国》中讲到了著名的"洞穴"寓言:那些缺乏哲学的人就像被关在洞穴里被锁的囚徒,只能朝一个方向看。他们的身后燃烧着一堆火,前面是一座墙。他们所看见的只有自己和火光所反射在墙上的影子。这些人不可避免地把这些影子看成是"真实"的,而对于造成这些影子的"洞穴"本身却毫无反省。这个寓言正好可以形容男主人公尼奥在从"母体"获得解放过程中所处的那种困境。《黑客帝国》最重要的符号Matrix——类似于柏拉图所形容的"洞穴",只不过置变为计算机程序中的编码世界和机器城,人注定活在其中而无法洞察"真实"本身。为了探讨"真实",柏拉图鼓励众人面向更高层次的现实——"形式"(form),而这,成了亚里士多德到康德都不断讨论的哲学命题。在1662年发行的《第一哲学沉思录》第15章中,笛卡尔就曾通过笔下的叙述者表达过自己内心的纠结:既然造物主无所不能,那么他自然可以为我们营造一切可能的假象,"或许其实并没有天,没有地,没有衍生出的万物,没有形状,没有大小,没有地点,而他却能确保让我认为一切事物都是存在的,就像现在这样……"1981年,希拉里·普特南(Hilary Putnam)在《理性、真理和历史》(*Reason, Truth and History*)一书中阐述了关于"缸中之脑"的假想:

> 一个人(可以假设是自己)被邪恶科学家施行了手术,他的脑被从身体上切了下来,放进一个盛有维持脑存活营养液的缸中。脑的神经末梢连接在计算机上,这台计算机按照程序向脑传送信息,以使他保持一切完全正常的幻觉。对于他来说,似乎人、物体、天空还都存在,自身的运动、身体感觉都可以输入。这个脑还可以被输入或截取记忆(截取掉大脑手术的记忆,然后输入他可能经历的各种环境、日常生活)。他甚至可以被输入代码,"感觉"到他自己正在这里阅读一段有趣而荒唐的文字:一个人被邪

恶科学家施行了手术，他的脑被从身体上切了下来，放进一个盛有维持脑存活营养液的缸中。脑的神经末梢被连接在一台计算机上，这台计算机按照程序向脑输送信息，以使他保持一切完全正常的幻觉……

这个假想涉及的最基本问题是："你如何担保你自己不是在这种困境之中？"即如何分辨"现实"就是真正的现实？这时，我们不禁惊叹影片最开始以及不断重复的景象：被置于玻璃器皿中的真实的"人"之肉体——这不就是普特南所谓"缸中之脑"的影视表达途径么？

这些哲学隐喻在片中还有很多，就如 William Irwin 所论："随便你说出哲学上的什么主义（ism），你都能够在《黑客帝国》里找到。而且，这部影片并不是某种随意生产出来的墨迹，在它的背后有一个明确的计划而且是有意地与哲学联系在一起的。"[1]据说，《新观察家》的记者采访法国著名哲学家鲍德里亚（Jean Baudrillard）时发问，人们发现《黑客帝国》明显从他1981年的著作《模仿和拟像》（*Simulacra and Simulation*）一书中掠美，对此他是否感到惊讶。鲍德里亚笑道："沃卓斯基工作室确实在第一集完成之后和我联系过，希望说服我加入到他们的后传工作，但这显然是个难以想象的提议。"但是，鲍德里亚还是不吝惜大师的身份，和记者探讨了一下《黑客帝国》的哲学符号问题。难怪在电影开头，男主人公尼奥匿藏软件的书是就是鲍德里亚的《模仿和拟像》。事实上，观影后的人们也往往认为这部作品乃是基于"拟像"的超现实体验，并用鲍德里亚的哲学来论证《黑客帝国》是对现代商业化、媒体化社会的寓言。鲍德里亚和好莱坞电影——我想，这种搭配及其效果，无论如何，不会像是《百家讲坛》的学者们与央视栏目搭配那样——噱头十足，却深刻不足！

《黑客帝国》从整体构思到主旨观念、核心人物和意象，无不都是在向西方哲学史致敬，并且不断从神话、宗教中寻找解答命题的答案。这种浑

---

[1] 威廉·欧文：《〈黑客帝国〉与哲学——欢迎来到真实的荒漠》，张向玲译，上海三联书店2006年版，第2页。

然一体的符号提炼和运用方式,正是对西方学术传统的合理吸收与运用。换言之,影片关键符号设置皆根源于西方传统文化,并充分回应了西方的学术传承。如此方能与包装在最外层的"科学技术"互为表里、引人深思。

在笔者看来,西方学术传统中一直有"神话"与"哲学"、"真实"与"虚构"、"理性"与"非理性"的对立关系及探讨路径,并形成了所谓的"哲学""神话"传统,与同样源远流长的"宗教"传统一起并驾齐驱。现代以来,这些传统话语逐渐分科,形成心理学、伦理学、人类学等等现代学科,它们与"科学"一起,在后现代思想的映衬下形成复杂繁茂的文化景观。神话、神学(宗教)、哲学(形而上学)、科学,这四者从来就水乳交融于西方学术传统之中。某种意义上,这四者的关系与范畴本身,也是西方文化与学术独享的。任何其他文明企图将自身特征与脉络也做此四划分的时候,也许都只能是在削足适履。

美国学者贝奇·鲍登(Betsy Bowden)在《民俗与文学全书》的"神话"词条中提醒大家:"基督教早期时代,人们从希腊语中采用了 mythos,当作 fabula('逸事''故事')的同义词。学者们应该警惕以欧洲为标准扭曲非西方国家神话的发展情况。"[①]众所周知,"神话"($\mu\tilde{v}\theta o\varsigma$, muthos)是一个发源于古希腊的概念,它最初包括叙事、词语、话、故事、虚构等等,其基本含义只是言辞,而后逐渐引申出故事、神话等意义,其语义逐渐从真实话语向虚构言辞演化,并在后来的西方学术谱系中形成了一套学科"元话语",有相对固定的研究对象、研究方法和研究著作。当然,在古希腊及其之前时代的人们,并没有意识到"神话",或反省自己所生活的神话时代意义。他们自然而然地生活在一个由"神话"来追溯神圣缘起与生存价值,由"神话"组成历史、生死信仰和意识形态的时期。但是,从古希腊开始,以"神话"(muthos)与"逻各斯"(Logos)为一组范畴,来讨论"真实"与"虚构"的哲理思路已经非常清晰。从《柏拉图对话录》开始,将"秘索思"与"逻各斯"作为一组范畴使用,并由此分殊出"真实"与"虚构"对立的哲学理路。

---

① 户晓辉:《返回爱与自由的生活世界——纯粹民间文学关键词的哲学阐释》,江苏人民出版社2010年版,第197页。

笔者好友李川博士曾对此有专门研究。李博士通过原典细读比照,列举出赫西俄德认为"神话"(muthos)为"真","逻各斯"(Logos)为"假"。例如《神谱》中的"秘索思"联系着"真实",而"逻各斯"却往往和谎言有关。在柏拉图的论述中则认为"逻各斯"包含真假两面,"秘索思"假中有真。苏格拉底在和阿得曼托斯讨论城邦护卫者的教育的情况下:"逻各斯"既包括真的类型,又包括假的类型;尽管"秘索思"属于假的类型,但是其中包含"真实",所以也可以混称为"逻各斯"。一般情况下,柏拉图会用"逻各斯"指称真实,而用"秘索思"指称虚假。这些都是"真"与"假"的关系问题。① 不过,这些"真"与"假"的问题不是科学客观意义上的真或假,而是与信仰联袂共生的存在论问题。比如柏拉图为了维护哲学王国的纯粹,要把善于制造"谎言"的诗人荷马赶出城邦。殊不知,柏拉图自己却制造出了美丽的神话寓言,从上文的"洞穴"比喻到"大西岛"的传说,以及他在《斐勒布》篇中引用了大量赫西俄德的人类起源神,在《王制》篇中借用莫伊赖三女神来编制人类未来的命运之线等等,都可见其"神话"性。柏拉图甚至比荷马还大胆地描绘"神话"场景,例如在《斐德若》篇中描绘起奥林匹斯诸神坐着马车前往天庭的场面……那么,柏拉图所赖以建立自身言辞合法性的根基,到底是所谓的"哲学"(逻各斯),还是神话呢?或者说,柏拉图思考的根基是形而上的逻辑性推演,还是信仰与情感本身?

若将以理性为代表的形而上学称为"哲学",按法国学者的说法,"神话的陨落,便是哲学升起之时"②。这便是有名的"轴心时代"和"哲学突破"现象。在"神话"之根中长出的"哲学"完成了自身的"逻各斯"蜕变。

德国著名思想家卡尔·雅斯贝斯(Karl Jaspers)在《历史的起源与目标》一书提出了有名的"轴心时代"(Axial Period)。雅斯贝斯认为,轴心时代的根本就是理性反对神话的成功。具体表现在:公元前800年至公元200年间在中国、印度和西方发生的一场精神突变就是"轴心时代"。从

---

① 参阅李川:《〈理想国〉的"秘索思"》,中国社会科学网,2015年3月18日。http://www.cssn.cn/wx/wx_dnolmwx/201503/t20150318_1551799.shtml.
② 马特:《柏拉图与神话之镜:从黄金时代到大西岛》,吴雅凌译,华东师范大学出版社2008年版,第4页。

此,理性向神话发起一场斗争,神话时代一去不返。宗教随之伦理化,神性的威严因此而增加。神话仅成为语言的材料,用以表达与原义极不相同的含义。[1] 雅斯贝尔斯的理论直接催生了帕森斯的"哲学突破"论。与"轴心时代"大同小异,帕森斯借"哲学"对"神话"的成功突破来说明世界文明的形成特征,"几大文明经过了'超越的突破',由文化的原始阶段跃迁至高级阶段,各自形成特殊的文化传统"[2]。确实,参照西方学术的发展,柏拉图以后,神话在哲学史上被遗忘、遭压抑,西方思想传统的内核是主体形而上学、"逻各斯"中心主义及其各种各样的表现形式,理性成为唯一的权威。从维科开始,与理性相对的"非理性"和"神话"开始受到关注,"神话"成为西方哲学中科学主义和非理性主义者两大思潮相互冲撞的焦点。维科、谢林和生命哲学以"神话"来对抗强大的逻各斯中心主义传统,卡西尔更是欲使"神话"摆脱科学认识论解释而获得独立的"生命之光"。在这条探索"非理性"的潮流中,神话学应运而生并蓬勃发展至当下。哲学家布里松进(Luc Brisson)和梅尔斯坦(F. W. Meyerstein)在《理性的力量与局限》(*Puissance et Limite de Laraison*)中认为,哲学史上三个标志性人物柏拉图、康德、海德格尔都无法逾越神话的界,哲学从根本上不可能提高的理性的真实水平而不释放神话般的幻想。哲学"永远不可能超越神话的阶段",而且,哲学至多是"两个神话之间的一次回转"。[3] 西方哲学家们一直纠缠于"神话"(非理性、信仰)与哲学(逻各斯、理性)的对立与迂回辗转之中。即使到了现代,希腊神话中的故事,对现代心理学的影响非常大,很多心理学上的现象都能在希腊神话中找到出处和原型,心理学广泛借用了希腊神话故事。例如 Oedipus complex,即恋母情结(俄狄浦斯弑父娶母),弗洛伊德用来表示儿子对父亲带有敌意,并对自己的母亲有爱慕感情的一种病态心理。弗洛伊德又创造了 Electra Complex,即厄勒克特拉情结(恋

---

[1] 卡尔·雅斯贝斯:《历史的起源与目标》第一章"轴心期",魏楚雄、俞新天译,华夏出版社 1989 年版,第 7—29 页。
[2] 余英时:《士与中国文化》,上海人民出版社 2003 年版,第 18—21 页。
[3] 转引自马特:《柏拉图与神话之镜:从黄金时代到大西岛》,吴雅凌译,华东师范大学出版社 2008 年版,第 12 页。

父情结)与俄狄浦斯情结对应,以此描述女童对父亲的过度依恋和对母亲相应的敌视。这些名词都可以从希腊故事中找到其叙事原型和象征意义。

(二)"根"的发衍与市场实践

笔者并不准备、也无法在这篇短文中梳理西方学术史和神话学发展,但上文粗浅勾勒的目的在于,只有"考镜源流"方能识得庐山真面目。"秘索思"与"逻各斯"、"理性"与"非理性"的对立是西方哲学发展的主核,由此才发展出维科以来的"神话学"、现代心理学和当代的神话复兴(新神话主义)。要在这条主脉中,理解弗洛伊德、荣格、弗莱等人对无意识、"原型"的研究才有源可寻。

大致而言,20世纪以后的哲学发展,恰好和理性主义、形而上的哲学思辨相反,形成人本主义和科学主义思潮,其中贯穿于两大思潮中的是"非理性转向"和"语言学转向"。[①] 二则都寻求心灵本身的永恒同构,通过"科学"研究方法和结构主义范式,强调人类意识的共性问题,以此调和理性主义和非理性主义的冲突,继而扩展到原型理论和东西方神话哲学的心理机制。无论是乔姆斯基关于语言固有构造,或者列维-斯特劳斯关于文化系统的普遍模式说,还是苏珊·朗格认为艺术形式是表达情感的符号,其实与荣格、卡西尔的理论如出一辙。比如荣格早年曾在苏黎世布尔格霍尔兹利精神病院担任颇负盛名的精神病家的助手。诉诸医学心理学,荣格才会认为"原型"(archetype)是人类世代相传的典型心理经验,也是一种"原始意象"(primodial image)。换言之,一种原型可以被认为是生命的一种符号或象征。无独有偶,卡西尔也认为人和文化的本质必须以某种能动的创造性活动为媒介才能趋于统一,这种创造活动就是人类生活的"原始意象",其本质就是"符号现象"。所以,才有卡西尔称"人的本质是符号的动物"的经典结论。到了20世纪中叶以后,西方学术界进行第三次转向:人类学转向,在文化趋同的知识全球化时代强调"求异"思维和研究"他

---

① 蒋孔阳、朱立元主编:《西方美学通史》第6卷,上海文艺出版社1999年版,第44—46页。

者"与"地方性知识"。①

这些发展脉络不断提醒我们,根源于学术传统及其发展中的文化符号打造,才是真正具有生命力的,才真正具有市场实践力。举个例子,在这个追求文化附加值和消费最大化的当下,打造一个经久不衰的知名品牌,拥有一个深入民心的品牌名称或标志,几乎是每一个老板或广告商的夙愿。针对这项工作,西方学者竟然能将神话研究、符号塑造、品牌推销三者结合得天衣无缝。比如由美国女学者玛格丽特·马克(M. Mark)和卡罗·皮尔森(C. Peasrson)将荣格的原型心理学融合到比较神话学研究中,她们共同撰写了《很久很久以前:以神话原型打造深植人心的品牌》②一书。两位女性作者,一位是顾问公司的总裁,一位是创立"原型研究暨应用中心"(CA-SA)的哲学博士。她们在书中着重介绍在人类四大动机类别中的12种原型,探讨各种原型在典型广告、品牌形象、顾客动机、组织文化和行销策略中的表现方式,分析了顾客对品牌的认同心理与品牌构成要素。例如该书分析了全球最知名的体育品牌耐克(Nike),其名称就出自于有翼女神耐克的原型故事,代表着自由与逾越,这种人类根深蒂固的情结指引着耐克公司对品牌形象的宣传定位和设计风格。另外一家最有名的电脑公司——苹果(APPLE)公司,其有名的公司商标是一个被咬了一口的苹果,公司的座右铭是"与众不同地思考"。这又是一个非常切合神话原型的图样与心理:在《圣经》中,被咬了一口的苹果,暗示亚当和夏娃违抗神旨,偷吃了知识树上的果实。从此开始,他们才能有真正的思考和智慧。可以说,苹果公司的商标和座右铭都是如此符合古老《圣经》伊甸园中的原型,从而能事半功倍地打动消费者。类似分析还有很多,我们还可以举出这本书之外的例子。譬如美国著名的迈达斯(Midas)汽车维修公司的商业口号"Trust the Midas touch",就出自于希腊神话中达斯国王点石成金的故事。刚才举的耐克公司例子也是出于希腊神话。希腊神话中的胜利女神,其希

---

① 这方面论述可详见叶舒宪:《文学与人类学》,社会科学文献出版社2003年版。
② 玛格丽特·马克、卡罗·S. 皮尔森:《很久很久以前:以神话原型打造深植人心的品牌》,许晋福、戴至中、袁世珮译,汕头大学出版社2003年版。

腊语为 Nikm,"胜利",拉丁字母转写为 Nike(她在罗马神话中相对应的是维多利亚女神 Victory)。胜利女神的经典形象是长着一对翅膀,身材健美,衣袂飘然,像从天徜徉而下,丰满的躯体在薄衫下透露出力量和健康,表现了胜利和与之而来的喜悦。由于带有翅膀,拥有惊人的速度,她不仅象征战争的胜利,而且代表着希腊人日常生活中的许多领域,尤其是竞技体育的成功,因此常被认为是带来好运的神。Nike 设计师杰夫·约翰逊(Jeff Johnson)在 1971 年为新产品起名字的时候,想到了这位代表胜利的女神。于是,采用一名叫卡洛林·戴维森的学生设计的类似于飞动翅膀的标志,即用一个造型简洁有力的小钩子,其形急如闪电,一看就让人想到使用耐克体育用品后所产生的速度和爆发力。欧洲德国首都柏林的市中心有著名的勃兰登堡门,而门中央的最高处就是一尊高约 5 米的胜利女神雕塑。女神张开身后的翅膀,象征着战争胜利。这种形象和象征寓意在欧美可谓深入人心。正是充分借用了神话传说和牢固的"集体回忆"与原型形象,耐克的标志才能如此简洁有力、富有意义,成为一个时尚的流行符号而风靡全世界。再反观国内众多体育用品商家跟风模仿的"标志"设计,真可谓只得其表,而实则没有内涵和凭依。

难以想象,倘若不承传发扬西方学术传统中对理性—非理性的基本认知,不深入剖析弗洛伊德、荣格、弗莱等人的学术思想,不从古希腊神话和神话学中汲取灵感,这些研究和市场演练能如此一气呵成么?

如果说这些品牌打造是借"现代"西方学术成果来采撷嫁接"符号"生产的,那么当下的好莱坞影视界更擅长从"后现代"西方学术潮流中"为我所用"。纵观《达·芬奇密码》《哈利·波特》系列以及《指环王》《阿凡达》等等,它们都是根植于"新时代运动"(New Age Movement)而产生的流行文化"宠儿"。"新时代运动"是 20 世纪后期,西方最具有普遍性、世界性的文化运动。一言以蔽之,就是西方学术界的文化寻根活动。在文化人类学、比较神话学、后殖民主义等思潮簇拥下,当下的西方学人尝试在"两希"传统和基督教以外去寻找西方文化的根脉,相应形成了"黑色"风暴、"凯尔特复兴"、"原始情结"、"女神复兴"、"东方转向"等等风潮。"新时代运动"已经波及全球的宗教、政治、经济、文学、艺术乃至社会生活的各个方面。其实,《黑客帝国》中也随处可见人类学想象的力量和"新文化运动"中的"黑色风暴"。比如前文所分析的多种宗教元素、锡安城的景观设置等等。这些都体现出影片将西方学术界"文化再认同"与"文化寻根"意识直接体现在视觉元素上。

目前,国内理论界以及广大公众对这些影响巨大的新时代文化运动以及它们如何主导了流行符号生产,都缺乏整体性了解。对"新时代运动"的梳理可参阅叶舒宪先生《现代性危机与文化寻根》①一书。叶氏另一大著《神话意象》②则是结合"新时代运动",对相关具体作品的学术分析、本土文化反思和实践反思。然而,总体而言,国内学界的类似研究还少而贫弱。在"文化—学术—符号—经济—文化"这条本该良性循环的学术生产和市场实践链条上,我们还缺失太多,从认识学术根脉到认识当下现状,莫不如此。

(三) 反思:"我们"何去何从

前文提及,"神话"与"哲学"的关系,以及随其而来的"哲学突破"等是西方学术发展的独特现象。那么,我们又该如何打造自己的"神话"符号呢? 当下没有出现力作的最根本原因,恐怕还是缺乏普遍的反思:我们自身的学术根脉究竟在哪里?

中国文化传统中本没有"哲学""神话"这样的词。那又何来"哲学的突破"、理性对抗神话的成功呢? 刘小枫先生明确提出要"摒弃与启蒙神话论相关的所谓'哲学突破论'"。③ 甚至还有学者反思:"'轴心时代'理论与中华文明对接中的偏差,其影响将是流与源的颠倒、反题与正题的倒置和各期学术史的逐次错位。"④然而,这类论述几乎成为一把标尺,用以估计、衡量先秦思想的独特创造及重要意义。⑤ 在合理地吸收和摒弃之

---

① 参见叶舒宪:《现代性危机与文化寻根》,山东教育出版社2009年版。
② 参见叶舒宪:《神话意象》,北京大学出版社2007年版。
③ 刘小枫:《儒家与民族国家》,华夏出版社2007年版,第37—38页。
④ 张京华:《中国何来"轴心时代"?》(下),载《学术月刊》2007年第8期。
⑤ 郑开:《德礼之间——前诸子时期的思想史》,生活·读书·新知三联书店2009年版,第19页。

后,如何有效超越"轴心时代"的解释局限,回到中国文化的大传统去寻找文化资源呢?陈来先生曾认为:

> 因此,中国轴心时代的变化,并不是断裂的突变,从孔子对周公的倾心向往及墨子对《尚书》的频繁引用可以看出轴心时代与前轴心时代的明显连续性一面。所以,从注重文化的连续来看,公元前500年左右时期内的中国文化与三代以来的文化发展的关系,乃是连续中的突破、突破中有连续。也因此,对中国文化的历史结构而言,寻找决定历史后来发展的"轴心",不能仅仅着眼在春秋战国,更应向前追溯。①

陈先生很精辟地指出应该本着"明显的连续性"而"向前追溯"中国文化特质。然而何谓"人间性"和"人文的"的转向呢?三代"人文"和"神事"很难截然对立。虽然春秋时期已经"认识到神与神性有局限性",但以巫术和神性监督为内涵的"会盟"不是在春秋时期格外发达吗?② 笔者认为,这些反问启发我们需要走进更深厚悠长的本土文化"大传统"。这时,用"信仰→理性""宗教→理性化""神圣→世俗"的演进过程置换中华文化的渊源与形成之做法值得商榷。"神话"与"哲学"、"理性"与"非理性"的二元对立的理论模式,解释不了中国文化与上古巫史传统的复杂关系,尤其解答不了先秦文明如何从巫史传统、神话思维中发展出对宇宙和身体、自然和社会、人伦和制度之间的互动关系;解答不了是什么文化凝聚力能超越不同族群和社会阶层,将华夏文化的一些核心要素整合、散播、渗透至当下;也回答不了从部落文明向早期国家的转化过程为何是以"巫君合一"为标志等等问题。如果简单套用西方学术中的"神话""哲学"范式并用以作为本土文化符号的基石,恐怕难以如愿以偿。

---

① 陈来:《陈来自选集》,广西师范大学出版社1997年版,第36页。
② 对《春秋》巫史性和神话隐喻的分析,可参阅谭佳《断裂中的神圣重构:〈春秋〉的神话隐喻》,南方日报出版社2010年版。

回到中国本土情况,从上古至晚清,几千年来,类似西方"神话"和"哲学"式思考则不是"神话"与"哲学"的二元对立,也不是二者的"突破"关系,而是始终建立在"天人合一"的神话思维之上。它既可以是神圣叙事,也可以是神圣仪式,可以是青铜器、玉器、王室典册,甚至也可以是日常礼制。"神圣"与"世俗"之间通过神话思维的沟通来消除紧张对立。"理性"与"信仰"之间通过神话思维的转化而交融在诸多物象、体制、文本之中。如此便不难理解为何中国文明独有的玉器文化、先秦发达的礼乐制度、完备的史官制度以及各类典册,既是"世俗"也是"神圣"的。在这层意义上,中国的历史就是一部神话历史。这套独特的神话话语起源,最早可以追溯到距今8000年的兴隆洼文明。兴隆洼出土的玉玦已经是具备了超越装饰意义的神性象征器物。这些器物不禁让人喟然:古人其实远远比我们会用"符号"来隐喻和寓意。看看上至5000年前的红山"中华第一龙",再至紫禁城的建筑原理,清东陵和清西陵的建筑配饰,下至玉器把玩之物等等都是如此。随处举几例来看:

　　世界上的名城多如繁星,可是没有一座能像北京这样,把本民族的精神理念和哲学思考完全融入城市格局及每座建筑的符号编码之中,尤其贯彻了经书《周礼》和《周易》的精髓,例如城市"左祖右社""国中九经九纬""经涂九轨""面朝后世"等等理念。而古城城门之名有不少取自《周易》,比如安贞门。"安贞"一词取《周易·坤卦》"坤道五成,安静贞定则吉祥"。再看中国古建筑的戗脊、岔脊或排山脊最前端,都会有一小玩意装饰。这装饰物的排列一般如下:最前段往往为神仙骑凤,称仙人,以下顺次为龙、凤、狮子、天马、海马、狻猊、押鱼、獬豸、斗牛、行什。在古建筑的神话传说里,这些小配饰每件都有一个动人的神话故事。它们虽然是口传神话故事,甚至可以不被"神话典籍"记载,可却活生生地被"实践"在亭台楼阁、帝王将相之宅,起着神话寓意和象征作用。它们曾经那样深入人心,随处可寻。再例如:有清一代的玉器造型,尤其是清末民初的玉器的器形尤为讲究"谐音"寓意,雕塑一马一猴,象征"马上封侯",蝙蝠、葫芦、桃子雕在一起则象征"福禄寿"三喜,还有清宫最常见的"玉如意""三阳开泰""童子击鼓",等等。这些难道不是古人使用"符号"的智慧么?就连我们最习以为常的十二生肖之来龙去脉,以及与各属相有关的年画、剪纸等民间习俗,其背后也无不是国人特有的神话思维与神话符号在起支配作用。这些文化元素曾用"符号"形式,完美地呼应着历史和经典,形成具有审美趣味的艺术符号,更在日常生活中起到教化安民、吉利祥和的作用。

甚至不妨说,中国有着最为源远流长的文化"符号"编码及运用实践。若要从"原型"或"意象"方面去概括这个民族所特有的文化心理,从骚体赋体、词曲,再到笔记、小说,中国壮观的文体创作及其中的经典意象,不知有多少"宝藏"值得去挖掘和整理!这些难道不是"符号经济"的深厚源泉和坚韧基石么?这套文化"元语言"理应是大众传媒诉诸表述国家形象的根基,也是现代学术界动用各种资源来审视和反思中国文化的"磁场"。遗憾的是,在一味跟风趋利中,这个"磁场"却没能吸引来足够的严肃研究和广泛关注。

从"五四"新文化运动,到20世纪中期以后的文化建设,所谓"传统"在经无数次狂风暴雨般的批判和摧毁后,已经显得凋敝零落。我们不仅对最基础层面的"传统"陌生,即有隔于基本的史学、经学传统知识;更难以在新的知识语境下,超越古人去寻觅文字之外的文化大传统。而前文讲到的人本主义、科学主义、文化人类学等等,虽然在20世纪80年代以后纷纷传进国内,但更多的是作为方法论和"他者"知识,难以融入本土传统并创造性转化。对于国人来说,探寻既有民族特色,又能超越狭隘民族主义和文化保守情结的"学术寻根",兴许才刚刚起步。这条蹒跚之路,又在学科划分森严的堡垒中,在追求利益最大化的学术生产下,更显得举步维艰,却势在必行!在此意义上,我们的文化"符号"打造之路,可谓才刚刚觉醒和开始。

就在本文写作之际,好莱坞另一科幻大片《盗梦空间》正热火朝天上映。据笔者亲身经历,在影片结束、音乐响起时,很多观众没有马上起身离开,而是仍在座位上期待能最后看到点什么。可能希望弄清楚那个陀螺到底停下来没有,整个故事到底是美梦还是现实,许多人在议论影片的情节和细节,讨论"图腾"等等。这部完全依托于弗洛伊德理论的好莱坞类型片,可能又会激起讨论"存在""真实"的符号"景观"。与笔者对《黑客帝国》符号的分析完全一致,《盗梦空间》也是从西方学术根脉中的神话、宗教、哲学、科学技术四元素来编制情节,塑造出一个个寓意丰富的角色符号。例如影片的女主人公 Ariaden(阿里阿德涅)就来源于希腊神话,她是国王 Minos 的女儿,也是与特修斯相爱的女神,曾给了情人一个线团,帮助他走出迷宫。这些恰好与 Ariaden 在影片中帮助男主人公设计迷宫等情节契合。影片的核心物象——Limbo("混沌边缘")也来源于一个基督教词语。在不朽名著《神曲》中,但丁将 Limbo 描写为位于地域最外围,其景观和特征深刻影响着影片中的 Limbo 与隐喻。诸此种种,让我们不得不折服:形成了一定的产业模式后,只要是深扎于自身学术根脉的符号塑造,就自然能晓之以理,动之以情,大获成功。在羡慕的同时,我们何去何从呢?

从《功夫熊猫》看中西符号的融合效应

丁树雄

电影《功夫熊猫》自上映之日起,注定就要深受世界各国特别是中国影迷的喜爱。为何?就是它尝试通过电影的手法将中国的文化符号(可以说是精华素)拾掇起来,边破边立,巧妙地将西方文化渗透、交融、建构,深入浅出,虚实相生,表现手法灵活多样,表现技法娴熟,虽有些地方不够精纯,但由于它敢为人先而弥足珍贵!《功夫熊猫》的真"功夫"体现在哪些方面呢?

一、中西符号的侵蚀与破立

《功夫熊猫》在中国大获成功的主要原因在于中国文化符号与美国普世价值观的完美结合,美国电影人表面上是表达了中国的文化符号,但他们不是为了向世界宣传中国,他们的影片也不是只面向中国市场。影片实际是通过对中国符号的组合改造,其实质是美国文化的对外扩张与侵略。《功夫熊猫》擅用"陌生化"的手法,以西方文化的视野诠释东方符号的"基因",主要体现在以下方面:

(一)破"憨厚忠实"的儒家文化,立"机灵乖巧"的西方伦理

《功夫熊猫》以"浣熊大师"作为其主要的形象代言人,它是忠义的化

身,肩负着扶危济困、惩恶扬善、拯救生灵的使命,而在中国传统文化的血脉里,"温文尔雅、敦厚方正"者方能担此大任(若选择十二生肖里的动物,肯定是牛和狗莫属),极伶俐乖巧的"浣熊"无论如何都难与此对号入座,而在"崇尚个体精神自由"的西方文化里,凡是上帝所赐的"东西"(每个有生命物种)都是平等的,都流淌着上帝的"圣灵",只要信奉"上帝",心灵就能向善。

(二)破"虚无缥缈"的龙文化,立"憨态可掬"的国宝文化

熊猫阿宝不慎坐在了鞭炮的底座上,鞭炮点燃后从天而降稳稳当当地落到了"武林大会"的正中央,一不留神就成了"龙之武士"。在中国人眼里龙是国人的"灵魂""命脉",它蜿蜒逶迤,见首不见尾,来无影去无踪,可以凭自身力量漂移。而《功夫熊猫》里头,体形硕大的阿宝却是被鞭炮送上空中的,最后竟然成了"龙之武士",破"虚龙"立"实猫"。"虚龙"活在精神意念里,而"国宝"却在凡尘中世世代代被保护。

(三)破"渊源诡秘"的炎黄文化,立"神者无功"的面条文化

炎黄生活过的中原地带是中国文化的发源地,中国上下五千年(近来有研究学者断言,中国文化不止五千年)源远流长,炎黄成为我们的祖先,而我们则成为炎黄的子孙,炎黄文化自然成为中国文化的代名词。而《功夫熊猫》却懒得理会这些,它根据中原的饮食文化来诠释炎黄文化,中原人历代相传的主食就是面条,《功夫熊猫》里头的阿宝父子俩就是靠开面条店为生。它深入浅出昭示的不是"炎黄文化"就是"面条文化","鸭父"一直引以为豪而阿宝一直好奇的"面汤秘诀"就是"无秘诀","鸭父"一语道破天机,你认为它是独特的,它就是独特的!

(四)破"长生不老"的福禄寿文化,立"乘风归西"的"天堂文化"

阿宝不开心时总爱跑到与天庭一尺之隔的桃树下偷桃吃,桃子是寿宴的"供品",象征着"福禄寿",而《功夫熊猫》里的"总舵主"神龟也是在那里仙逝的(当它说完"我的大限到了"后便化作片片绯红的桃花登仙)。在东方人眼里,龟是长寿的化身,只见生不见死,而在影片中的这些情景,却令东方人产生了对生与死的思考,也宣传了西方人认为死是到极乐世界的观念。

二、东西方文化符号的融通

(一)耶稣"原罪"文化与易经阴阳之道的融通

日本姓氏口味浓重的太郎"残豹",由于"残豹"凶残本性暴露,自恃武功盖世,到处破坏规矩,肆意"犯罪",最终被龟大师制服囚禁入固若金汤的"地牢"中,它被迫"赎罪"接受"拯救",然而它始终一心向恶不知悔改,当它获得作为浣熊师父"信使"的鸭掸落的一根羽毛挣脱手铐脚链时,它又开始了"犯罪"计划,这是西方标准的"U"型(犯罪—赎罪—拯救)叙述结构。这一结构也体现在浣熊师父的自责行动上,他常说自己犯下的错误就应由他自己承担,于是他在徒弟们掩护山民安全转移时,自己留守山门静候"残豹"的报复。

这与中国《易经》精髓相交融通。《易经》讲究阴阳之道循环往复,物极必反,有因必有果,阳盛之时开始转阴,阴盛之极开始化阳。"U"型叙述结构与《易经》两者融通。此外影片中阴阳之道,还体现在"一善一恶"(阿宝与残豹)、"一大一小"(阿宝与师父)、"一黑一白"(阿宝黑白相间的形态)等等比照上。

(二)"由此及彼"的西方逻辑思维与"正言若反"的道家文化的融通

老子的"正言若反",老庄的言无言的"卮言",都在影片中得到很好的诠释。阿宝作为"龙之武士"应享受到的待遇——获得一部上乘的武功秘籍,然而当他获得那部武林秘籍时,却发现上头不着一字,这让其苦闷困惑异常。不着一字尽得神秘的武功秘籍,很符合道家"言无言,未尝言""卮言""和以天倪""空仰随人""满溢无物"的哲理。而后,阿宝在逃难过程中,听其鸭父对祖传面条秘方的揭秘,方恍然大悟,这就是西方演绎推理的逻辑思维。

(三)好莱坞影视符号与中国"国宝形象"的融通

近年来,越来越多的好莱坞影视作品中融入了中国元素,在文化自觉的基础上汲取民族的文化营养并对其进行重新编码,转换演绎成具有普适性的价值观念和思维方式,是好莱坞电影成功实现跨语境旅行与文化互动的必由之路。《功夫熊猫》中充斥着成龙式的功夫、周星驰式的无厘头、张艺谋式的唯美、谭盾式的配乐等,并通过巧妙组合被尽情地展现,这是好莱坞式中国元素的成功整合。最为明显的就是好莱坞炮制出来的"唐老鸭"形象竟然成了中国国宝——熊猫阿宝的爸爸,一种非常强烈的文化征服欲跃上荧幕,企图采用新鲜出炉的"文本"符号格式覆盖另一个具有强劲生命力的原生态的文本,这种以"文化转译"方式对中国诸多经典的戏仿也进一步演化为观众对影片的期待。这是一个以中国元素作为框架、用美国精神进行支撑的故事。

(四)西方幽默风格与中国文化元素的融通

《功夫熊猫》一方面是美国文化模式在电影中的基因型复制——动画中对"美国梦"这个永恒的主题进行了重新诠释;另一方面,中国文化模式在电影中的表现型复制——影片中介入、保留了众多鲜活的中国文化元素,但又对它们赋予了诙谐幽默的新意。如国人耳熟能详的典故"嫦娥奔月"在影片中成了"五将集体奔月";有不自量力含义的成语"螳臂当车"在影片中"五将天桥斗残豹"的情景中得到了与传统解释截然相反的诠释,诸如此类,不一而足。这两类文化模因的复制在影片中结合得天衣无缝,无懈可击,从而保证了该片在商业上的巨大成功。

三、出神入化的影视符号

美国梦工厂通过动画电影《功夫熊猫》狠狠刮了一场中国旋风。影片中中国文化的独特气息扑面而来,无处不在:中国国宝的代表性符号——熊猫;中国的国粹符号——功夫;中式的哲学——佛境、禅意、大智若愚;中式的伦理纲常关系——"子承父业""一日为师,终身为父"等。此外,包括影片中的风景、建筑、功夫、太极、面馆、庙会、比武选拔、武侠情结等处处洋溢着中国特色的文化符号。《功夫熊猫》大量运用中国符号,在叙事策略和文化内涵上,大量运用了中国式的故事讲述方式,非常契合中国观众的审美心理。主要体现在以下方面:

"功夫一":钻天遁地,给人多维的宇宙感。不论是高耸入云的五大名山(华山、恒山、衡山、泰山、峨眉山)的模型,还是海选神龙大侠的"武林大会"（其实是赶庙会），那高低错落的建筑是如此的气势恢宏、视野壮阔。对了，就连阿宝攀爬的石阶也是令人观后手心沁汗、心惊肉跳！这是直指云霄的"幕幕向上"的擎天场景。而掘地万丈与"金银珠宝、煤铁铜矿、石油"等为邻的幕幕向下的凹挖情景，也令人叹为观止，禁闭着"残豹"的地牢，是不是时时让人担心地壳被掏穿了？顿时令人窒息胸闷气短！这上上下下的"功夫"够上乘的吧？

"功夫二"：江湖众生相，演绎得惟妙惟肖。人、动物和江湖水乳交融，抽象形象、指事会意、多维建构，恰到好处！"龟前辈"的权力拐杖、"功夫大师"的面条式样的"猫胡须"及其服饰，是不是很有一代武林宗师的风貌？此外，螳螂拳、蛇拳、猴拳、虎拳、鹤拳，是不是囊括了中国武术的精华？

"功夫三"：娇憨厚道、机灵伶俐的阿宝。阿宝在整个表演中，时而天真无邪，时而羞涩自卑，时而执着稳重，时而滑稽可爱！梦"中国功夫"时天真，被选上神龙大侠时不自信，一心一意让祖传的面条"拉倒"转向学功夫弃商习武时意志非常坚定，嘴馋偷吃时模仿功夫大师神态举止时滑稽可爱。最令人跟着心痒痒的就是与"残豹"（残暴）决斗时被"残豹"打翻在地，"残豹"欲置其于死地，连连恶拳相向时，阿宝却不停发出"酸酸的发笑声"，多令人开怀呀！大伙看到这一幕时听到阿宝被人触及痒穴的声音是不是很好笑？简直是天籁，人间能有几回闻？观看该影片没留意到的不妨再看看好好感受一下！看完后，再去看看光会嚼竹子的"国宝"，是不是觉得匪夷所思？

"功夫四"：色亦是空，空亦是色的哲理，浑然天成、水到渠成。神龟长老常说："过去和将来的都不确定，唯有当下最可靠"，"昨天是历史，明天是未知，今天是现在的礼物"，警示我们要好好把握今天。另外他也反复提到什么都有可能、意外之外还会出现意外，让我们凡事都要朝好的方面去想，还有阿宝打开神龙秘籍后的感悟，空白就是一切，一切都是空白！此外，《功夫熊猫》还用简单的故事情节讲述了深刻的人生哲理，从结构主义的视角切入，探讨影片的主旨所在，即梦想与坚持、信念与成功。这些哲理若放到别的影片中可能会让人听后心烦气躁，可在这里一切都自然而然、顺理成章！

"功夫五":中文名词,频频出现。诸如"豆腐""师父""乌龟"等等,经过中国人的腔喉发出来可能什么都不是,而经过外国的喉舌却变得妙趣横生!"东语西调"魅力无穷,你说这细节"功夫"了得不?

当然,见仁见智,《功夫熊猫》里头还蕴藏着许多若明若暗的"功夫",值得我们细心玩味,值得中国的老中青少四代影视工作者虚心、耐心、诚心地研磨。

四、《功夫熊猫》的反思与启示

(一)反思

近年来,保护中国传统文化的呼声日渐强烈,中国传统文化在全球化的浪潮演进中,正受到西方外来文化的冲击,我们应高度重视,并研究相应的对策。

中国是武术发源地,北少林、南武当,当然还有无厘头的"如来神掌"!泱泱大国根本不缺功夫,早已烂掉牙的武打片更是以各种功夫作为主元素,打来打去还是那几个黄飞鸿、方世玉,还有几十年不变的李小龙舞三节棍发出的"哈哟哈"的经典的美声叫法,仅此而已,再无过多的内涵。拍多了那干巴巴的功夫片,许多导演便成了只会动手动脚或习惯看人动手动脚的"闲人"了,有几个聪明的便会给"男女武夫"穿上长袖,以袖击鼓,在乱舞的过程中融入音乐、灯光、舞美等元素来诠释软化功夫,让生硬的功夫真正成为"花拳绣腿"! 于是又有更加聪明的人受到了启发,把功夫搬上了舞台,借助各种文艺表演的元素,拍了些不错的舞台武打剧,如《风中少林》。但是,新人旧功夫,功夫依旧笑新人。拍着拍着,武打片的主角干脆由演员转身变成了功夫片的导演,李连杰、洪金宝、甄子丹、杨紫琼、成龙、元彪等等就是范例。

功夫归功夫,电影还是电影,打得精彩的不一定叫座,卖座的不一定非得真功夫。还有,大熊猫是中国的国宝,也是全人类的稀世珍宝,中国人除了会让熊猫进公园,除了会让它变形作为北京奥运的吉祥物之一外,还有什么关于它能传播全球值得称道的"元素"?根本就没有。汶川地震让可怜的国宝移居天南海北,外国人看在眼里,动在心窝,并适时地推出了《功夫熊猫》。真是刁钻得很,敏锐得厉害,但能怪谁?天生就有的东西没有发挥到极致,就被编导剪辑成"下三烂"的东西或根本没有人意识到如何去挖掘、如何去表现,真是身在福中不知福!

外国人没有功夫的优势,于是便拍些科幻的情爱的枪战片;没有稀世珍宝熊猫,却拍了许多妇孺皆知的迪士尼动画片,《唐老鸭与米老鼠》是也,《泰山人猿》《金刚》是也,此次又来了《功夫熊猫》。随后饱浸东西方文化的文化人类学史诗大片《阿凡达》犀利登场,这无异于扇了每一个中国人的耳光,连老祖宗留下的功夫都传承不好。我想刚饱受地震阵痛的"国宝们"也会耻笑不已:年年月月日日拥抱我,却不懂如何就着我"审美",真是丢人!好莱坞用中国的两大元素——功夫和熊猫,就能拍出让中国人狂掏腰包欣赏的《功夫熊猫》。中国人原本就有的但是由于众导演的"无知"加"无能",让外国的导演给"符号经济"了一次,抵制《功夫熊猫》是无知加无聊的举动,狂躁之余还是冷静下来好好反思一下吧!

(二)启示

1. 中国政府应重视国家文化发展战略,打造国家软实力。

我国文化产业的现状:文化内涵挖掘的形式化,产业资源整合的零散化,文化族群联盟的简单化及文化资本、文化产品、文化人才、文化市场相互间的错位缺失化,等等。主要表现在:

(1)停留在文化表层元素的包装设计上,注重文化概念的传播,喜好文化现象的学术研讨,主要表现在各地文化部门热衷于通过"申遗"以及"非物质文化遗产"挖掘包装等方式来打造"城市名片",花费巨资通过"文化"给当地"贴金"等初级开发阶段。

(2)各文化产业资源单打独斗、重复建设现象严重,没有形成专业分工协作的产业链条。文化产业包括影视产业、音像制作、出版发行、演艺娱乐、动漫与数字产业、网络游戏、艺术品市场、文化贸易与投资、文博、文化旅游、会展、文交所、广告传播等领域,还没在一个资源整合、资讯共享、资本共赢的平台上形成"分工协作、和谐共荣"的格局。

(3)上海、深圳等地设立的"文交所"区域性色彩比较浓厚,渗透力、服务影响力受到了很大的局限。"文交所"无形中仅仅扮演了"文化专业市场"的角色,其蕴藏的巨大的经济价值没有被充分挖掘,综合效益不显著,各"文交所"没有系统地利用金融杠杆,迫切需要提高"文交所"自身的造血和输氧能力。

(4)文化产业领域相关创意、经营、管理、投资、商业模式设计等等方面的人才严重匮乏。大片《阿凡达》在全球狂揽24亿美元票房,中国市场的票房也超过12亿元,它不仅冲击着人们的视觉,更冲击着中国文化产业界的神经,显示了差距。《阿凡达》的空前成功就是全球文化资源整合,特别是"文化资本"所起作用的明证。

文化产业要向更高层次发展必须借助金融和科技两大引擎,特别是应充分发挥"文化金融"(文化资本)的积极作用,"文化资本"对文化产业的功能包括文化价值的增值、新价值的分配、社会资源的优化配置、经营活动的规范、经营成本的最低化等,它是文化产业发展的孵化器和助推器。而科技工具则是实现"文化资本"综合功能不可或缺的手段。应建立文化产业运行原则、资本机制与创新体系,完善文化产业的技术指标与服务创新体系,包括文化产业准入规则、文化测绘与非物质产业的评估体系、行业认证标准体系,建立文化资本效益持续递增的文化产业资源综合交易平台——全球文化产业资源交易中心,培育文化产业进入全球资本市场的创新政策、体制与机制。

2. 中国的编剧、导演、制作、发行还很欠缺许多真功夫。

首先,是文化方面的知识非常欠缺,建议中国的电影工作者应该放下架子"恶狠狠"地补一补中西比较文学、中国神话哲学等理论著作,要脚踏中西文化,制作世界大片。众所周知,西方电影偏重于模仿、再现、写实,属于模仿类电影;中国电影偏重于表现、抒情、言志,属于表现类电影。《功夫熊猫》就杂糅了中国的许多元素:抢碗、筷子功、不倒翁、李小龙等等,很巧妙地跨越了中西文化的鸿沟。而中国的导演往往在跨越鸿沟时在阴沟翻了船,而后使出"阴招"唬人。其实,中西方有许多文化是相通的,电影叙述的原型结构也是相类似的,只是中国的导演没能将二者有机地融合,有意识吸收西方文化的也过于功利、过于媚俗、过于投机取巧,想让自己在国内没市场的影片能在国外获得外国人的青睐,于是形而上学地照搬了一些西方文化,其实他们并不真正体悟其精髓!于是我们不难发现这么一个有趣的现象:在国外拿奖的中国影片往往会被国人视为"四不像"而被冷落一旁,这就是"拆西墙补东墙"的结果,这种侥幸的举措依然为国内的许多导演所采用。

其次,要好好补补文化营销的功课。前几年流行中国的韩剧《大长今》热播后,中国的某些导演居然站出来唱反调,说《大长今》他一集都看不下去,真是心胸狭窄之论,靠无聊的空泛的贬斥是毫无用处的。中国的影视工作者是应该从头到尾好好看一遍《大长今》的,同时更要好好研磨《大长今》品牌铸就之术。

最后,还要做梦都能一字不差地背背"我们学习的最大障碍,不是来自未知,而是源自已知"。数典忘祖、熟视无睹,真不应该。脸红了、心跳了,就赶紧去不耻下问、知行合一。否则,中国的导演和大片的出路能在何方?

韩剧《大长今》的品牌铸造

丁树雄

2003年末至2004年初,由李秉勋执导、李英爱主演的长篇历史剧《大长今》在韩国MBC电视台一经播出,迅速刷新了多项纪录,收视率曾达50%以上,并在国内外屡获殊荣。《大长今》被誉为一部真正意义上的韩国国民电视剧。

2005年初香港无线电视台(简称无线,英文简称TVB)引进该剧并在台里播出,播出后便引起了社会各界的关注,热播期间香港翡翠台的收视率不断攀升,由此而来广告收入显著。

《大长今》综合效应不断扩散,一切关于《大长今》的纪录片、动画片、专题片及其他音像制品热销,内地电视台抢夺《大长今》播放权日趋白热化,粤港台还掀起了《大长今》美食养生热,韩国料理的餐馆雨后春笋般出现,"中医热"一浪高过一浪,"韩国文化"及诸多文化符号备受吹捧。墙内开花,里外都香,《大长今》不仅在中国深入民心,而且在韩国也大量出现了"韩国传统文化新娘培训班",专为准新娘传授韩国传统的文化,当然包括饮食方面的。值得一提的是,拍摄《大长今》的地方,已经成为旅游观光的风景区,粤港台旅行社纷纷推出"大长今"体验文化游路线。而在国外,《大长今》同样火爆。日本NHK电视台将《大长今》重新剪辑,播出长达一年;美国芝加哥电视台破例首次播放韩国古装剧,芝加哥的中产阶层们每周六晚聚集于咖啡馆集体观看《大长今》,《大长今》沙龙不胫而走。霎时间,《大长今》这一文化品牌迅速飙升,引领全球。

《大长今》为何如此炙手可热、风靡全球,在短时间内其品牌如何迅速形成?

一、市场研究:知己知彼、准确把握

该剧策划、创作、拍摄、发行人员在拍摄《大长今》前,想必对全球特别是中国的电视剧市场经过一番研磨,对中国文化的"劣根"性进行了潜心研究。例如认为中国传统文化在一定程度上抑制了人们求"真"(自然科学知识)的欲望,忽略了个人和自我的价值,造成了人格的某种缺陷等。进而,又对中国的电视剧消费市场了如指掌,深谙由于意识形态的差异,目前中国的影视宣传还有许多禁区,针砭时弊的现实题材剧多被"枪毙",因而在中国充斥黄金时段的电视节目尽是些传统宫廷剧,其中又以清宫戏为主,而中国宫廷剧最大的"死穴"在于缺乏艺术性与商业价值双向的互动,市场化运作程度不高。其实,他们也深知中国不乏优秀的电视连续剧,光拿出《三国演义》《水浒传》《西游记》《红楼梦》四大名著改编的电视连续剧就足以称雄世界。

然而,中国的电视剧市场都是"半吊子"的单打一,"四流的发行、三流的导演、二流的剧本、一流的演员",也就是说出品、包装、策划、发行都各做各的,脱节错位,断层互不匹配,从而导致了叫好不卖座、卖座不看好!而且还存在着阻碍其市场化的三大误区:一是故事情节过分猎奇、人物形象塑造"酷毙"方罢;二是盲目追求雅俗共赏、老少皆宜;三是穷尽媚俗之能事,缺乏应有的生活内涵。在对中国影视市场分析研究及准确把握的基础上,他们对自身的"短板"也有充分的认识——韩国文化师承中国文化,特别是饮食和医学深深打上中国文化的烙印,双方存在着很大的差距,文化根基浅、缺乏自主原创性无形中就成为韩国文化的劣势。就拿中医来说吧,"在中国生根、日本开花、韩国结果、美国收获",如何扬长避短、推陈出新,就成为《大长今》品牌塑造成败的关键(因为该剧"食+医"两大文化符号无不浸透饱蘸深厚的中国文化)。

经过深刻分析,擅长营销、品牌塑造的韩国导演们及其他相关人员明确了自身的优势:品牌战略、传播策略、市场运作、推广手段等。他们瞄准了中国影视市场的空白,扮演"追随者""补缺者"的角色进行侧翼攻击,强占市场,并确立了其市场战略意图:通过《大长今》的品牌打造,确立韩剧的市场地位,进一步带动韩国文化的传播。

二、产品包装:适销对路、有的放矢

《大长今》具有以下卖点:

差异性:用中国文化做"馅"包装起来的宫廷剧无异于旧瓶装新酒,好拍要叫卖就困难,而其"出品者"也意识到必须要有陌生化、差异性的"卖点"。韩剧《大长今》一改中国宫廷剧那种要么金戈铁马、气势恢宏、刀光剑影、惊心动魄,要么主题贫血、思想苍白、剧情枯燥、翻来覆去、说三道四、耍贫嘴、调侃嬉戏等等弊端,而是通过不愠不火"小家百姓"料理"君王起居"(包括日常饮食、养生之道)的写实手法来表现历史,看似平淡,实则暗流涌动,环环相扣,极度扣人心弦。霎时间从中外宫廷剧的丛林中脱颖而出,一枝独秀。而中国的宫廷剧千篇一律,唯独差异的就是朝代不同。

可选性:好马配好鞍,一个好的产品必须要有几项过硬的"核心功能",而《大长今》里头除了"主心骨"大长今外,另一大"核心功能"就是其他演员,《大长今》之所以演"活"了,这与整个演员队伍的通力合作密不可分。《大长今》一改"一枝独秀"的做法,让每位演员各得其所,各唱各戏。《大长今》由头至尾塑造了有血有肉、有名有姓的人物就多达几十位,其中主要人物就有16位,分为忠、邪以及中立派三类,他们在戏里一直都扮演着很重要的角色,直至剧终,每一位配角都全心全意地尽情发挥,联袂上演了一出感天动地、超凡脱俗的历史剧《大长今》。而正是由于有了他们的配合,长今才能出淤泥而不染,万绿丛中别样红!也正是由于各个年龄层的演员八仙过海齐上阵,让老中青少观众能对号入座,各取所爱。而中国的《铁齿铜牙纪晓岚》,演来演去无非就是纪晓岚、和坤和乾隆,怎能让老百姓有"认领"所爱的选择?

能动性:《大长今》为"引进者"留有很大的"可加工地带",各国可以根据自身的需要,对其中的主题曲、插曲、配音进行本土化的提炼,民族化的再加工、再包装,也可以改编成歌剧、动画片。香港无线(TVB)在引进《大长今》后就进行了韩剧汉化的艺术包装,除了重新用粤语为该剧配音外,更令人赞叹的是,它为所引进的《大长今》谱了曲、填了词,于是便有了由我国著名词作家林夕填词、陈伟谱曲、陈慧琳主唱的主题曲《希望》(粤语版),还有余光中填词、陈伟谱曲、张韶涵演唱的插曲《娃娃》(普通话版),以及由林保怡演唱的片尾插曲《思念》等。

实用性:《大长今》把民众喜闻乐见的饮食、医疗题材揉入剧中,贴近百姓日常生活,具有浓郁的家庭气息。观众们可以从剧中学到许多实用的烹饪常识和养生之道,便于边学边用、活学活用。这种家庭式的制作视角,弥补以往宫廷剧脱离老百姓生活太远的缺陷,同时也扭转过去类似《方太》那种单一说教烹饪节目的苍白、枯燥。

体验性:看了《大长今》,观众们可以动手学几手厨艺,学习一些医术尝试养生之道,同时还能买几套韩国服饰感受一下韩国文化,有条件的还能到韩国《大长今》的拍摄地去感受感受。

教育性:《大长今》这一文化产品具有以下的综合效用,提高审美的、愉悦的与情感的体验能力,获得信息、知识和思维能力(学学大长今如何在饮食或行医时克服重重困难、寻求解决办法的),减轻由个人、职业或社会问题带来的压力,密切与家人和亲朋故旧的联系。

延伸性:主打产品是电视连续剧《大长今》,而附加产品"符号"则是韩国文化、包括"长今"菜、"长今"音像制品、韩国游及韩国服饰等等。这些能很好地满足消费者各方面的延伸需求。

增值性:《大长今》成为名牌符号后,与其相关的一切(包括珍藏品)都成为"名牌",都有升值的可能。

三、市场定位：环环相扣、互为引擎

《大长今》主攻的是华人市场以及受中国文化影响的区域市场(如新加坡、马来西亚等东南亚国家)，其市场划分为四个等级：

一级市场：中国大陆。中国幅员辽阔，电视观众过亿，文化消费市场潜力巨大，而目前中国文化市场整齐划一、文化产品营销力不强，几乎是自产自销，国际化运作程度较低，相对而言准入门槛不高，比较容易以低成本抢占。同时，中国文化源远流长、辐射面广，有电视的地方就有华人，征服这一市场就等于赢得了全球市场。因此《大长今》先由外围的港台发功，然后波及中国内地，香港无线(TVB)的热播效应，确实证明了这一事实。

二级市场：全球华人散布的区域及有中国文化根源的外籍华裔聚居地，他们不论是否有血缘关系，也不论是否深受中国传统文化熏陶，都与中国大陆有着千丝万缕的联系；而且不争的事实是他们不论经商或从政，在当地都具有一定的影响力，都能在一定程度上引领当地的文化消费时尚。而微妙的是一级市场启动了，二级市场自然打开，几乎不需要任何营销成本。

三级市场：欧美市场。而二级市场启动了，欧美市场也相应开启。

四级市场：受欧美国家文化影响世界其他国家(包括宗主国、移民国家在内)，包括第一、第二、第三世界在内的国家。

总之，一级市场是核心层，二级市场是影响层，三级市场属扩散层，四级市场属辐射层，通过韩国策动、港台开启，一生二，二生三，三生四，四生全球。需强调的是，《大长今》从现在起算有3—5年的市场规划发展期，中国市场是个长远的市场，而欧美市场是明天的市场，待中国市场成熟饱和时，其会上升为一级市场。而《大长今》采取"边开发、边培育"的开发战略，力争做到"开发一个、存活一片，成熟一个、收获一片"的地步。

四、营销渠道：强强联手、优势互补

《大长今》在区域选择、代理商选择、营销模式以及代理费用等方面也是下足了功夫的。它前期首先确定了中国香港、中国台湾、日本、美国等地作为代理的区域,而这些地方都是华人聚居地,与《大长今》文化的欣赏消费习惯比较吻合,且上述地方也是全球影视的"好莱坞""梦工厂",作为影视资源的集散地,具有极强的辐射扩散功能。

在确定宣传阵地后,关键的问题就是营销模式及代理商的甄选了。《大长今》主要采用直销模式,绕过影视发行等中介机构,直接面对终端客户,即有实力的电视运营商,在双方谈判期间对合作商进行全面的考察,认为达标的客户才授权,如在香港物色了实力雄厚颇具市场策动力的香港无线电视台做代理,而在中国内地则与阵营鼎盛的湖南卫视合作。主要是考虑到强势媒体综合的资源优势,可以借此谋求到许多免费的宣传资源,如电视、报纸、网络等立体宣传资源,对奠定《大长今》品牌的主流地位大有裨益。

《大长今》在中国内地主要实行总代制,确定高端的市场价格路线,以确保出品商和经销商丰厚的利润以及广阔的炒作空间。《大长今》的东南亚版权卖给了台湾一家公司,而中国内地的播映权和音像版权则被湖南电视台以2000万元的高价买得,也就是说,大陆其他电视台如果要播《大长今》,得从湖南电视台手上购买。

五、整合传播:以点带面、全球同步

《大长今》确立了"一地""三点""三面"的整合传播策略。"一地"即造势的策源地,为了让《大长今》师出有名,该剧剧务成员精心谋划并赢取了韩国各种奖项及殊荣,如宣称其迅速刷新了多项纪录,收视率曾达50%以上,并以平均47.8%的成绩勇登2004年年度韩国收视率第一的宝座。韩国女生部(类似中国妇联或民政部性质)颁发"2004男女平等大奖"给《大长今》,表彰它在宣扬女性自主自强方面的突出贡献,同时把它标榜为第一部真正意义上的韩国国民剧,相信今后《大长今》所获奖项还会纷至沓来。

在国内获得名牌标签后,该剧的策划人员迅速在韩国举办国际影视文化展,邀请国际知名影视明星、文化名流出席,在展会重点推介《大长今》,并赠送《大长今》相关音像制品,在全球迅速扩散其影响力。同时,包括饰演大长今的李英爱在内的演员成为各种亲善大使、形象小姐到世界各地巡回活动。

同时,借助各销售渠道展开"三点""三面"的密集攻势。"第一点"香港,带动"面"中国,随着香港无线(TVB)成功包装《大长今》并热播,中国掀起了《大长今》关注热;"第二点"日本或美国芝加哥带动"面"欧美,通过日本 NHK 电视台对《大长今》一年的热播,以及美国芝加哥电视台破例首播,《大长今》在欧美中产阶层的生活圈悄然传播开来;"第三点"台湾带动"面"东南亚,台湾有线电视台(JTY)一播再播,收视率依旧居高不下,很好地将其影响力辐射到东南亚各国。

该剧还成功地借助了现成的"第二媒体"进行持续稳定无偿的宣传,它们就是散布世界各地的韩国餐馆、韩国服饰店、开辟韩国游业务的各国旅行社,以及依附在早已成名成牌的韩国足球、韩国汽车、韩国游戏等等产品符号上宣传。这天罗地网般的宣传对《大长今》的品牌塑造所起的作用也不可小视。

当然,香港无线(TVB)对《大长今》的成功宣传起着推波助澜的作用,就以其粤语中文电视频道翡翠台的成功传播为例证吧。

1. 文化营销:未雨绸缪、事先预热。

令人称奇的是,独具匠心的翡翠台在购进韩剧《大长今》时就精心安排播出了一部港式宫廷剧《金枝玉孽》,该剧播出后备受观众喜爱,从而吊起了观众对宫廷剧狂热期待的胃口。而后无线特别安排在《金枝玉孽》中扮演御医的林保怡赴韩拍摄《娓娓道韩风》,介绍韩国皇室的生活习性,给观众热身。同时在每晚 7:30 播出的《娱乐大搜查》持续进行详尽讲述韩国历史、文化,着重围绕大长今生长的历史年代展开宣传,主要介绍当时的宫廷生活(包括官阶)、朝鲜的饮食文化、朝鲜与明朝的关系及历史渊源。并对《大长今》里头的主要演员李英爱(饰演大长今)、池振熙(饰演闵政浩)、梁美京(饰演韩尚宫)、甄美莉(饰演崔尚宫)、赵真(饰演童年长今)等逐一介绍,主要介绍韩国演员的教育背景、演艺生涯及演技,让粤港澳台

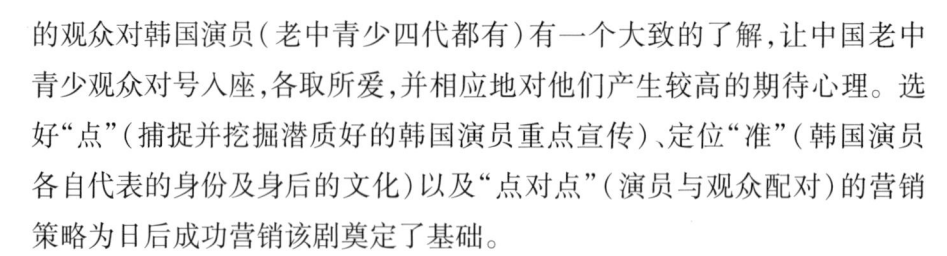

的观众对韩国演员(老中青少四代都有)有一个大致的了解,让中国老中青少观众对号入座,各取所爱,并相应地对他们产生较高的期待心理。选好"点"(捕捉并挖掘潜质好的韩国演员重点宣传)、定位"准"(韩国演员各自代表的身份及身后的文化)以及"点对点"(演员与观众配对)的营销策略为日后成功营销该剧奠定了基础。

2. 关系营销:艺员互动、娱乐嫁接。

而《大长今》剧组的主要成员李英爱更是马不停蹄地在世界各国的演艺圈登台亮相,接受世界各国电视娱乐栏目的专访,并通过演艺圈的朋友扩大该剧的影响范围。李英爱与香港艺人梁朝伟、陈慧琳、林保怡等关系就很不错。为此,翡翠台采用了明修栈道、暗度陈仓的手法,承前启后,巧妙嫁接中韩演员胜利"会师"(韩港演员的交流互访活动)。同样是每晚7:30的《娱乐大搜查》总少不了介绍《大长今》的收视率,香港著名歌星陈慧琳、主演《金枝玉孽》走红的演员林保怡以及历届香港小姐等备受内地喜爱的演员都先后赞誉《大长今》。更令人叫绝的是,翡翠台走下台去实现了与普通观众之间的融合,扩大了娱乐影响面。在每晚的《娱乐大搜查》中播放随街采访的追着收看《大长今》各行各业的人士(他们当中有大学教授、商人、家庭主妇等)的现身说法及观感,并播放在茶楼酒肆随机拍录食客们边吃边看《大长今》的狂热场景。这样一来,就构筑了点线面相结合的立体宣传的攻势。

3. 体验营销:台上台下、感同身受。

距离能产生陌生的美感,但陌生的距离有时也会妨碍审美。为了消除审美障碍,营造"熟悉的陌生"的审美氛围,《大长今》每晚在翡翠台播出的时间是在10:00,而在开播前5分钟,"导游"香港艺人林保怡总要带观众到韩国《大长今》拍摄的现场感受一番,扼要介绍一下当晚要播出的剧情内容:一道菜、一个处所,或某种食料,或某方面的养生常识。"导游"的画龙点睛般引人入胜的讲解再次刺激了观众的感官,激发了观众的兴趣,再次为几分钟后正式播出的《大长今》"煽风点火"。

《大长今》播出进入尾声时,翡翠台先后邀请了饰演韩尚宫、崔尚宫、闵大人、郑尚宫、小长今等的韩国演员赴港促进韩港文化交流,与当地的观众见面联谊,翡翠台还邀请饰演郑尚宫、小长今的演员参加翡翠台举办的"《大长今》之夜"晚会,并为香港的韩国餐饮文化活动剪彩。在《大长今》里扮演重要角色的韩国演员"前仆后继"地赴港,一次又一次掀起了《大长今》热,勾起了观众们对《大长今》的无限眷恋和铭刻在心的恒久记忆。就在此时,翡翠台拿出了撒手锏,《大长今》的饰演者李英爱千呼万唤始出来,翡翠台为她专门举行了"大长今驾到"专题晚会,把高潮推向极致。可谓剧终人聚,好戏连台。

4.政府营销:文化搭台、经济唱戏。

专业人士认为,香港无线(TVB)的成功还归功于善于谋求政府支持,将企业行为升格为社会公益的举动。香港是全球繁华的商业之都、购物天堂,而2003年的"非典后遗症"严重阻滞了香港的经济发展。为了给香港经济带来新的发展契机,香港无线(TVB)想到移植日渐盛行的韩国文化来港,而作为韩国文化缩影的《大长今》,无形中会成为韩港经济文化沟通交流的"信使",香港无线(TVB)的想法得到了香港贸易发展局的响应,同时通过香港政府的牵线,获得了韩国相关经济组织的支持。香港无线利用《大长今》为两地架设了商贸桥梁,也为《大长今》宣传营造了良好的经济氛围。

总之,翡翠台采用了点线面结合的立体宣传攻势,以及台上台下呼应的文化经济活动,成就了《大长今》在内地综合的品牌价值和社会效应。

六、品牌效应:深入持久、不断增值

当时,在内地,一部《还珠格格》卖出了55万元人民币一集的天价,让制片商、发行商、后电视产品生产商大发其财,一时间与"格格"有关的一切都成了抢手货,但是也出现了孩子学"格格"闹出大祸,家长要状告"格格"制作者的事情。而《大长今》却能很好地规避了那种只图市场利益而无社会综合效益的缺憾。具体而言,《大长今》的品牌效应催生了三部分价值。

第一,市场价值,即来自《大长今》及其相关产品的市场回报。据韩国

MBC电视台透露,《大长今》目前在韩国国内外播放以及复制发行权,到今年6月底为止,已经为他们盈利333万美金。其中湖南电视台以近2000万的高价,买断了《大长今》的内地版权,创下了海外剧目在中国的最高版权价格纪录。另外,其推出的相关小说、相关导游手册以及《大长今海苔》《大长今泡菜》等食谱也广受好评。据MBC电视台透露,他们还计划推出《大长今》的动画片。

第二,品牌价值,即升华为品牌后的无形资产。这方面的市场价值更是不可估量。

第三,社会价值。《大长今》再次掀起韩国的"农风"(即一种韩国服饰,表现为"上绿下蓝"的韩服式样已成为《大长今》的显著符号)、"食风"(韩国餐馆火爆)、"医风"(各地掀起中医热)、"学风"(该剧具有显著的社会教育价值)、"游风"等。特别是"游风"更是劲吹,负责拍摄该剧的MBC电视台将位于汉城(今首尔)近郊的拍摄现场保留包装成占地约2000平方米的"大长今公园",游客络绎不绝,还有该剧主要拍摄地——韩国全罗南道的乐安民俗村、智异山、潭阳潇洒园等都成为韩国游的热点。而且,令人叹服的是,世界各国旅行社都专门开辟了"大长今"精品路线游。与此截然相反的是,中国许多影视城在完成其拍摄使命后大都"寿终正寝",鲜有能发挥社会商业价值的。如今,《大长今》无疑已成为中外影视界一个响当当的品牌符号,其知名度、美誉度还在不断攀升,其名利双收的营运模式及宣传手法值得内地影视机构借鉴。

《熊图腾》PK《狼图腾》

丁树雄　土　土

近些年来,那些文化热销品,尤其与历史文化相关的著作或影视片总会激荡起社会上的热烈反响与讨论;而这些流行现象背后,也往往会有后续性的学术争鸣和衍生产品。通常而言,大众喜闻乐见的文化热销品往往和专家学者的关注点不太一致,要么是通俗作者对学者们望而生畏,要么是专家们独自"寂寥"在其学术象牙塔中,对社会上种种热点现象不屑一顾。某种意义上,《狼图腾》与《熊图腾》也有这样的关系,即前者完全是通俗大众性阅读作品,后者则是另一个貌似大众化,但却有深厚学理探究和学术创新意义的著作。

本文虽取名《〈熊图腾〉PK〈狼图腾〉》,却并非真要将二者进行高低对比、对错评价。显而易见的是,不同写作理念和价值认同的作者,自有其特殊的兴奋点和思想空间。

本文通过"狼熊PK",试图分析大众畅销书如何能够传播思想观念;在作家讨论学理问题不足的同时,知识分子又应该如何兼顾现实的文化需求和学理基石,引导能面向大众的、但同时更是严肃和深入的思考。

一、《狼图腾》的符号化及市场策略

《狼图腾》是一部以狼为叙述主体的小说。作者姜戎在草原上与狼共舞达 11 年之久。他掏过狼窝,养过小狼,目睹过狼与黄羊、狼与人、狼与马群的大小无数次战役。正是狼的品质和草原人对狼的图腾崇拜,以及 13 世纪蒙古骑兵的征战之谜,使姜戎沉迷其中达 30 年之久,最后用了差不多 6 年的时间创作出小说《狼图腾》。作者以自己的亲身经历、以近乎自传体的叙事视角,引领读者进入狼的活生生的世界。狼的团队精神、狼的聪明智慧、狼的军事才能和战术分工,以及狼的威武不屈的独立性格和尊严,狼对维护自然生态、促进人类文明进化的贡献等等,构成了小说的故事主体。细究作品内容和角色塑造,不难捕捉到其诸多学术符号、文化符号的成功运用和架构,从而形成文本颇具张力的思想性,并具备成为文化热销品的可能。

(一)《狼图腾》的符号化及思想张力

"狼图腾"在文本中通过三个层次的递进关系,来进行形象化的表述。其一,"狼图腾"文化是中华文明史上局部区域(内蒙古漠北)存在的事实,展示草原的原生态、牧民的集群式生活、回放逝去的草原历史和塑造虚构的小说人物;其二,游牧民族为什么信仰"狼图腾",通过群狼与小狼的故事以及情节走向来诠释,故事的编织与现实社会形态并无内在的逻辑和关联;其三,"狼图腾"在悠久的历史演变中的深度作用力。小说最后附加了"讲座与对话",鲜明体现了作者为中华文明重新寻找文化认同的一片苦心。甚至有不少人识可了书中的观点:龙所代表的封建精神,压抑了民族的生命,只有恢复狼的精神,民族的腾飞才有保证。

其实,《狼图腾》并不是在述说狼如何、为何是一个部落的图腾,似乎也没有读者愿去详究狼是不是真正意义上的图腾。作者通过这两个符号来起到鲜明的点睛作用,即成功地借用狼这个动物符号来承载文化命题;用图腾这个学术符号来表达作者的信念与皈依。穿梭于这两者之间的,则是一系列顺势衍生的思想张力和"PK"效应。相应地,读者们则能在这些鲜明、强烈的符号塑造和对比中完成与作品的视界融合。

1. 对图腾符号的挪用和泛化。

《狼图腾》的结论很明确:"中华龙图腾是从草原狼图腾演变而来的。"被冠名为图腾的狼,究竟是不是图腾呢?进而,中华文化的图腾祖先真的是狼吗?

图腾(Totem),这个词起源于北美,是奥吉布瓦(加拿大的阿尔冈昆人)语词,其原意 tototeman 可以翻译为"他是我的一个亲戚"。图腾之物可以是动物,也可以是植物,或其他自然现象(岩石、彩虹、闪电)。图腾崇拜(Totemism),指在一种特殊的状态中,认为在一个社会群体与物质对象(往往是动物或植物)之间存在某种血缘联系,由此信仰这种物质对象,并由此形成一套禁忌、仪式或习俗。直到今日,关于宗教起源的各种理论假说中,图腾说依然有不少支持者。在学术界以外,作家、艺术家受图腾说的影响,在形象构思中纳入人类学的知识背景,出现了原型表现的新传统,相应地在文学批评界引出专门的一派,被称作原型批评、神话批评或图腾批评。不过,与20世纪初叶的情况相比,今天的文化人类学主流谈论图腾的人已经做出许多反思批判。例知英国人类学家亚当·库柏《发明原始社会》一书从后殖民立场做了分析,认为图腾说是西方白人学者描述文化他者"原始性"的主要筹码。如果我们今天不要反思,仍按照弗雷泽、弗洛伊德的用法使用"图腾"一词,难免会有泛图腾论之嫌。在中国,历史学者常金仓《古史研究中的泛图腾论》一文,回顾了一个世纪以来国内学人随意套用图腾论所产生的负面效应,可谓给泛图腾主义的滥用敲响警钟。[①] 张光直教授有《谈"图腾"》一文,认为在中国考古学上证明图腾是相当困难的。

从上述勾勒不难看出,北方草原究竟是否就有"狼图腾"。如果有,是何时形成的、怎样表现等等,都是需考察和界定的严肃学理问题。进而,"北方草原"是一个宽泛的地理概念,其不同族群和部落是否有统一的图腾信仰,并且还是被统一认可的"狼"? 若没有广泛细致的"田野工作"(field work),这是不可能找到答案的学术问题。尤其针对中国文化的内

---

① 常金仓:《二十世纪古史研究反思录》,中国社会科学出版社2005年版,第89—110页。

部复杂性和其满天星斗式的文明起源特征①,将北方作为笼统混沌一体的概念与中原相区别,从某种层面讲,这种叙事本身就可能是一种学理遮蔽。例如《狼图腾》的结尾通过该书的中心人物的议论得出结论:"中华民族的祖先是游牧民族而非农耕民族,与此相应,中华民族的最早图腾是'狼图腾'而非'龙图腾',而汉人之所以恨狼、骂狼、丑化狼,用狼来定义残忍、邪恶,就在于汉族文化逐渐取代游牧文化,中国人身上的狼性也随之逐渐被羊性所取代。"

也许正因这种遮蔽,《狼图腾》在热销的同时,也自然引起了一些负面评论。例如德国汉学家顾彬评价道:"《狼图腾》对我们德国人来说是法西斯主义,这本书让中国丢脸。"据有关报道,《狼图腾》被用作黑帮教科书。某黑社会老大要求手下必读《狼图腾》并交流读书心得。他一方面教育成员忠于自己,忠于组织;一方面给手下灌输"只有血腥的暴力掠夺才是生存之道"的"文化观念"。引用某著名文学评论家发表在《争鸣》杂志上的评语:"《狼图腾》崇拜的是狭隘而狂热的独裁民族主义的产物,它淹没了人类的共同价值,泯灭了起码的正义感和同情心,混淆自由与独裁、人性和反人性、善与恶、真与假、文明与野蛮之间的实质性区别,它的唯一的情感是气血与仇恨,唯一表达的是谩骂与宣泄,唯一表情是猥亵与狰狞,所以崇拜狼图腾的民族将万劫不复。"

当然,作为一部蕴含文学性和思想性的小说,不具备缜密学理和细致推延乃情有可原,这与不能要求每一个学院派学者都能从事成功的小说创作是一个道理。只能说,在诚挚的创作之心下,《狼图腾》最大特征是借用了"图腾"这一学术符号,从而为小说增添神圣感和使命感,也激发了眼球效应,是一种符号化的成功创作形式。

2."狼"符号的陌生化与对比效果。

再看小说的核心词汇"狼",也是一个颇具匠心的符号,围绕它,世界各国各民族的民间文学早已积淀出丰富的表现传统,作者以非主流的反叛姿态,成功掀起一股非同凡响的"狼文化"和"狼效应"热潮。

---

① 可参阅苏秉琦:《中国文明起源新探》,生活·读书·新知三联书店1999年版。

在一般人的常识中,狼更多是一种贪婪、残暴、凶狠的动物。它们桀骜不驯、孤僻边远,所以齐秦的成名曲也借用狼——《我是一匹来自北方的狼》——来衬托自己的形象定位与演绎风格。相对于其他被熟知的动物,狼总是让人感到陌生和惧怕。《狼图腾》一书则巧妙地运用这种常识心理,不仅在书名上,而且在整个行文中都赋以狼不同的属性和精神价值。

《狼图腾》中的狼,是团结、智慧、自尊的代表,更是一种具有生命力和创造性文化的隐喻。这种"狼文化"内涵与读者的"先入为主"观念形成巨大的落差感,从而能吸引读者不断地阅读、参照和反思。进而形成三组衍生性文化符号对比,让作品具有很强的思想冲击力和争鸣点,即狼性 PK 羊性、农耕文化 PK 草原文化、现代性 PK 反思现代性。

用某著名文学评论家的话说:"狼性"和"羊性"之对比为其主要观念框架,其每一篇章前面都要"引经据典"(这属于最为"轻飘失实"的第一重证据"文字记载")——《史记》《汉书》《资治通鉴》等,还有陈寅恪、范文澜等现代著名史学家的观点、论述,其还拉入了法国人和英国人的史论,真可谓古今中外地为"狼文化"寻找正统的合法性。《狼图腾》创作源自于对草原功能、游牧文化的眷恋与思索,以及对温柔敦厚"绵羊习性"的抨击。先说对草原功能的界定,作者认为草原最大的功能不是生产牛羊肉,它最重要的功能是生态屏障,第二个功能是民族文化的摇篮,第三个功能是人类智慧的土壤。我们因为生产牛羊肉把最主要的功能丧失了,保护草原才最为重要。因而在《狼图腾》里有不少篇章用来描绘草原的原生态,这些铺垫渲染其实都是为了"引狼出洞",并为其提供"训练场""搏杀场""屠宰场"。其次,再来透析作者心目中的游牧文化,作者认为游牧文化因为它的流动产生了一系列的文化,其有三个特性。一是流动性,来回走,这是暗来明去流浪野狼的狡猾本性。二是集体性,集体化、群体劳作,这是众志成城狼性团队的合群秉性。三是和大自然融合在一起。游牧民把水草放在第一位,把牲畜放在第二位,把自己放在第三位,昭示了狼"进可攻退可守"的优越性,狼作为食物链条上的肉食动物,向下可吃食草动物,向上可吃比自己庞大的肉食动物,包括人。最后,再来说说其对"绵羊习性"的唾弃,作者认为成吉思汗能随心所欲地将蒙古国的版图扩大、俄国沙皇能接二连三地征服世界,正是因为他们骨子里流淌着狼性血液、狼性精神。作者认为,在我们伟大民族复兴、市场经济竞争日趋激化的今天,应当发扬狼的精神,以狼的独立和尊严,以狼的进取和不屈,去丰富和完善人的精神品格和魅力。这正是该书的重要主题。由于人对草原资源的无限索取和不断开垦,对狼的偏见和草原生物链的破坏,使得后代人不得不付出沉重的环境代价,这是该书的主题之二。狼的精神和图腾,早期的游牧民族对狼这个令人敬佩的对手的崇拜,是中华民族的文化源流之一。

在上述文化性的价值对比中,《狼图腾》自然能让读者对中华文明发展的跌宕起伏做出深思。作品成功地穿插进"知青""大跃进"等敏感历史符号,让小说能打动不同读者,既契合现代都市生存法则,又能激起人文情怀、历史感和使命感。作为文学作品,它的情节性和离奇性也符合电影翻拍的要求。例如狼的每一次侦察、布阵、伏击、奇袭等高超战术。在这些符号的成功运用和衍生下,《狼图腾》成为文化热销品,而成功的市场营销策略,则进一步确保了它的品牌价值。

(二)《狼图腾》的经济效应和市场策略

《狼图腾》1971年起腹稿于内蒙古锡林郭勒盟东乌珠穆沁草原,1997年初稿于北京,2003年岁末定稿于北京,2004年4月出版。首次出版即一飞冲天,攀升销售排行榜首位,一年发行超百万,成为中国最畅销书籍。之后摘取各类新老传媒图书大奖并连续三年高居各大书城畅销书排行榜前十位,2007年11月获首届旨在表彰英文版亚洲文学的"曼氏亚洲文学"大奖,深受学生、白领、金领以及历史文化爱好者们的推崇,市场热卖高达几百万册。至于街头地摊的盗版书数量已经无法统计。

2008年以后,《狼图腾》以10%的版税收入、10万美元的预付款被买断英文版权,在版权输出方面创下我国图书贸易版税收入的最高值,在中国作家图书版权输出中史无前例。这一成功案例在我国版权对外输出史上具有里程碑意义。被买断全球英文版权的《狼图腾》上演全球版"狼来了"。届时110个国家和地区将看到美国、澳大利亚和英国三个版本的英文版。实际上,除英文外,《狼图腾》的海外版权已签约近30种语言,覆盖了几乎所有的发达国家和发展中国家。据《狼图腾》策划人、长江文艺出版社北京图书中心总编辑安波舜预测,单是纸质图书,《狼图腾》将创造至少1.5亿美元销售码洋。

《狼图腾》除了图书的收益外,另一个收益来源就是影视制作。东京一家公司以30万美元拿下日本动漫发行权,北京紫金城影业以100万元购得影视改编权后欲筹资10亿元将《狼图腾》打造成好莱坞大片。目前,《狼图腾》的影视、动画、连载、旅游等深度开发项目正在陆续进行,光是电影版权初期谈判,美国好莱坞投资方投资额将达1亿至1.5亿美元。这样算下来,《狼图腾》会产生5亿美元规模效应。具体说来,除了作品本身魅力之外,还有什么样的市场推广方式,让这部文学性备受争议的小说获得如此广泛的传播效应呢?

1. 名人推荐

包装策划团队在分析了《狼图腾》的特点之后,认为狼的精神对塑造企业和民族文化有所帮助,所以,就请提倡"与狼共舞必先为狼"的海尔CEO张瑞敏、以末位淘汰管理著称的潘石屹和苍狼乐队的蒙古歌手腾格尔提意见,让央视《动物世界》栏目的解说者赵忠祥等阐发人与自然的关系……这些名人推荐的反响自然不俗,可称为"符号叠加"的滚雪球效应。

2. 集体团购

图书发行后,读者反映比较正面。有不少企业、部队、公司培训和MBA教程班,都进行了大批量的团购。各地的畅销书榜,它都高居榜首。主管发行的负责人及时筹划组织市场,进行动态的销售管理,对《狼图腾》的发行起了关键作用。公关人员随时跟踪媒体反应,有效地监控舆论导向,使图书宣传始终稳而不乱,产生连锁效应。正是这些努力,才使该书成为持久的畅销书,已销售几百万册。

3. 海外宣传

小说出版后,推广小组按照国际惯例,向外国出版机构介绍《狼图腾》,利用北京举办2008年奥运会的契机,从各个角度介绍中国文化;主动向德国《南德意志报》、意大利《意大利邮报》、英国《泰晤士报》、美国《纽约时报》等海外主流媒体投稿宣传,结果引来诸多国际大出版社的关注。其中,全世界最大出版社之一的企鹅集团与该出版社签约全球英文版权之后,其竞争对手德国的贝塔斯曼也积极寻找能够全球发行的中国图书,其带来的连锁效应不可低估。

4. 媒体热评

《新周刊》第185期"中国阅读贡献榜"上,将仅仅出版4个月的《狼图腾》,评价为自2003年7月至2004年7月唯一一部对国民有重要阅读价值的书;在由《新周刊》、新浪等媒体评选的2004年最有影响的图书中,《狼图腾》为第一名;北京新华书店2004年年末最有人气的图书评选中,该书又位居榜首。Google可以搜索到有关《狼图腾》的词条为35万多条,内容可以分为三类:①各种报纸、杂志的评论报道;②各种专业网站的有关内容方面的节选和连载;③大量的网友讨论和互相推荐留言。

应该说,作为一部通俗小说,《狼图腾》能引发这样的思想张力和热卖程度,已经足够了。然而,作为学术问题,如果有了上述关于文化和历史的思考,那么问题才刚刚得到一些片面呈现。一般而言,学术界往往轻视通俗大众的阅读和思考需要。而大众,尤其是那些对历史文化有兴趣的白领、金领和"小资"们又排斥或无奈于学术的高深与云山雾绕。如何让上述问题能在不同程度得到学术界回应?即从不同方面勾勒图腾、中华文化的多元性起源、反思现代性等等?这些貌似不可完成的任务,却恰恰在《熊图腾》一书中有深刻回应。

二、《熊图腾》的去符号化及思想力

据《中华读书报》消息,因《狼图腾》引发的关于"狼族精神"的争论在社会各界展开,该书持续高居各大图书榜单前茅,很多教师、家长希望学生、子女也能一读此书。为了让更多的小读者领略"狼道"精神,出版方与作者又专门为儿童特别打造了《狼图腾》少儿版《小狼小狼》。然而,在《狼图腾》的符号传播策略的成功背后,还潜伏着若干重要的是非问题、价值导向问题,不可不辨。比如张扬和散播"狼性文化",是否妥当?《狼图腾》本身并非是在讲"狼"的"图腾"问题,它是对二者的再符号化,那北方民族的古老图腾真相究竟是怎样的?去掉今天人的符号化扮演,回到历史纵横去挖掘本来的真相和内部肌理,这正是《熊图腾》一书的精深之处。

《熊图腾》问世后,也受到社会各界关注,在全球掀起了"寻宗探祖"熊氏源起探秘浪潮。"熊图腾"在旅游界、考古界、文物界、收藏界、美术界、人文研究界之间架起了沟通的桥梁。世人将被自己熟视无睹的散乱于欧亚美三大洲的"熊符号"重新拾掇了起来,顿悟"熊图腾"的灵魂和命脉,如何通过黄帝有熊氏进入华夏文明。《熊图腾》还引发中外文化界与学界的广泛争议,在国内引发了中国人到底是龙的传人,还是熊的传人的热议。在国外,韩国学者极力主张"熊图腾"的发源地在韩国,并不惜笔墨来阐发种种理由。韩国主流媒体韩联社率先发文,针对《熊图腾》的观点提出批评,随后两三年间已经有多部韩文专著针对《熊图腾》的黄帝熊图腾始源说展开反驳。韩国媒体甚至认为《熊图腾》作者的身份是中国社会科学院研究员,这项研究的初衷或是中国政府方面的授意,要借黄帝文化寻根问题和韩国争夺古老的文化资源。2009年9月,韩国最大的报纸《中央日报》在首尔的总部对《熊图腾》作者进行专访,邀请韩国著名神话学家、梨花女子大学的郑在书教授展开双边对话,就《熊图腾》的研究和写作背景进行澄清性对话,并将专访和对话刊发在同年9月15日《中央日报》专版上。目前,关于《熊图腾》的学术争议仍然在韩国媒体界持续升温。

令人费解的是,国内学界和媒体对此虽有关注,但远未达到对文化祖根敬奉如命的韩国人的热烈程度。参照韩剧《大长今》在中国放映期间的万人空巷效应,中韩之间的文化贸易失衡现象,足以引起国人的注意。

那么,《熊图腾》的魅力究竟何在?作者探寻中华祖先文化之根的大胆尝试具有怎样的启发本土文化自觉之效果呢?

(一)《熊图腾》的去符号化和深层探寻

叶舒宪教授的《熊图腾——中华祖先神话探源》,由上海文艺出版社2007年出版。这是一本通过"第三、四重证据"研究方法,从汉字文本返回考古实物本身,从学院派理论演绎跃进到实证考据,为的是揭示黄帝号"有熊"的文化秘密,破解来自大自然的熊何时和怎样进入中国文化的传统之谜。作者要揭示熊是如何被先民赋予信仰意义、宗教价值和神话想象的。更重要的是从欧亚美三大洲的广阔背景中揭示"熊图腾文化"的普遍性和共性。叶教授在一年之中,五出长城、两下长江,国内行程两三万公里,国外考察里程难以统计。叶教授长年累月沉浸于充满神秘却又有无限诱惑的探秘之旅:去长城外的牛河梁朝圣,发掘被遗忘的内蒙古林西县石熊,探寻没有熊的国度的熊图腾,倾听欧亚大陆的熊祖神话……叶教授从上万张独家拍摄收藏的图片库中精选了500余幅图片为世人解读中华文明的开创初期一个充满玄机、鲜为人知的神秘密码——熊图腾,纪实性的悬念迭起,丰富的知识含量,大量的珍稀图片,让世人身临其境、感同身受地体悟华夏祖先的源起之路。

众所周知,熊姓出自黄帝,而比黄帝更早的人文初祖还有伏羲。依据众多史料记载,伏羲号"黄熊"、黄帝号"有熊",黄帝后裔楚国的历代君王也均以"熊"为圣号,这个家族是以"熊"为崇拜物的氏族文化为祖根的。我们知道,从"熊图腾"氏族分支出来的姓氏占现在我国百家姓中的相当比例。熊姓亦是从"熊图腾"氏族分支出来的姓氏。然而,令人非常遗憾的是,经过了几千年的演变,我们的社会在经济与科技等方面都得到了长足发展的同时,本土的传统文化却几乎丢失殆尽。华夏的祖先源自何方、孕自何物?炎黄后裔当初信奉的祖根究竟是虚构生物龙的传人?还是熊的传人?随着时代变迁和社会演变,这一谜团越滚越大。为了揭开这一困扰世人好几十个世纪的谜团,以神话学见长的人文学者叶舒宪先生肩负使命、敢为人先、潜心研究熊图腾文化的史前源流,为的是揭开"中华祖先起源"的谜底熊图腾有源有头、浑然天成、四重证据、有理有据,天上地下、阴阳结合,国内国外、一脉相承,官方民间、血脉相连。所谓"俗",是指《熊图腾》本身所能具有的文化唤醒能力和符号经济空间;所谓"雅",则指《熊图腾》所包含的深刻学术理念与探索旨趣。

(二)雅俗共赏的适应性和学术理念

1.文化资本和符号市场推广潜力。

在现代人的日常语境中,"猪""熊"之类动物是笨重、愚蠢的代名词,是骂人常用的口语。就连股市下跌也叫"熊市"。当代的日常贬词和远古的尊崇仰拜之间的鲜明对照,实在是《熊图腾》诱人的话头。其实,提起中华民族祖先黄帝就想起熊,散布全球的"熊氏家族"一递上名片就知道是

"熊氏后代",在博物馆看到中国古玉器研究会展出的"春秋大玉熊",看到"熊戏螭与凤玉佩",看到红山文化的"玉熊龙"等稀世珍品,令人自然想到"熊文化"曾经的辉煌。我们到中原旅游,去新郑的黄帝故里祭祖,未入门先见双熊石雕像,入里仍见"熊足大鼎"。即便是远至南国的广州,南越王墓出土器物形象中仍然不乏神熊身影。这些符号载体都暗示着"熊图腾"的文化记忆,依稀贯通着古今的时空,若隐若现。当我们看到辽宁出土的牛河梁女神头像被尊为"中华共祖",看到当代狩猎民族赫哲人的鱼皮制熊图腾偶像,自然会察觉到熊图腾文化从华夏主流到边缘化的迹象。当我们欣赏日本19世纪的名画《阿伊努人熊宴》以及法国南部洞穴壁画《双熊出穴》等,我们不禁要为熊图腾文化的深厚和博大而心驰神往。当我们关注《熊图腾》所引发的中韩"檀君神话争夺战",不难体会出《熊图腾》国际化的影响力。当我们参加世界各地民族举行的"熊节"活动,就坚信《熊图腾》揭示出的文化血脉依旧在当今强劲地跳动,并能够世代相传。看到自然界或是动物园里的北极熊、黑熊、棕熊以及中国的国宝大熊猫,我们确信借助于《熊图腾》的启迪,自然与文化间的联系将永远同在。《熊图腾》文化的形式本身也就是其内容,内容也就是其形式。这就是无法比拟的《熊图腾》"不宣而传""不告而知"的魅力所在。总之,《熊图腾》以证据来发微索隐,彰显文化底蕴。如果能够得到文化创意方面的再开发,贯通"学、娱、衣、食、住、行、游、玩"等产业链,想必一部学术著作,也会获得发掘释放文化资本能量的契机吧。

笔者认为,作为学术书的《熊图腾》虽然根植于研究探索本身,去掉符号化和虚构性,然而它仍然具有很强的市场推广潜力,这也正可谓是以学术驱动符号经济。具体而言,即将在图书出版发行、版权贸易(通俗性的《熊图腾的秘密是怎样揭开的》一书正在创作之中)、影视制作(电影《熊图腾》若开拍,其符号传播力和文化张力将是可以预期的),以及旅游(在全球开发熊图腾寻宗探祖旅旅热线,整合与熊图腾文化关联的景点、博物馆、美术馆等资源)、娱乐(开发熊图腾的动漫、游戏产品)、收藏、美术、文化等领域催生巨大的文化产业,带动一系列相关产业的发展。围绕《熊图腾》

文化打造的符号经济市场潜力巨大、市场前景十分广阔,其所对应的目标顾客群保有数量不计其数,仅仅生活在全球的"熊氏家族"就成千上万,其关联的姓氏家族更是过千万。这些数不胜数的沉睡中的消费群体一旦被《熊图腾》符号所唤醒、激活,其市场回报值将超乎想象。

2.《熊图腾》的文化探源与学术创新。

《熊图腾》这一研究课题牵涉面较广、素材散乱分布于世界各地,收集起来十分困难。目前"地球村"内各族文化的差异显著,学术研究要做到公信权威地解读破译相当困难。倘若再因循守旧、沿用过去那种闭门造车、引经据典、形而上学的研究方式,必然难以出新。为了避免以讹传讹、无中生有的"臆想+虚构+捏造+幻象"的"纸上谈熊"的做法,叶舒宪先生决定自我突破、超越自我,采用了自己从未尝试过的写作形式,希望通过"信、雅、达"有凭据可视化的形式,把探索和思考的过程,真实而饶有趣味地呈现给世人。援引作者的话:"熊图腾产生于史前,少有文字记载,所以仅凭文字证据远远不够,我是采用四重证据法。'文字记载':第一重;'甲骨金文':第二重;'民族志和民俗':第三重;'图片影像和实地实物':第四重。和大多数学者注重文字不同,我更注重第三、四重证据。"

例如在探索"秦人崇拜熊吗?"这一有趣问题时,作者融合历史与考古的宏观视野,从秦人图腾的溯源问题,讲到史前期北方游猎文化与中原农耕文化的联系与互动。又以新材料和新视野修正和补充当年傅斯年先生考察中国文明发生所提出的著名假说"夷夏东西说"。甚至说到,熊图腾信仰及其神话叙事,乃是联结"黄帝—华夏民族"与"朝鲜—韩民族"远古文化记忆的共同纽带。文献记载加之人种学推论,新的考古发现辅之以大胆的人类文化学想象,使得读者始终在新意纷呈、引人入胜中畅游。

本着四重证据法的学术理念,《熊图腾》取材于欧亚美三大洲广阔的文化背景,作者先从探询牛河梁熊头骨之谜起,到从考古材料剖析中国史前熊女神,到探悉辽阔的北方布里亚特和达尔哈特人的祭熊仪式以及世代相传的"人熊接触"的民间故事,到探析俄国学者地理学家卡扎罗夫于19世纪末在漠南蒙古地区旅行时记录了一则柴达木盆地的蒙古人把熊作为自己祖先的故事,到探究欧洲古芬兰的卡累利阿人、莱呵米人、亚洲的埃文基(通古斯)人、优卡吉尔人、鄂伦春人、鄂温克人都普遍存在着十分相近的熊崇拜习俗,再到探寻西伯利亚的吉利亚克人每年举行依次杀熊分食熊肉的节日的由来,由此得知类似风俗都与图腾崇拜的宗教活动有关。为条分缕析地解读印第安人的图腾制度,作者尽可能深入一线获取直接的素材,然后通过文化人类学的"原型—神话—仪式—图腾"等四位一体的研究体系进行比较对照剖析,去粗取精,去伪存真,最终完成了言之有序、言之有物、言之有理的《熊图腾》。

正如前文对《狼图腾》的分析,作者借用"狼"的图腾符号来形成几组文化对比,从而给读者带来许多思考。例如:当年区区十几万蒙古骑兵为什么能够横扫欧亚大陆?中华民族今日辽阔疆土由来的深层原因?历史上究竟是华夏文明征服了游牧民族,还是游牧民族一次次为汉民族输血才使中华文明得以延续?现代"发展观"中的发展必然是以毁灭自然为代价等等。更深层的问题在于,究竟什么是图腾文化?我们又该用什么资源反思现代性的"发展"理念?

用《熊图腾》的话来说,"本书可以说是对四重证据研究方法的进一步尝试:在汉语书写文本的非常有限的记录之外去寻求新的直观材料,试图重构出一个失落已久的熊神崇拜传统的线索",而寻找这一"失落的传统"就是为了用非现代性文明方式来参照现代发展观,尤其通过剖析女神信仰来对比当下的文化主流,从而在历史学和人类学的坚实土壤中反思现代性弊端。中华文明源远流长,形成华夏礼乐正统文化后,尤其强调"天人合一",距今近3000年。资本主义则是近500年以来从地中海地区发展而来,以金融和军事技术为核心,向世界扩张的体系。当资本主义生产方式面临危机,人类精神家园面临荒芜之时,中国几千年文明需要内部反思、梳理与澄清。《熊图腾》的写作就是具有这些厚重价值诉求的尝试。此外我们也需要从中找到对这500年世界文明发展有所弥补、替代性的思想因子。《熊图腾》带领我们回溯到农耕时代之前的荒古时代。人类狩猎生活的历史有上百万年,其可持续性最为明显。人类发明农业以来的历史一万年而已,其可持续性也毋庸置疑。唯有工业化的资本主义,区区几百年,眼下已经露出不可持续的严重危机。回顾人熊相伴的狩猎时代,其熊图腾神话所蕴含的循环经济理念,突出人与自然之间的依存关系,以及对动物神圣性的敬畏,这都足以重新教导和告慰疲于奔命的现代人。

我们的学术和大众,确实需要这样有救急疗效的精神产品。

中编

民族文化的符号经济之路

"七夕"文化的符号经济[①]

叶舒宪

一、从符号经济看"七夕"文化资本

人是世界上唯一的文化动物(cultural animal)或符号动物(symbolic animal)。可是,文化和符号从来也没有像今天这样为人所重视。从学理上看,20世纪的人类学帮助人们明确了一个道理,那就是:"一切的文化,除了物质的形式之外,都是以符号的形式而存在的。"[②]此外,20世纪以来的人类生活现状,更是昭示了符号对于社会文化的决定性地位。20世纪后期,人类在现代性危机的警示之下,在形形色色的暴力冲突、战争、种族灭绝与艾滋病、疯牛病等人为灾害与自我毁灭的惨痛洗礼中,在一片不可能持续生存的焦虑与惶恐的逼迫下,开始寻找替代工业革命以来流行了几个世纪的产业模式,希望变革资本主义现代性以来曾经被认为是文明与进步之榜样、全球发展楷模的物质生产与生活方式。越来越多的人意识到,

---

[①] 本文为2005年8月12日(农历七月七日)"中国·周庄七夕文化国际研讨会"参会论文。
[②] 俞建章、叶舒宪:《符号:语言与艺术》,上海人民出版社1988年版,第1—29页。

在一个人口爆炸、资源枯竭与能源短缺制约经济增长与社会总体发展前景的严酷时代,在有限的自然资源总量储备与更加有限的环境承受能力的双重限制下,旧的经济增长方式已经难以为继,而符号经济是目前已知的最有效的替代性选择。

符号经济又称非物质经济,它率先在第一世界国家迅猛兴起,给整个世界经济与文化格局带来全新的大变革。有学者甚至预测说,随着后现代的消费社会在全球蔓延,一场以消费社会的需求为牵引的符号经济的革命正在成为自工业革命以来意义最重大也最深远的人类社会转型。符号经济的最大特点不外乎有三:其一是神话般的惊人效益;其二是基本不消耗自然资源和高度节能;其三是高度环保。看看西方著名的"水城"威尼斯,就不难发现那里根本看不到代表现代生产方式的大烟囱。以旅游品牌和文化产品附加值开发为特色的地方经济,正好可以将被现代性所消灭掉了的诗意的生存方式重新还给人们。周庄古镇和许多类似的富有江南特色的古城镇,如果能够有效地保持其建筑与生态的传统特色,完全有条件成为"东方水城"的活标本。由于临近东方第一大城市上海的交通便利,再加上本土文化深厚的民俗资源的再开发,足以使周庄成为当代中国旅游观光、民俗展示、影视创作和美术实习的多功能基地。而"七夕"节作为非物质文化遗产,如果能够有效地融入整个地区的文化总体设计方案中来,将会使这个"东方水城"的符号获得经济倍增的契机。

更重要的还在于,除了地方经济的考虑之外,大力开展包括七夕——中国爱情节在内的文化符号研究与创意策划,对于治疗当代的信仰与精神的普遍缺失,民众盲目追星与极度崇洋等不正常的心灵迷狂现象,启发民族文化自觉,打造真正具有国际竞争力的民族文化品牌,都具有非常现实的意义。作为非物质文化遗产,"七夕"的符号价值无疑昭示着一个非常诱人的文化金矿,一种在符号经济勃兴的时代既可以引领文化自觉与创新,又可以实现惊人的起拉动作用的宝贵资源。

然而,若要真正运用"七夕"的符号价值,其根本前提就是从学术上给予理解和阐释。在学科分科堡垒意识以及"现代—传统"的隔阂观念下,目前甚至连这一步都难以充分完成。下文先对"七夕"节的文化渊源、文化建构做分析,再对其文化附加值给予学术性的提示。

二、"七夕"文化溯源和符号寓意

(一)"七夕"之源:仪式历法及星象之学

在20世纪初,出现过一个人文研究的"剑桥学派",又称"仪式学派"。其基本主张是神话以及以神话为源头的文学,实际上产生于仪式文化人类学对众多的无文字社会的仪式研究,打开了西方知识界重新认识古希腊文学与文化的仪式根源的眼界,拓展出一种从仪式活动来考察宗教、信仰宇宙观的新思考空间。仪式历法,也就是在这样的背景中凸现出其贯通古人的知识、世界观与生活实践的强大铸塑作用。仪式历法是怎样产生的呢?

从远古狩猎时代开始,在人们还没有现成的历书和年历可以翻阅参考的情况下,按照固定的时间周期举行的社会性仪式活动,就起到了历法规则的作用。到农耕时代,对于任何一个农业社会来说,最重要的大事就是及时把握耕种和收获的农时节奏。所以自从一万年前,人类开始学习农耕生产方式,也就同时开始了所谓"观象授时"的节气历法实践。年复一年地观天象以获得时间和时节的信息,使得人们对星象及其规则变化有了非常精细的认识。神话想象的作用又使星象具有了拟人化、人格化或者动物化的表象。不论是中国的织女星、牛郎星,还是西方的大熊星座、猎户座、射手座之类的名目,都是星象在这种神话类比联想作用下的生动表现。中国文献最早提及牛郎织女的是《诗经·小雅·大东》。从这诗的表现看,二者之间的爱情离合的情节还不清楚,我们只知道他们是银河边的两个拟人化的星座名称:

维天有汉,监亦有光。
跂彼织女,终日七襄。
虽则七襄,不成报章。
睆彼牵牛,不以服箱。

六朝殷芸的《小说》中,出现了相对完整的牛女故事:

> 天河之东有织女,天帝之子也。年年机杼劳役,织成云锦天衣。帝怜其独处,许嫁河西牵牛郎,嫁后遂废织纴。天帝怒,责令归河东,但使一年一度相会。

天河东西各方的女主人公和男主人公,究竟承载着什么样的天文历法意蕴呢?要回答这个疑问,需要理解上古天文知识中的二十八宿信仰。

"宿"与"舍"同义,就是停宿、住宿的意思。二十八宿,指的是古人心目中日月五星在天上运行的临时住所。按照东南西北四方来划分,每一方有七个住所,分别叫作东方七宿、南方七宿、西方七宿和北方七宿。与四象和四季相配合,则有东宫苍龙七宿:角、亢、氐、房、心、尾、箕;西宫白虎七宿:奎、娄、胃、昴、毕、觜、参;南宫朱雀七宿:井、鬼、柳、星、张、翼、轸;北宫玄武七宿:斗、牛、女、虚、危、室、壁。虽然这里出现了"牛"和"女"的名称,但是不能将二者等同于牛郎星和织女星。其中,和牛郎(河鼓)、织女二星的位置关系最近的是牛宿。牛宿有六星,六星联起来形状如同牛头上长着牛角。女宿四星,形如簸箕,附近有十二国星、离珠五星、败瓜五星、瓠瓜五星等。《诗经·七月》有"七月食瓜,八月断壶"一说,可知秋季到来与采摘瓜果葫芦一类物候植物密切相关,也是"败瓜""瓠瓜"一类星名的农事意蕴所在。虚宿周围有哭星、泣星,听起来就给人不祥之感。因为虚星主秋,包含着万物肃杀的意味。随后的危宿,就更不用说了。有学者认为"危"的名称表明古人在深秋临冬时节内心的不安。危宿之后的室宿和壁宿,似乎都在暗示为了度过寒冬,人们要如何小心关注给自己挡风避寒的居住之所。

至于为何强调"七",则源于对"七"与"七日"的神秘性体认,尤其在于由实践仪式历法的远古时代所遗留下来的神秘数字传统。

一年之中有两个月的第七天最为重要,而且这两个第七天又是巧妙地呈现为规则性的对应特征的,那就是正月七日为"人日"的礼俗和七月七日为"七夕乞巧节"的礼俗。下面对此二种做简要介绍。

首先,"人日"与"七夕"的对应处在于——二者的时间间隔恰好是半年。一年之中最重要的日子,莫过于春节和秋节。因为古人并没有四季观念,只有两季。换言之,他们最初不知道夏和冬的概念。春种秋收的生活节奏完全对应着草木一岁一枯荣的大自然的生命循环节奏。

《诗经·豳风》里还有一首著名的农事诗,题目就是《七月》。为什么反反复复地唱"七月"如何,"八月"或者"九月"又如何？为什么不从其他月份开始唱呢？因为七月是一年之中最重要的季节转换时节,也就是说古人只知道的两个季节的转换,即从春季到秋季。按照初民的阴阳消长互动的宇宙哲学,两大季节的变换也就是自然的阴阳两大元素此消彼长的结果。秋季转到春季是由于阳气生长壮大,压倒了阴气;而春季转到秋季则是由于阴气生长壮大,逐渐盖过了阳气。所以古人有一种季节性的性别情绪变动观念,所谓"春女悲,秋士哀"的观念,就是如此。在阳气兴盛并压倒阴气的春季,属阳的男性是得其天时的,属阴的女性则是不得天时的;而到了阴盛阳衰的秋季,情况恰好反过来,是该轮到男性感到悲哀的时候了。古人习惯所说的"伤春悲秋",如果仔细辨析的话,显然会看出微妙的性别差异。

"春日迟迟,采蘩祁祁,女心伤悲,殆及公子同归。"《七月》里所唱的歌词,分明体现出"春女悲"的季节性情绪波动。

其次,再看七月七日为"七夕乞巧节"的礼俗。为什么"七夕乞巧"这样真正属于女性自己的节日,恰好被确定在一年内阴气抬头阳气衰减的初秋时节？我们从上述仪式历法和阴阳宇宙观的角度去理解,就顺理成章了。

在《诗经》的《氓》一首中,女主人公拒绝了前来求婚的男子,提出"秋以为期"的要求,看来不是出于偶然吧。在《匏有苦叶》一首中,女子也明确提出"士如归妻,迨冰未泮"的期限,也就是秋季还没有冰冻的时候。由此可见,秋季为什么成为女性真正的节日。保留古代的仪式历法习俗最重要的一部书《荆楚岁时记》,是同时重视人日和七夕的见证。新春之际人日的礼俗活动,为的是按照仪式历法精神,来追忆和庆祝开天辟地时的第七日,因为那是造人的纪念日。初秋之际的七月七则是女性的节日,少女的节日。这一天的规定礼俗是乞巧,而乞巧的实质在于婚礼上对女方的仪式考验节日。而"春女悲,秋士哀"的原因是宇宙之间的阴阳两大力量的消长发生了实质性的变化,所以任凭牛郎多么的虔诚与忠心,都无法在七夕的阴盛阳衰时节追上飘然而去的织女。汉字"婚"的造字表象就是一天之中的特殊时刻——黄昏,也就是太阳落下阴间之时。由于这标志着宇宙的阳性力量与阴性力量的结合,所以也是人间的男女两性缔结良缘的时刻。"婚"这个从"女"和"昏"的组合字形,已经把先民的天人合一思想体现得淋漓尽致。而作为仪式的婚礼,则将伐式历法的实践特色和盘托出了。宇宙大自然的节律,两个季节的循环时间观,决定了一年之中最重要的事情安排。所谓天人合一,说的也就是如何调整人的社会活动,使之对应吻合大自然的时间节律。

无论是七夕乞巧风俗,还是织女勇敢渡过天河的举动,都充分表明这是一个源自女神文明时代的异常古老的仪式历法,也表明秋季何以对女方来讲是婚配结合的最佳期。这就是我们从流传已久的织女牛郎神话中解读出的新意。

(二)鹊桥与神女:"七夕"符号破译

织女是以纺织为职业特征的女子形象,牛郎是以牛耕为基础的农夫形象。我们的农业文明自古就把男耕女织作为和谐社会的理想。不过,当代考古学发现却揭示出:在标准的男耕女织的社会分工模式出现以前,我们的史前先民曾经经历过一个"女耕女织"的阶段。也就是说,当社会团体中的男性成员们还在忙着外出打猎时,是留守家园的妇女率先发现了农业种植方面的知识,并且率先掌握了农作物的培育技术。女性发明农业之后相当一段时间,她们都是农业生产的主角。后来男人们才逐渐放弃狩猎生活,加入农业生产中来。与史前的"女耕女织"时代相对应,在意识形态上流行的是先于男神的女神宗教和神话。考古学家在整个欧亚大陆各地的发掘表明,只供奉和崇拜女神的文明,自20000年前到5000年前曾经普遍存在。这些新的文化发现对于考察古代神话提供了前所未有的视角。下面就试着解析鹊桥这个母题。

关于鹊桥的记述最早见于汉代文献。《岁时广记》卷二十六引《淮南子》:"乌鹊填河成桥而渡织女。"汉代末年的《风俗通义》也说:"织女七夕当渡河,使鹊为桥。"

汉代的这两种说法不同:一个说乌鹊,另一个说鹊;一个说乌鹊自愿填河成桥,另一个说是织女让鹊搭桥给自己渡河用。两种说法共同的地方是:鹊只与爱情离合故事中的女主人公织女相关,而不与男主人公牛郎发生直接的关联。这一点看似无足轻重,其实却很重要。因为它表明牛郎织女故事本来的真正主角是女性一方,不是牛郎一方。使鹊搭桥填平银河的是织女,亲自走过鹊桥去会情人的还是织女。在这里,男方牛郎似乎只是一位相对被动的陪衬角色。如果不是织女的单方面努力,借助超自然力,所谓七夕相会也就没有可能了。所以我用"织女牛郎"的说法替代父权制社会中改变了性别顺序的"牛郎织女"说。以这种女性主动的认识为前提,我们可以进一步从有限的资料背后去探索失落的女神文明之信息。

我们从古诗所言"乌鹊南飞"就可以知道,鸟雀的规律性出没,其实也是一种季节变换的征兆。什么"布谷鸣春""春江水暖鸭先知",就是古人从布谷鸟和鸭子的叫声听出春季到来的信号。大雁乃至其他禽鸟飞向南方,则是秋天来临的物候。在七夕的天象中出场的银河与填河的乌鹊,其实都是秋季来临的征兆。这就是神话背后的隐情,值得今天的学人去发掘。《古今注》卷中说:"鹊,一名神女。"《说郛》卷三十一《奚囊橘柚》云:"袁伯文七月六日过高唐,遇雨宿于山家,夜梦女子甚都,自称神女。伯文欲留之,神女曰:'明日当为织女造桥,违命之辱。'伯文惊觉,天已辨色,启窗视之,有群鹊东飞。有一稍小者从窗中飞去,是以名鹊为神女也。"[①]

高唐是著名的古代艳情故事发生地。楚怀王梦遇神女的事件经过宋玉写的《高唐赋》而在文学史上传为尽人皆知的佳话。如果按照以上记载,为牛郎织女搭桥的喜鹊是来自高唐的神女所化成的,那么就可以说高唐神女就是性爱女神的置换化身。正如古希腊神话让一位阿芙罗狄忒女神(维纳斯)来主管人间性爱事物,中国的高唐神女显然也是为人间的痴男怨女之结合牵线搭桥的神秘中介角色。她所化身为鹊这个神话情节其

[①] 袁珂、周明编:《中国神话资料萃编》,四川社会科学院出版社1985年版,第117页。

实也不是那位作者偶然发明出来的,而是遵循着近万年以来的女神宗教信仰的传统——鸟女神的观念。阿芙罗狄忒的标志是一只鸽子,而在西亚、印度和地中海史前文化及早期文明的考古文物中。鸽头或者鸟头人身的女神形象屡见不鲜。

在中国,性爱方面的事情,被认为是不登大雅之堂的肮脏污秽之事,像高唐神女这样主管性爱的女神也只能以隐形的、隐喻的、半遮半掩的形式出现。所谓高唐梦、阳台梦或者巫山云雨(《红楼梦》写贾宝玉初次性爱经历,用的章回标题叫"贾宝玉初试云雨情"),都是用神女故事所发生的地点及其气象变化来隐喻性爱结合的。这在我们中国汉族文学史上形成了一种因袭不变的表现传统。隐蔽和隐藏的最终结果是把真实身份隐掉了,也就是被后人遗忘了。"鹊桥"这个神话意象,在牛郎织女神话中充当着沟通银河两岸、使天堑变通途的关键功能,关系到男女主人公是否能够相会,所以是非同小可的。这样的职能又不是所有的人间力量和智慧所可企及的,是需要借助于超自然力的。在史前女神信仰的时代,这类超自然力的代表就是女神,所以由高唐神女来化作喜鹊,让大批喜鹊的自我牺牲为牛郎织女相会创造条件,这透露出女神时代特有的神话想象是如何在父权制社会中经过变化改造而遗留后世的。其结果是女神的身份逐渐被隐去而遭遗忘,剩下的只是女神的化身动物。女神以自己的超自然神力,如何能够独自填平天空上的银河,我们在至今流传河南民间的口传神话中还可以找到实例。

乌龟变作老人,预告伏羲女娲兄妹如何藏进他的龟甲之中躲过天塌地陷、洪水滔天的宇宙浩劫。灾难过后,女娲站在伏羲的肩膀上,用兽皮筋缝好了天上的大裂缝(银河),又用五色石子填补上天空中的无数小洞(即星星)。他们兄妹二人居住在玄鼋山的玄鼋洞(又名轩辕洞)内,繁衍后代人类。上帝因为乌龟老人对人类有救命和再造之恩,特封他当了玄武星座,也就是后人供奉的玄武真君或玄武大帝。陕西长安城太极宫(隋朝大兴宫)北面的正门叫玄武门,可见古人在地上的建筑如何尊奉天人合一逻辑而规划(绝不像今人胡乱开发和随意建筑)。唐高祖次子李世民于此发动"玄武门之变"(杀死太子李建成),自己先被立为太子,随后登上皇位。唐代长安大明宫北门也叫玄武门。这个玄武门比唐太宗兵变的那个还要有名,因为唐代政治兴废的一些重要事变皆与此门有关。如唐玄宗李隆基除韦后,唐代宗李豫除张后,皆发难于此玄武门。再看北京,在城内的复兴门外,原来有真武庙,供奉玄武大帝。陕西合阳县还有玄武殿。南京的玄武湖闻名海内外,恐怕很少有人追究其得名背后的天人合一的星象学知识底蕴吧。我国南面的邻邦缅甸有情人星的传说:很久以前,一对要好的青年男女,因为出身贵贱不同,在人间不能结成夫妻,死后变成天上的两颗星星,一个住在日出前的东方天空,一个住在日落后的西方天空。每过三年他们都飞到天空的正中来相会。缅甸情人星的例子表明,用人间男女之间的爱情离合来解说天上的星移斗换的变化现象,是各个民族神话思维的特质。

三、"七夕"文化的符号价值

如上所述,"七夕"的悠久历史渊源及丰富的文化内涵,无疑昭示着一个非常诱人的文化金矿。不妨说,它是一种在符号经济勃兴的时代既可以引领文化自觉与创新,又可以实现惊人的拉动作用的宝贵资源。下面仅就管见所及,从四个方面对七夕的文化附加值给予学术性的提示。

(一)二十八宿的天文考古学与比较神话学资源

星象是神话幻想发生的一个重要源头。[①] 星象神话如何可以作为文化资本,为我们今天的符号经济所充分利用,人们在观看了雅典奥运会开幕式上人头马投掷标枪的生动形象,就会有非常直观的现实领悟。

牛郎织女的神话起源于我国农耕社会先民们的天文学想象,和希腊占星学的人马座一样,可以说都是天文转化为人文的绝佳例子。可是法国名酒借助"人头马"的超级品牌已经成为全球性的市场开拓的范例,给该酒的生产商带来了巨大的利润和不断增值的边际效应。而我们的牛郎织女呢?那么凄美而浪漫的幻想故事,如今还仅仅停留在个别的民间文学研究

---

① 科尼利厄斯、德弗鲁:《星空世界的语言》,颜可维译,中国青年出版社2001年版,第91页。

者的学术探讨范围里,甚至被痴迷于西方情人节的青年一代所遗忘。还有比这更大的学术与文化资本的浪费吗?

牛郎织女二人分别作为牵牛星与织女星的人格化形象,其构思的渊源在于古人的天文观测知识。牵牛星与织女星所属的天文星象体系被称为二十八宿,它数千年来沿用不衰,已经是人类的共同文化遗产。然而,现代以来,关于二十八宿的起源问题一直是国际学界的一大热点难题。有巴比伦起源说、印度起源说与中国起源说等多种观点。[①] 大家比较一致的看法是,世界各地的多种形式的二十八宿不大可能是各自独立产生的,而是应该有一个总的源头。最近,据我院考古学研究所冯时研究员的研究,二十八宿的起源应该在中国。经过文化交流传播到了印度,乃至欧亚大陆的其他地区。理由是:二十八宿起源于巴比伦的文献证据不足。在印度的"月站"体系中,织女取代牛宿,河鼓(牵牛)取代女宿,造成先织女而后牵牛,与中国二十八宿先牛宿后女宿的次序相反。这表明:"中国二十八宿先牛后女的次序符合公元前 3500 年以前的实际天象,这意味着两宿的确定只可能是在这一时期。同时,公元前 3500 至前 3000 年又是中国二十八宿平分黄、赤道带的理想代,因此,公元前 3000 年无疑应该视为这一体系建立的时间下限。当然,中国二十八宿体系向印度的传播不可能比这更早。"[②] 这也就是说,牛郎织女神话的天文学原型早在 5500 年至 5000 年前就已经出现了,这是比我们中华文明的传说始祖炎黄二帝还要古老的重要文化成就,其潜在的文化资本意义及其可开发的潜能都是不言自明的。

(二)神秘数字与文化象征研究

神秘数字又称模式数字,它是在某一文化传统中形成并且世代相延的象征符号。七月七日的特殊意义不用远求,就埋藏在"七"这个具有世界性的神秘数字中。由于古人所能够把握的空间总是以"东西南北上下中"(或者"前后左右下上中")为终极七方位,所以七在神话思维时代就具有了无限大、完满和周全的象征蕴含。用每年农业历法中的七月七日为男女

---

① 竺可桢:《二十八宿起源之时代与地点》,载《思想与时代》1944 年第 34 期。
② 冯时:《中国天文考古学》,社会科学文献出版社 2001 年版,第 275 页。

相会的时刻,这里当然预示着和谐、整全与完满的意义。① 围绕着"七"这个神秘数字及其相关的故事与民俗,可以有非常可观的文化创意空间。正如对 20 世纪流行影片做过系统分析的美国学者所说:"大多数而言,卖座电影的故事架构都和寓言、神话和传奇相当接近。"②"七"作为结构素,曾经给中国的汉民族文学史带来整整一大类的诗文作品,而今的文化创意人当然也能够从中找到既神奇又实惠的艺术效应与心理效应。

(三)七夕节的性别诗学研究

本来是两性之间自由相爱的超现实民间传说,却偏偏被封建时代主流意识形态所钳制和改造,不再突出执着爱情的坚贞不屈与超越性品格,而是转移到了女孩"乞巧"之类偏重性别分工与妇道伦理方面的派生民俗,这就充分表明了父权制社会对于女性的压抑与规范一面,完全可以从性别政治立场给予充分的批判和发掘,而不是一味地要求复兴与弘扬。在这方面,适当地吸取当代女性主义的理论,将会使文化中的"性别张力"得到很好的表现与再阐释。而织女作为一个被父权文化所压抑和遮蔽的天上女神形象,又完全可以在当今方兴未艾的世界性的女神复兴运动中得到充分的符号学再造。③ 当年在古希腊的众神谱系中本来不很起眼的耐克(Nike)女神,如何在今天的符号经济中脱颖而出,成为家喻户晓的品牌,其在当今的名声甚至超过了主神宙斯和赫拉。

(四)发掘"中国爱情节"的符号意义

中国文化曾经被人称为"无性文化"(孙隆基语)。在几千年的封建社会里,婚姻之外的两性交往一直被视为道德禁区。笔者曾专门考察过性爱主题在中国文化中的特殊表现形态,揭示出其梦幻化的置换变形方略。④ 七夕文化的核心是男女恋情的超越现实表达与寄托,也有学者把织女确认

---

① 参看叶舒宪、田大宪:《中国古代神秘数字》,社会科学文献出版社 1996 年版,第七章"七星悬高照"。
② 玛格丽特·马克、卡罗·S. 皮尔森:《很久很久以前:以神话原型打造深植人心的品牌》,许晋福等译,汕头大学出版社 2003 年版,第 320 页。
③ 叶舒宪:《千面女神——性别神话的象征史》,上海社会科学院出版社 2004 年版,参见导论部分。
④ 叶舒宪:《高唐神女与维纳斯:中西文化中的爱与美主题》,中国社会科学出版社 1997 年版(也可见陕西人民出版社 2005 年版)。

为中国汉族古老的爱神。① 来自天界的超自然身份的织女与一位人间的男子相恋,这是传统的羽衣升天类型的民间叙事模式所派生出的典型的人神恋故事。在文学史上,从西晋张敏《神女传》、东晋干宝《搜神记》中的董永织女故事,到元代戏曲《七夕私盟》乃至民间戏剧《天仙配》等等,该类型故事中的男主人公可以变换身份,故事细节也不尽相同,但是突出爱情的执着感动天地,以超自然的幻想手段——鹊桥相会——实现两个情侣的再结合,确实是最令人神往的故事要素。从这个传统故事中提炼出来的符号要素,对于今人自觉地"发明传统",开创性地建立中国爱情节,应该具有文化创新与商业开发的双重意义。

后现代设计学的一个核心理念就是:"以人工营造自然,以节庆代替日常。"②仅从符号经济的现实需求看,牛郎织女已经是中国老百姓家喻户晓的符号人物,以此为再造文化品牌的原型,可以省去大量的为了获取知名度而花费的前期投入及明星出场费,与这个凄美动人的爱情故事相关的民俗事项,又可以给这个品牌做推广。(参看《新消费文化剖析》的"物语行销"一节:"故事将产品和消费者联结起来,因此所有的产品都含有物语的性质。")充分发掘牛郎织女故事的再创造潜能,诸如影视艺术、民间戏曲、美术造型、环境艺术、动漫、网络游戏等,可拓展的文化空间异常广阔。若经过一段时间的努力和沉淀,能顺利形成中国爱情节的新传统,其市场前景也会是惊人的。

---

① 过伟:《爱神织女与中华情人节》,见袁学骏、薛茫茫、张竹筠主编:《七夕文化论集》,花山文艺出版社 2004 年版,第 27 页。
② 星野克美编:《新消费文化剖析》,彭德中译,(台北)远流出版公司 1992 年版。

大众文化中民歌的符号性打造[1]
——全球化语境中民族文化认同的危机及其重构

王 杰

引 言

全球化的进程正在迅速地改变国际关系和世界经济格局,在文化方面,文化的全球化进程不仅推动了文化生产方式的转型和变迁,而且在冲突与融合的文化格局中,文化认同机制及其作用在社会发展中的重要性也逐渐凸显,正在成为社会生活中的一种重要力量。在全球化的进程中和条件下,民歌这种农业文明的文化现象也发生了显著的变化与转型,通过某种方式与都市大众文化结合,发展成为一种当代文化景观,其中复杂的价值含义和社会作用值得我们认真研究和思考。对于经济相对落后和文化欠发达的弱小民族和少数民族而言,以民歌为载体的少数民族艺术在当代文化条件下具有什么样的意义?对于主流文化和强势文化而言,民歌在文化全球化格局中扮演怎样的角色,发挥什么样的作用?此类问题,都值得当代学者认真研究和思考。

鉴于此,本文以南宁国际民歌艺术节为具体个案,分析当代中国文化

---

[1] 本文原名《民歌与当代大众文化——全球化语境中民族文化认同的危机及其重构》,载《广西民族大学学报》2006 年第 6 期。现经修改后辑入本书。

格局中民歌与当代大众文化发展的关系。南宁国际民歌艺术节的文化基础是中国南方少数民族文化,特别是作为农业文明残留形态的歌圩。作为农业社会的文化制度,歌圩是原始文化遗留下来的一种世俗化的文化形式,在原始社会祭神仪式解体和消亡后,由于歌圩的存在,民歌与祭神仪式的深层文化联系得以保存下来。即便在当代社会,歌圩作为壮民族的文化仪式,其调解族群人际关系、强化民族认同、实现跨社会阶层交流和沟通的机制仍然发挥作用。南宁国际民歌艺术节为了适应大规模的文化节庆运作的要求,将原来每年农历三月三举行的传统民歌节改在秋高气爽的秋季举办,直接目的是避开春季多雨寒冷的天气。从文化生产和传播的角度看,这一改变意味深长并且影响深远,说明民歌已经脱离其自然和文化的基础,成为某种符号性文化。①

一、"南宁模式"的社会基础及其矛盾

南宁国际民歌艺术节在运作模式上采用都市大众文化主会场与乡野歌圩分会场捆绑的形式,来解决乡野民歌与当代大众文化相冲突的矛盾。即一方面保留歌圩的文化功能,保留民歌的乡野形式,发挥其民族认同机制;另一方面又凸显都市大众文化的拜物教效应和文化产业化作用。从几年来的实践情况看,作为南宁国际民歌艺术节分会场的一系列"仿歌圩"活动,因为脱离了支撑的文化基础,演变成为一种表演性的民歌演艺活动,民歌的文化认同功能被大大削弱了,在某些特殊情况下甚至成为民族认同危机的表征。② 与此同时,民间歌圩仍然以它自己的方式存在,按自己的文化逻辑去发展,在时间和空间上都与南宁国际民歌艺术节拉开了一段很大的距离,客观上成为南宁国际民歌艺术节的文化"他者"。例如2001年南宁国际民歌艺术节开幕式晚会"大地飞歌"的序歌《山歌年年唱春光》就

---

① 参阅王杰主编:《寻找母亲的仪式——南宁国际民歌艺术节的审美人类学考察》,广西师范大学出版社2004年版。
② 在2004年南宁国际民歌艺术节期间,黑衣壮村民组织和表演的节目《壮家敬酒歌》在表演上获得了成功,但却使一部分演员丧失了文化自信心,表现为宁愿去广东打工也不愿学习音乐并继续演唱黑衣壮民歌。

是直接从田野民歌中挑选并改编的作品,形式上是黑衣壮的山歌,但在内容上已经加入了许多现代元素。再例如,2004年南宁国际民歌艺术节期间的"东南亚国际时装秀"的开场节目《壮家敬酒歌》,亦直接由广西那坡县城厢镇弄文屯的农村姑娘李丽娜主唱。虽然《壮家敬酒歌》也是经过现代文化改造的,但这却是一次由村民自愿参加、主动参与编导活动的演出,村民们把演出作为塑造族群形象的重要活动来参与。①

在南宁国际民歌艺术节的跟踪调查过程中,我们发现一个有趣的现象:南宁国际民歌艺术节在用现代大众文化模式来改造传统民歌的时候,使原本危机重重、濒临消亡的山歌和民间舞蹈被重新激活,原始形态的民歌意识被重新唤醒,以流行文化"他者"的形式与南宁国际民歌艺术节平行发展。在理论上,我们可以把这种现象看作是南宁国际民歌艺术节发展起来的文化模式的一部分,将传统民歌与当代大众文化既"共振"又互为"他者"、彼此解构的文化模式,看作一种新型的大众文化模式,并可称之为"南宁模式"。经过当代大众文化改造的民歌与原生态民歌两者互为"他者",在文化全球化语境下形成当代中国民歌艺术的文化场域。民歌作为原始神话时代的一种文化形式,它的社会基础已被现代工业化社会发展所冲垮,按照雷·威廉斯的分类,属于文化构成中"剩余文化"部分。②由于特有的文化机制和审美特性,民歌传承和延续着原始文化的表达机制,以及个体与他人交流的直接性,在现代文化语境中成为一种重要的文化资源。也许正是因为民歌的这个性质和特点,自现代化进程以来,民歌与社会现代化发展构成了一种十分特殊的矛盾关系。在西方现代化进程早期阶段,华兹华斯、柯勒律治等诗人就已经发现了民歌的特殊魅力以及对现代化进程的抵抗力量,他们都自觉地在诗歌创作中加入民歌元素,使其达到对工业化社会的"陌生化效果"。也许正是在这个意义上,马克思在《资本论》中分析资本主义生产方式与某些艺术部门相敌对时,特别提到了诗歌。③ 在社会现代化进程中,民歌所包孕着的"乡愁的理念"可以成

---

① 见《南方周末》2004年11月11日版。
② 特里·伊格尔顿:《再论基础和上层建筑》,张丽芬译,见刘纲纪主编:《马克思主义美学研究》第5辑,广西师范大学出版社2001年版。
③ 《马克思恩格斯全集》第26卷(第1册),人民出版社2004年版,第296页。

为孤独人群的情感依托以及都市中异化存在的解毒剂,在某种意义上成为现代人的精神家园。自 20 世纪下半叶以来,我们可以看到,在音乐方面现代人从原始艺术和少数民族艺术中获得了大量的灵感和创作新元素,"野性思维"及其表现方式成为抵御现代化压力的强大文化力量。例如在美国文化中,黑人音乐和少数民族音乐的元素和旋律为现代文化提供了一个多元化发展的广阔空间。

在中国,民歌和民族音乐在现代化进程中一直是十分显性的文化基因,与现代化和全球化构成复杂的冲突。在这种复杂的构成中,政治力量、经济力量、民族情感、主流文化和边缘文化的力量相互交织、彼此冲突,形成十分复杂的文化结构,这是我们在分析当代中国民族艺术这个复杂的文化文本时应该十分细心辨识和区分的。

南宁国际民歌艺术节 1999 年在中国西南创办,它的背景是中国现代化进程的深入发展,开始实施西部大开发战略,广西相应地提出了建设联结中国西南部地区与太平洋距离最短的"西南大通道"。南宁国际民歌艺术节是以为南宁造势为目标设计和创办的,因此从开始就是一种政府行为,承载着十分重要的社会功能。在这样一种新的文化模式中,传统民歌和少数民族民歌获得了新的生命力,具有了不同于以往的价值与意义。经过几年的发展,南宁国际民歌艺术节已经形成将古老与现代、经典与时尚融为一体的文化风格。这种风格以混杂和拼贴为特征,实现了对民歌的"改造"或者"重新书写"。我们以南宁民歌节的标志性歌曲之一《大地飞歌》为例做一个简要的分析。

大地飞歌

郑南词　徐沛东曲

踏平了山路唱山歌,
撒开了渔网唱渔歌,
唱起了牧歌牛羊多,
多过了天上群星座座。
牡丹开了唱花歌,

> 荔枝红了唱甜歌,
> 唱起了欢歌情谊长,
> 长过刘三姐门前那条河。
>
> 唱过春歌唱秋歌,
> 唱过茶歌唱酒歌,
> 唱不尽满眼好风景,
> 好日子天天都放在歌里过。
>
> 唱过老歌唱新歌,
> 唱过情歌唱喜歌,
> 唱出今朝的好心情,
> 好歌越唱大路越宽阔。

从歌词上分析,这首歌把"歌"作为主题,通过想象使现实中难以实现的愿望在激情中以抒情和优美的形式得以表达。在我看来,这首歌的基础是想象和幻想,与一般的想象和幻想不同,《大地飞歌》借用了传统民歌的仪式化力量和文化逻辑,把想象性的因果关系作为具有现实力量的文化逻辑。然而,与古代神话的文化逻辑有所不同,《大地飞歌》的文化逻辑是以歌唱者为中心,用优美的形象来重新阐释现实的日常生活,因此审美的逻辑是其基本逻辑。

而在原始文化中,神秘的自然和威力无穷的"他者"是想象和幻想的中心和目标,原始初民们通过"神话"和"野性的思维"与超验的"他者"对话。[①] 在《大地飞歌》中,大地因"我"而"飞歌",呈现出来的是世俗欲望和世俗美。通过表达符号的置换和表征逻辑的改造,民歌与现代大众文化就以杂糅的形式结合起来。自1999年第一届南宁国际民歌艺术节以来,每年开幕式晚会都演唱这首《大地飞歌》,分别呈现过《大地飞歌》的"民族版""摇滚版""青春版"等等。在文化关系上,这些不同版本的《大地飞

---

① 参见列维－斯特劳斯:《野性的思维》,李幼蒸译,商务印书馆1987版。

歌》与黑衣壮少女们演唱的原生态山歌《山歌年年唱春光》以及与广西少数民族文化符号的多重组合,在现代大众文化所营造的氛围内构成了十分生动而丰富的文化关系,少数民族原生态民歌也就镶嵌到当代大众文化的体系中去了。在这里,传统民歌与现代化的日常生活似乎是相互融合的,民歌形态的复杂性,民歌所传递的爱情、友谊、勤劳和善良等价值,以民歌新唱的形式唱出来,也就是说,用激情和幻想加现代传媒技术的形式呈现出来,从而使日常生活本身包括少数民族族群的日常生活都发生了变化,呈现出另外一种意义。由此我们得以看到,以现代大众文化为基础改造过的民歌,在其文化结构、审美特征和社会功能等方面都发生了很大的变化。值得注意的是,这种变化的原因和依据都是非审美的。原始民歌、传统民歌、后现代大众文化民歌的价值特征及其认同模式,如下表:

要素 模式	主体	想象	他者	文化的价值	文化认同功能
神话(仪式)	神秘而万能的主体	恐怖的形式、神圣的情感	神秘而狰狞的自然	使用价值	消解自我以实现认同(崇拜)
传统民歌(以黑衣壮山歌为例)	以宗族关系为基础的集体性主体	美的形式、自由而神圣的情感	距离之外的对象	交换价值	自我与对象认同(审美)
杂糅形态的民歌(以《大地飞歌》为例)	现代社会中孤独的个体	美的形式、世俗化的情感	个体欲望的优美化投射	剩余价值	认同危机(崇高)

二、作为文化资源的民歌文化

唱歌是一种抒情性的情感表达方式,因为在歌词和旋律方面的高度形式化,歌唱可以超越现实生活中的阶级、族群、性别等各种阻隔和对立,用想象和幻想塑造情感上的共同体,以此实现情感沟通和社会交流。南宁国际民歌艺术节以现代传媒技术和都市大众文化为基础,将传统的壮民族三月三歌墟改造为"展示民族文化,促进经济发展"的文化产业平台,由此产生的变化无疑是巨大而深刻的,简单地站在非物质文化遗产的保护的角度进行批评恐怕是不妥当的[①],应该从审美关系发展变化的内在要求以及发展变化的规律,去分析和评价这样一种文化现象。

南宁国际民歌艺术节举办七年来已经确立了某种文化品牌地位,为我们研究和考察在现代化进程中,欠发达地区少数民族艺术与都市大众文化的复杂关系提供了一个个案,帮助我们分析和理解民歌这种古老的艺术形式在当代社会生活中变化和变迁的多种可能性及其意义。在头两三年,《刘三姐》和壮族山歌都是开幕式晚会最基本的民族音乐元素。例如在2001年南宁国际民歌艺术节开幕式晚会上,作为整场晚会的序曲,黑衣壮姑娘演唱的无伴奏合唱《山歌年年唱春光》,以其古朴、清新、富有神秘色彩的音乐风格打动了场内外观众,也成功地把黑衣壮山歌作为一种民族文化元素融入南宁国际民歌艺术节的符号系统中来。[②] 值得注意的是,从此以后,黑衣壮的服饰和音乐,经过某种形式的符号化,迅速成为南宁国际民歌艺术节的基本文化元素。黑衣壮山歌也从一种壮民族文化的"活化石"转变成少数民族区域社会发展变迁的一种文化资源,为广西的文化"古朴化"[③]和社会经济发展注入了一股力量。

黑衣壮山歌十分古老的农耕文明进入南宁国际民歌艺术节这个国际化的文化体系,包含了政府和民间两个方面同样十分强烈的功利性要求和

---

① 张晓农:《原生态民歌与民族文化生态保护》,载《光明日报》2006年9月9日。笔者认为,对民歌的研究和保护不能用静止的观点去看,应有历史的眼光,充分考虑其现实复杂性。
② 参阅王杰、王朝元主编:《朴素而神圣的美——黑衣壮审美文化与审美制度研究》,广西师范大学出版社2005年版。
③ 这里的"古朴化"是一个风格和类型的概念,指在后现代文化以受经济全球化条件下,经济欠发达地区少数民族的文化进入当代大众文化的方式和途径。也就是说,只有通过"古朴化"这样的机制,少数民族文化才能进入当代大众文化,成为多元格局的一种形态。

愿望。在政府方面,广西那坡县人民政府把黑衣壮作为该县的文化品牌积极推动,在黑衣壮山歌走进南宁国际民歌艺术节的过程中发挥了十分重要的作用。那坡县是中越边境的一个县,"那坡"是音译,指农田在山坡上的地方。那坡县到2003年全县人年均收入不足2000元,是典型的经济欠发达地区。那坡县的黑衣壮大约有5万人,散居在该县自然条件最为恶劣、石漠化严重的大石山区。这里的自然资源十分贫乏,自然生态严重石漠化,相对封闭的环境保存着壮民族相对完整的原始信仰、文化制度、蓝靛染织技术以及风格特殊的多声部山歌。

2004年我曾两次到那坡县城厢镇弄文屯等村寨进行田野调查,在调查中我们注意到,随着公路的开通、电视和VCD设备的普及以及手机信号的覆盖,都市大众文化和现代生活方式也涌进了曾经十分平静的黑衣壮族群日常生活中,由此唤醒了黑衣壮族群对现代化的强烈向往和渴望。黑衣壮山歌走进南宁国际民歌艺术节,强化了这种向往和渴望,使黑衣壮族群和那坡县政府看到一种新的可能性:通过黑衣壮文化品牌的提升,牵引和带动民族文化旅游业的发展,从而提高经济收入,加快社会现代化步伐。因此,在一段时间内,黑衣壮族群积极主动地发展黑衣壮山歌文化,并努力将黑衣壮山歌推向文化市场。从我们调查的材料可以证明,在社会现代化过程中,特别是在全球化的强大压力下,黑衣壮族群原有的文化制度及其民族认同机制受到强烈冲击而趋向瓦解;黑衣壮山歌在南宁国际民歌艺术节唱响后,民族艺术的现代审美价值使黑衣壮文化的认同机制复杂化了。一方面,这种变化反过来强化了黑衣壮族群原来已经逐渐消解的民族认同机制,在一定程度上推动了黑衣壮社会以"他者"形态加入到现代化甚至全球化的格局中去;另一方面,黑衣壮文化的现代化和"他者化"是通过大众文化机制来实现的,因而成为混杂着大众文化成分的"杂糅"文化,对于黑衣壮族群的民族认同势必造成混乱和危机。

在调查中我们发现,在那坡县当地民间自制的山歌光盘十分畅销。通过现代传媒这个有效工具,山歌得以更快、更好地传播。另外,与2001年开幕式上黑衣壮山歌表演是政府行为不同,2004年南宁国际民歌艺术节期间"东南亚国际时装秀"上的黑衣壮山歌表演完全是黑衣壮群众自己的行为,既没有得到政府的投资,也不是由政府组织的。也就是说,黑衣壮村民已经看清了打造黑衣壮文化品牌对于自己族群的现代化具有重要作用,因而他们放下手中的工作和学业,从打工工地或高校回到山寨排练,四面八方的乡亲送来黑衣壮服装和银饰,将一群黑衣壮少女送到南宁国际民歌艺术节这样一个舞台上展示形象,发出声音,这里面体现出来的民族自觉意识应该引起我们的重视。当然,这种希望通过山歌来改变整个族群社会历史境遇的愿望是建立在对现代化、都市文化无比天真的理解基础上,因而具有很强烈的悲剧性意味。

从社会发展和文化变迁的角度看,这一事件所包含的信息是复杂而深刻的,它告诉我们一个明确的信息:在文化现代化和全球化的条件下,古朴的少数民族文化已经成为一种文化资源,它以奇异风格的"他者"身份被吸纳到当代审美文化的再生产过程中去,服务于政治权力和经济权力的运作,对这种文化资源的投资与运作不仅仅关系到文化丰富性的问题,而且关系到该族群文化表征机制的命运。也就是说,这种文化资源的开发是有风险的。少数民族文化的现代改造,在少数民族文化进一步形式化和审美化的同时,也在现代社会和现代技术的条件下重塑了民族文化的认同符号和认同机制。问题的关键也许在于这种重塑和改造的价值指向。在全球化的条件下,黑衣壮文化是通过其自身文化符号的形式化并与现代传媒技术相结合而得以实现的,因此,文化形象和文化表征与其社会基础的关系,必然受到冲击。黑衣壮文化在其转变为"大众文化对象"的过程中,若其主体仍然是集体性的主体,并且将文化形象变迁作为民族认同机制的调整,其审美价值就有可能仍然指向"交换(交流)价值"。[①]

从黑衣壮山歌这个例证我们可以看到,现代化的进程以及文化全球化的压力对于少数民族族群产生的作用是多重的,其中包括瓦解民族文化传统机制的作用,在文化没有充分自觉并且找到自己的发展方式时,其破坏和解构作用表现得十分突出。但这种发展变化也包含着对现代技术、传媒

---

① 参见向丽:《交换与社会叙事——关于两种神话叙事及审美交流问题研究》,见刘纲纪主编:《马克思主义美学研究》第7辑,广西师范大学出版社2004年版。

手段的利用和改造,借用现代传媒手段来实现族群文化的传播与认同。同时我们应该充分注意到另一种十分重要的现象,就是力图用山歌这种充满激情和幻想的文化形式去改造和影响外在于他们的现实。在这种机制中,山歌和民族艺术不管形式上怎样纯粹,它都与现实的目的性以及来自现实的要求联系在一起,在文化表达和审美认同机制上,与浪漫主义诗歌运动以来,民歌被形式化和自律性文化机制是完全不同的。

审美认同与文化模式关系对照表

要素 模式	主体	文化形式	具象呈现	文化认同功能
大众文化生产模式	经济权力、政治话语和大众文化三者结合	以"剩余文化"形式呈现的现代民歌	民歌节中的《大地飞歌》	个体与流行文化认同
大众文化生产模式	现代社会中的审美主体	以"剩余文化"形式呈现的传统民歌	黑衣壮:《山歌年年唱春光》(2001年民歌节开幕式晚会)	个体与流行文化认同
变迁中的族群文化生产模式	经济不平衡发展格局中的黑衣族群	以"边缘文化"形式呈现的传统民歌	黑衣壮:《壮家敬酒歌》(2004年民歌节东南亚时装秀晚会)	个体与族群发展新形象认同

三、认同的危机和危机中的认同

南宁国际民歌艺术节的成功之处在于,主办者对民歌的内容和形式都持较为宽容的态度,积极推动不同形态民歌的共存,传统民歌、原生态民歌、民歌新唱、都市大众的新民歌等等都在民歌节的舞台上展示自己,寻找并唤起知音。经过七年的发展,南宁国际民歌艺术节逐渐形成了自己的风格和模式。民歌节的舞台上用壮语和其他少数民族语言演唱民歌,在演唱者的主体方面,是族群意识自觉的一种表现;在受众方面,是产生强烈陌生化效果和审美风格多样化的一种手段。这种古朴而神秘的风格对于都市中的个体而言,无疑是新奇的审美对象,在欣赏到异族情调的同时,也确证并且肯定了自己的文化优越感。但是,对于类似黑衣壮的少数民族族群而言,这种用民族语言的演唱和展示却伴随着程度不一的文化创伤,"他者"的文化身份使他们在感受成功的同时,也强烈地感受到现实关系的不平等和文化"他者化"的沉重压力。在现实的发展中我们不无忧虑地看到,成功地登上南宁国际民歌艺术节的舞台之后,作为一种古朴而充满神秘感的文化,黑衣壮山歌迅速被符号化和形式化,成为文化全球化条件下日益富于个性化的文化符号系统中的一部分,但是黑衣壮族群所企望的改变生活条件和融入现代化进程的要求却并没有实现。现实残酷地证明:山歌中的春光灿烂和现实生活之间的联系仍然是断裂的,经济的发展和社会的现代化并不是按照美的规律来发展和实践的。

在现代都市文化条件下,民歌生产和传播的现实基础也在发生着深刻的变化,这种变化必然也反过来对民歌的表达内容和表达形式产生影响。从理论上说,广西那坡黑衣壮的山歌及其相联系的审美文化的"他者化"是全球化语境中少数民族文化的一个象征,它告诉我们,仅仅作为"他者"的呈现和展示只能是软弱的和悲剧性的。南宁国际民歌节的意义在于,通过民歌新唱或者说把民歌与现代大众文化结合起来的方式,把全球化条件下民歌这种剩余文化转化为当下性的文化表述和文化书写,通过文化符号与现实情境的不断相互作用,打开象征形象的封闭性,使情感成为流动的,并且与现实生活中当代中国复杂的生活经验结合起来。

《大地飞歌》从歌词到旋律都可以看作是对"刘三姐"文化的一种重新书写,在这种重新书写的过程中,以唱山歌为基础的支化被置换到现代都市大众文化的基础之上,其旋律和意义也都发生了相应的变化。在我看来,正是因为发生了这种置换和变化,《大地飞歌》在南宁国际民歌艺术节上演唱后,得以在全国各地迅速传唱开来。在历届的南宁国际民歌艺术节的开幕式晚会上,组委会和导演精心安排了民族版、摇滚版、世界版、青春版等不同版本、不同形态的《大地飞歌》,通过《大地飞歌》这根主线,把西北民歌、西南民歌、美声唱法的民歌、国外的民歌与当下歌坛最时尚的流行歌手唱的民歌或流行歌曲拼接在一起,形成了一个后现代主义风格的文化景观。①

在文化全球化的条件下,民歌得以跨族群传播,民歌的审美符号与其赖以发生作用的艺术生产方式被割裂开来,成为一种普遍性的文化符号。民歌作为一种审美符号,以其文化个性和独特的审美风格,成为文化全球化体系中的一部分。正是在文化全球化条件下,充满个性、差异性的民歌文化,当其丧失文化根基和文化自我的时候,也就必然以"他者"的形式对主流文化领导权确认和臣服。迈克尔·哈特和安东尼奥·奈格里在《帝国》一书中写道:"帝国式种族主义,或曰差别种族主义,将他者融入自己的秩序中,然后再在一个控制系统中对差异进行协调统一。这样,固定的、生理性的民族观就趋于消融,化为一个流动的、无定形的民众。当然,各种冲突和抗争线纵横贯穿其中,但其中任何一条也无法成为固定的、永久的分界。帝国社会的表层处在连续不断的变化更新之中,其程度如此之剧,以至于令任何地点的观念都失去稳定性。现代种族主义的核心发生在边界上,发生在内部与外部的对比、对抗之中……帝国式种族主义向 21 世纪展望,它所依赖的是差异的运行,以及在其连续扩张的领域内对微观冲突的操控。"②

当文化上的差异和个性已经成为文化全球化趋势的一个组成部分的时候,仅仅从文化表征系统的角度看,民族认同和审美抵抗的可能性都消融在现代文化十分强大的帝国系统中。从理论上说,只有现实的具体经验以及这种经验的审美转化,才能将被大众文化和主流媒体"挪用"和整合的"民族文化"重新激活,成为对当下现实生活经验的审美表达。以此为媒介的文化认同,才真正具有审美抵抗的意义,并唤醒和激发出文化自我意识的觉醒与重建。

在文化全球化的条件下,《刘三姐》的流传以及不断变异的命运是具

---

① 盖娅特丽·C.斯皮瓦克:《论艾柯》,凌学东译,见刘纲纪主编:《马克思主义美学研究》第 8 辑,广西师范大学出版社 2005 年版。

② 迈克尔·哈特、安东尼奥·奈格里:《帝国——全球化的政治秩序》,杨建国、范一亭译,江苏人民出版社 2005 年版,第 227 页。

有代表性和普遍意义的。由此产生的问题是:这种高度符码化的山歌和民歌能够承载起现代化压力下少数民族族群的日常生活体验和真实欲望的表达吗？从我们在田野调查中了解到的情况看,在广西少数民族中仍然承载着重要文化功能的"三月三歌墟"上,并没有演唱雷振邦和乔羽给予审美定型的《刘三姐》。可见,在某种意义上,当代少数民族的审美经验及审美表达与电影《刘三姐》为代表的流行性的民族审美符号之间存在着文化断裂和文化距离。南宁国际民歌艺术节的特殊作用和意义就在于,通过创造一种文化模式,把现代大众文化与传统民间文化在空间上并置和交叉,在文化的拼贴和杂糅中为不同文化的交流和新文化的发展提供可能。

在全球化的条件下,广西作为中国西南经济欠发达地区面临着经济和社会发展的巨大压力。随着全球性经济结构的调整,随着文化产业在国民经济产值中所占比例的不断上升,也随着文化关系对社会影响力的不断扩大,少数民族文化的审美价值和社会作用也在不断地提高,这就使少数民族文化的保护、研究和展示逐渐成为当代社会生活中的重要事件和重要内容。在我看来,少数民族文化逐渐引起关注有十分复杂的原因。一方面,经济和文化上居优势地位的国家和民族,把少数民族文化作为自身文化的"他者",在对文化差异的欣赏和观看过程中,处于优势地位的国家和民族把"异质性恐惧"投射出来,加以对象化,从而获得激发文化的向心力;另一方面,对于中国这样的发展中国家而言,全球化的巨大压力势必激发民族主义情绪的高扬,这种文化力量需要在一定的审美符号上对象化,民歌以及民族艺术因为其文化个性以及源自农业社会的文化特殊性,再度成为文化之战的一个中心;最后,在我看来,非常重要的一个方面是,从少数民族族群内部而言,民歌及民族艺术由于其文化特性可以与现代文化以及现代传媒技术相结合,迅速融入全球化的体制中去,因而对民歌和民族艺术表现出蓬勃高涨的热情。也许主要是这三个方面力量的共同作用,促进了当代民族文化的发展,也包括南宁国际民歌艺术节的迅速发展。从理论上说,这里面的关键因素在于社会主义初级阶段艺术生产方式所提供的制度保证。由于制度方面和审美关系方面的原因,在文化全球化的条件和压力下,看似彼此矛盾、对立的文化因素得以结合并协调起来,并且在不同的现实经验的结合中呈现出不同的意义。

在符号体系的构成和表征机制方面,南宁国际民歌艺术节把政治话语、经济发展的要求、少数民族文化的审美元素等多种要素融合为一种混合体,它的文化基础是现代都市大众文化的表达机制和现代传媒技术的强大文化聚合力。在以信息化技术为基础的文化全球化的条件下,想象和幻想沟通不同文化的阻隔,超越日常生活现实,从习惯性的文化立场中游离出来的重要机制具有重要的人类学的价值和意义。民歌因为它的自然文化基础,始终建立在集体性的想象和幻想的基础之上,因此,当民歌在社会主义初级阶段艺术生产方式的基础上与现代信息技术、传媒手段、现代大众文化形式相结合起来的时候,就有可能把想象和幻想转换成一种新的文化形式——一种与现实的欲望和要求相联系的想象和幻想,从而成为一种现实的文化生产力。

现代旅游中的符号经济[1]

彭兆荣

一、旅游景观的符号价值

在现代旅游的经济活动中,旅游景观的符号对游客起到重要的引导作用,比如在卢浮宫,游客被蒙娜丽莎这一特殊的景观符号所吸引,其他的景物大都被忽略,甚至干脆省略。在形式和概念上,《蒙娜丽莎》只是一幅由文艺复兴时期意大利著名画家达·芬奇所作的油画。如果仅从绘画的角度,这一个不朽的杰作虽然足以令观众叹为观止,特别是蒙娜丽莎那"永恒的微笑"。但对绝大多数游客来说,他们的动机并不是去欣赏它,毕竟多数游客并不可能像艺术鉴赏家、艺术史家那样真正体会那一幅画"究竟好在哪里"。再者,只要接受过一些教育的游客也大都通过各种渠道(书籍、图片、电影、电视等)看过它。因此,绘画中妇女的"神秘微笑"对于广大游客来说既不陌生,也不"神秘"。可是为什么来自世界各地的游客还要争先恐后地到卢浮宫去"瞻仰"她呢?真正的奥秘在于,达·芬奇的这

---

[1] 本文原载于《江西社会科学》2005年第10期。

幅油画对游客来说,已经演变成为一个不能不看的"景观符号"。游客到卢浮宫去看她一眼,就意味着游客已经"到此一游",它比真正欣赏油画重要得多。这便是旅游景观独特的符号价值和符号效应。

作为符号系统,在现代旅游中具有标示物(marker)的作用。它具有两种基本的指示功能:能指(signifier)与所指(signified),前者指符号的物质构成,后者则指其所表示的概念。麦克内尔认为"标示物"具有指示上的专属性,可以分为两方面的指喻:一是"内在的标示物"(inside marker),二是"外围的标示物"(outer marker)。前者指"真实的东西"(real thing),后得指"与之相关的东西"(about thing)。麦氏在讨论到标示物的时候同时强调,游客可以在真实的标示物中挑选他们愿意看的东西,因为不同标示物的符号意义对于不同的游客来说是完全不一样的,所以,标示物只能代表景物和景点本身(MacCannell,1999:Ch.6)。旅游者的旅游活动与景物、景点的两种指示之间发生着互动关系。表面上看,游客很容易将景物的物质形态与概念分开,事实则未必尽然。作为景物的物质性,人们可以通过直观把握景物的用料、工艺、所占据的空间等,然而从这些旅游符号的"能指"中人们却未必了解它所包括的全部"所指"意义,因为这些与"能指"融为一体的"所指"意义反映出在特殊语境下的社会价值。

旅游符号"标示物"具有几种基本的指示功能和意义:

(一)符号的标志功能

在现代旅游中,是什么东西促使游客到一个他们以前从来没有去过的地方旅游呢?换句话说,旅游目的地对游客产生吸引力的根据是什么?人们或许首先想到的是那些林林总总的广告、宣介物,或者是曾经去过某地旅游的亲戚、朋友们的介绍和建议而做出决定。无论是广告宣传还是亲戚朋友的介绍,都不外乎集中对最能代表某地景物的一些突出性标志的介绍,而且这种宣传和介绍最终会使人产生这样一种感觉和认识,即到某地必须看某景,诸如"到北京不去长城就等于没有到过北京","到巴黎不去看埃菲尔铁塔等于没到过巴黎","到拉斯维加斯如果不去'赌一把'等于没有到过赌城"云云。在这里,"长城""埃菲尔铁塔"和"赌博"(gambling)都成为代表那一个特定城市的标志。反过来,当那些具有特殊价值的符号对游客形成一种无法拒绝的吸引力时,"北京""巴黎""拉斯维加斯"等也成了实现这些符号的"意义关联"。标示物具有某种符号指示的功能,宛如道路上的交通标志,把游客引领到某一个旅游目的地。在绝大多数情况下,标志物属于一种"代表性象征"的价值,通常是文化遗产(如长城、金字塔等)、自然造化(尼亚加拉大瀑布、石林等)、著名建筑物(埃菲尔铁塔、金门大桥等)、历史遗址(滑铁卢、敦刻尔克)、人造景观(迪斯尼乐园、环球影城等)、伟人故居(特利尔的马克思故居)、特色场所(巴黎的红磨坊)等。

(二)符号的代言功能

旅游景点、景物或产业除了有一种固定的象征符号以外,经常还会请一些世界上最具影响力的人物作为代言人。比如全球最具影响力的快餐产业麦当劳(McDonall),除了有一个固定的标志物"麦当劳叔叔"外,还邀请著名的体育明星为代言人。又如 NBA 历史上的一些伟大的球员,包括乔丹、伯德、巴克利以及湖人队的布莱恩特(由于布莱恩特涉及"性丑闻"事件,麦当劳中止了与他的合作)。2004 年 2 月 12 日来自中国的 NBA 球员姚明成了麦当劳的全球代言人。姚明被认为代表着"清新而富有朝气和活力"且"具有东方文化和文明"的形象使者。在这个例子中,人们不但看到了某一个著名的产业、品牌、景物除了有一个固定的标志物外,还会在每一个时期邀请、聘请一些文体明星加盟宣传。与这种符号叙事功能和品牌宣传策略相吻合,旅游景区与景点邀请或聘请"形象代言人"的行为也很普遍。其中的道理颇似"著名大学需要著名教授""著名的教授需要著名的大学",二者交相辉映。

(三)符号的宣导功能

符号未必只是一个标志物,它还包括了通常传媒传递标志物信息的部分,也包括一些行业或景区所设计的引导活动和程序。在美国旅游,特别在许多著名的景点、景区、国家公园以及一些参与性项目,比如参观科罗拉多大峡谷或到自然保护区潜水等,事先都有先看电影、录像,或由管理部门向游客发放各种语言的宣传小册子等程序,使游客对将要参观的景点、景物或将要参加的活动有一个更清晰准确的了解,包括各种注意事项。类似的符号宣介物与宣导活动,一方面是为了使游客更清楚自己在旅游活动中与景区、景物的关系;另一方面,也是通过这一系列的宣导活动,衬托出景点与众不同的符号价值。此外,书籍、杂志、报纸、电视、广播、互联网等对标示物的宣传介绍也加深了人们在事前和事后对旅游标示物的理解和认识。这种标示物的宣传意图和宣导作用越是到了现代科技发达的今天,其宣导功能也就越加突出。

旅游景区或景点的符号价值并非固定不变,它与不同时代的政治经济变迁和发展有关,与时代观念和时尚的演变有关。一些新的旅游景区和景物的符号价值会在变迁过程中呈现快速生长的趋势,关键因素就是"资本符号"在旅游景区和景点建设上的影响和作用。所以,在具体的研究当中,我们未必一定要把某一个"地方景物"的符号价值限定在某一个具体的地点,因为"地点"本身也成了符号表述的一部分。比如农村,在旅游研究中,"地方"便可以被视作一个符号系统。同样,"城市"也可以成为旅游中的符号表述。"今天,在美国的一个最大的都市化设计就是迪斯尼乐园。"(Marling,1997:170)这种旅游都市化的项目设计和运作被冠以"新都市主义",有的时候也被称为"新传统主义"。(MacCannell,1992:157)在我国,这种情形也出现快速发展的趋势,比如在深圳特区所出现的"世界之窗"(1989年10月)和"民俗村"(1991年10月)即属于此类。前者被认为是"世界上最大的微缩景观"。(M. Hitchcock, N. & Siu Stanley,1997:198)人们相信,这种情况是工业化社会"资本符号"的具体体现。它不仅表明人们的观念在城市历史传统中与时间的关系发生深刻的变化,而且对城市居民的生活方式和生活形态都有一定的影响。

也有人认为在都市设计和建设像迪斯尼这样的项目或主题公园并非由于"都市"本身,它涉及一个更加广泛意义上的"地点"问题,或曰全球性地方化价值和意义问题:"每一个地方都可以成为目的地,每一个目的地也可以是任何地方。"(Sorkin,1992:21)换言之,在什么地方建设什么项目并非至关重要,关键还是资本符号的"殖民化"过程。具体地说,传统的都市结构形成了一个新的多元族群的关系通道,最终导向于较为单一的人类主题和单一的消费人群。众所周知,大型的主题公园项目不一定要以都市为依托,有些主题公园原先并不建在都市里。但是,作为一种结果,大型旅游项目、主题公园的建设必定会带动都市化的进程。美国拉斯维加斯(Las Vegas)便是一个例证。当初设计和建设以"赌博"为主题的大型项目的投资者、合伙商们在规划项目时,把它建在远离人烟的大漠。而今拉斯维加斯已经成为世界上最著名的"以赌博为主题"并带动其他旅游和服务产业的"赌城"。在这个案例中,并不是通常人们认为那样以"地点"为主要因素,而是以"资本符号"为基本的动力和经济杠杆。

如此看来,"城市化"既可以是一种结果,也可以是一种过程,还可以是一种设计旅游人类学的研究有助于在人类主题和城市设计之间提供一种全球化规模与地方价值的沟通和理解。而"象征资本"积累方式成为人们认知性、可视性以及与一个具体地方声誉等多种方面的集合性影像。(MacCannell,1992:160)在法国著名的社会学家布迪厄眼里,社会中的个人通过资本的投入和积累可以获得"象征资本",而"象征资本"又可以与社会地位相联系并获得与权力关系的转换。它们都在进行着"争夺空间"事情。(布迪厄,1998:139)麦克内尔又有所发挥,在他看来,旅游中的"象征资本",比如凭附在特殊标示物的象征价值并非个人可以获得,就像巴黎的埃菲尔铁塔,"象征资本是一个充满了地方和认同价值的标示物,它包含了地方和人们所赋予的品牌价值,但却无法用于买卖和交易。"(MacCannell,1992:161)

二、旅游符号系统与吸引力的关系

对旅游者而言,两个外在的辨识方式可以反映在旅游目的地的一些符号特征上:一是地方性标志。比如,在美国加州的旧金山(与美国西部历史上的"淘金"名称相吻),有闻名遐迩的金门大桥(the Golden Gage Bridge);旧金山也是除亚洲以外世界上最大、最密集的华人社区(Chinatown),每年吸引1200万名游客。(麦克·辛克莱,2002)二是符号的连带性。仍以旧金山为例,游客到旧金山自然会去观光渔人码头、乘电缆车(a cable car),看金门大桥,到联合广场(Union Square)购物,上唐人街(Chinatown)吃饭……这些景点各自虽然相互独立,却相互关联,共同组成了"旧金山"的标志。换言之,每一个单独的景点既有其各自作为独立标示物的符号意义,又在一个更大的符号系统中成为有机体的结构。如果一个游客到实地去参观金门大桥,一方面,大桥是一个独立的、有价值的(无论从桥梁建筑的角度还是观光欣赏的角度)、有影响力的景物;另一方面,游客会很自然地将它放在旧金山的背景和整体形象中去看待和认识它。其中产生了有趣的"意义交换",类似我们在上面所提到的"符号代言人"的功能。一家大公司选择一个形象代言人(通常是著名的公众人物,如歌星、影星、体育明星,而且大多选择俊男或美女),这个形象代言人本身是一个独立的个体,且大都属于某一领域里的成功人士,具有巨大的符号价值。而当他(她)成为某一个公司或企业的代言人,其符号价值就与这家公司或企业联系在一起,发生"意义上的转换",并可能出现双赢的局面。

旅游标识物的象征性具有条约化效应,即景观→标示物→景观的转换。比如巴黎的埃菲尔铁塔是一个"物"——一个"黑乎乎的大铁塔"。如果仅从"物"的角度去看待和理解它,可以说无任何可取之处,不过是一大堆钢铁而已。然而,当它成为一个城市的标志时,当它成为"世界浪漫之都"的象征符号时,任何一个到巴黎来的观光者就再也不会从"一大堆钢铁"这样的角度去看待和理解它了,它已经成为一个名副其实的"巴黎的象征"。与此同时,这一特殊象征符号具有"唯一"的限定性:任何其他地方的铁塔,无论在形态上有多么的酷似——世界上的许多地方都有它的仿造物或微缩景物,比如东京、北京、深圳、拉斯维加斯等,却都无法成为"巴黎的埃菲尔铁塔"。其符号指示与转换可以图解成这样:

理智的形象

旅游景观→[旅游标示物→旅游景观]

或

埃菲尔铁塔→[象征物→巴黎]

当埃菲尔铁塔被用于旅游宣传物或者巴黎城市导游的一个符号标志时,其转换关系则可以作如下图解:

图像的形象

[旅游景观→旅游标示物]→旅游景观

或

[埃菲尔铁塔→塔的象征]→巴黎

在第一个转换图里,象征性的旅游符号是一个理智性的形象,有人称之为一个巴黎的"观念"或"情感"。在第二个物理的形象或图像里,埃菲尔铁塔就代表了巴黎。前者大约属于主观或想象的转换和替代,后者大致属于客观的或事实的转换和替代。"旅游标示物→旅游景观"转换的关键点在于:旅游吸引力变成了一个可塑的形式,最终的形式以及它们所具有的固定品质被社会化地确定了下来。换言之,社会的确认制造出了旅游的吸引力。在这个过程当中,社会结构的差异,表现出从事物到意识的过程。(MacCannell,1999:131—133)这一切全都通过游客具体的旅游行为表现出来。有必要提出来的是,在不同的旅游情境中,游客会根据不同的目标和需求与客观存在的符号性标示物进行交流,获得属于个人性的真实感。

当那些著名的旅游符号标示物与旅游目的地成为一个整体的时候,它对游客的吸引力就像"圣地"之于"信徒",旅游便具有"仪式性意义"。将旅游定位在仪式的范畴,包括类似于杜尔凯姆所说的"神圣的"吸引(杜尔凯姆,1995)。在这里,"神圣"并不是指某一个旅客具有宗教信仰或者是一个虔诚的信徒,而是指在旅游活动中由于旅客被某种社会价值和道德力量所引导,在现代传媒宣传的作用下,在旅客的情感中产生一种对某些景点的特殊吸引。从这个意义上说,现代旅游也是建立旅游符号标示物的一项工程,它是游客之所以到那一特定景点去旅游的一个巨大吸引力。为了实现这一吸引力,旅客不自觉地循着旅游的结构程序一步一步地往下去,最终完成旅游行为。

旅游行为建立在对旅游目的地的强烈吸引的基础上,而旅游吸引包含了一个完整的结构程序。按照麦克内尔的分析,旅游吸引力来自以下几个阶段,或曰程序:

第一阶段被称作"神圣化景物的命名"(naming phase)。通常这一过程系由巨大的社会工程性工作来实现,包括对景物的评估、摄影、拍照、宣传等一系列工作,都是在确定景物或者符号的美学的、历史的、纪念的、再造的社会价值。

第二个阶段是框限和提升(framing and election phase)。提升是在一个具体的景点案例中对某一个特定物进行建构,对旅游景物进行基础性构架和展示。而框限主要指围绕着某一景物的官方边界。比如,旅客在卢浮宫的《蒙娜丽莎》前经常被提醒:"这是唯一用玻璃框着的油画。"这种由某一种特殊的物质建造或者指示的展览品事实上在做这样一种提示:"这必定是最有价值的。"

当第一、第二个程序在实施过程中,第三个阶段也自然导入。这一阶段被称为"奉祀秘藏"(enshrinement)。有些特别的参观物被神秘地放在一个地方,比如在四川普光寺里的释迦牟尼"舍利子",一般的游客就难见真容,只有被寺院里的住持确认或者由当地政府引导的重要宾客才有幸到一个密屋瞻仰。不过,在商品社会的今天,货币往往也可以成为通往观光的通行证。但是,不论以什么方式和手段进行参观,这样的景物都带有"奉祀圣物"的感觉,而圣物的秘藏也必然会产生一种庄严和肃穆的氛围。

第四个阶段叫"机械性再生产"(mechanical reproduction),即圣物的神圣化过程,诸如印刷物、相片、景物那些使自己的展示具有神圣性的必要的装饰和打理。这是一个神圣化的机械再生产所必需的程序和过程,是旅客在旅游活动中能够通过一个真实的景物以获得一种回报的方式。它可以使游客在观光中不至于感到失望。神圣化景物标志的创立和修建过程与旅客不断的观光活动构成了一种不间断的过程。

最后一个阶段景物神圣化是指所谓的社会再生产(social reproduction)。当不同的人群、城市和地区开始根据著名景物的吸引原则命名自己的时候,社会再生产便随之产生。(MacCannell,1999:44—45)

从而可以看出,旅游行为得以实现大致上要满足这样的逻辑条件,即旅客旅游活动的实现在很大程度上系由旅游吸引力所引导,而这种吸引包括了社会化客观物质的作用。具体地说,有那么一些足以引起游客兴趣的景物和景点的吸引,这些景物与景点类似于一种"神圣性"价值,这些价值又时尚地构成了人们社会生活的需求。

三、景物符号的社会化叙事

符号性旅游标示物本身很难孤立地确定其价值,因为它是社会历史背景的叙事产物。它已经超出了我们通常所理解的旅游目的地的"景物"和"景点",而成为一种包含更多复杂成分的"社会化符号"。如果我们把某一个符号当作一种文本(text),那么它只有在特定的语境(context)中方能体现其价值。我们以麦当劳和迪斯尼为例加以说明:麦当劳和迪斯尼虽然也具备旅游景物的个性价值,但它们却是世界经济一体化语境下的"符号浓缩"。"麦当劳化"(Mac Danaldization)是社会发展,特别是旅游发展的"一种当代大叙事"(a modern grand narrative)(Bryman,1995),有效地、可计算地、可预测地通过对技术化控制产生社会作用。与迪斯尼乐园的主题公园相同,"麦当劳化"和"迪斯尼化"二者都是作为一种范式呈现在这样一个当代社会化"大叙事"的语境之中,构成了一种现代社会发展的隐喻,有机地、链条式地成为所谓"后现代社会"的有机部分。有趣的是,这两个与现代旅游紧密联系在一起的"符号叙事"竟然是同年出生的"孪生子"(二者同始于1955年)。我们当然不会在这一个带有"偶然性"(其实未必是一个"偶然")事件和事情中去做更多的穿梭附会,但不可否认的是:"二者显示出同一种原则"(Ritzer & Liska,1998:97),却又有各自的表现方式。布莱曼认为:"如果麦当劳对社会理性是一种范式的话,那么,迪斯尼则无疑成了旅游工业的一种模式。"(Bryman,1995:179)

麦当劳化一方面表现出现代社会技术标准化形态已经渐渐地融入人们的日常生活中;另一方面,它强化了现代社会中的焦虑和紧张的"符号隐喻"。麦当劳化是一个复杂的社会化过程,我们无意对这一过程进行全面的评估,只从它对当代旅游——不少人称为"后现代旅游"(Post-Tourism)所产生的影响和作用稍做分析。费夫认为,"后现代游客"已经越来越没有必要离开家庭,因为他们可以通过诸如TV、VIDEO、CDROM、INTERNET等做到他们以往必须出门才能做的事件。另外,旅游越来越出现了"电子化"——电子经济的符号社会化,使游客的一些兴趣可以通过电子模拟来完成。现代科学技术的高度发展,出现了更先进的电子技术和电子产品,它们对"后现代游客"形成巨大的吸引,使传统意义上的"旅游目的地"的概念也随之发生变化。(Feifer,1985)

这确实是当代旅游研究中一个很值得研究的课题。首先,我们必须承认,社会麦当劳化的符号叙事在一定程度上改变了传统旅游的意义和功能。人们所说的"麦当劳化"已经从单纯的"美式快餐"上升为一种现代社会标准化"符号叙事"的更大领域,包括现代技术社会化、经济符号化给人们带来观念上的变化和变革。这种"符号叙事"究竟给旅游带来什么样的后果呢?

笔者认为,费夫的看法有商榷的余地。虽然,现代社会出现的电子产品化对人们,尤其对青少年产生了巨大的吸引力,在很多情况下他们宁可待在家里玩电子游戏而不跟父母外出旅游。即使勉强跟着外出,只要旅游目的地提供电子游戏项目,他们会长时间地待在电子游戏机前面。电子游戏成了一批青少年的"旅游目的地"。但与此同时,我们也应该看到,越是出现单一性、标准化、电子技术化经济技术的符号产品,人们就越渴望获得多元的、差异的和真实的旅游体验和享受现代社会之所以会出现大规模的群众旅游活动,其中一个重要的理由就是科学技术给人们造成的异化感和不真实感。

笔者的观点与费夫正好相反,电子技术和电子产品虽然可以产生秀才不出门,全知天下事的可能,却永远无法达到去现场和实地旅游的效果。而那些沉迷于电子游戏的青少年毕竟并不是现代游客的主体,他们通常并没有能力(经济上的、独立能力上的、安全上的等)单独外出旅游。而且,他们对电子游戏的迷恋更多属于青少年年龄阶段的迷恋。另一方面,即使当代的电子技术和电子产品极大地丰富了旅游活动和旅游项目,游客宁可选择离开家庭到某一个旅游目的地去玩电子产品,比如到大赌场去玩与电子技术有关的项目。这就好像你可以买一台"老虎机"到家里,但它永远无法替代到拉斯维加斯去玩"老虎机"的效果。所以,我们不相信电子技术和电子产品会降低和减少人们离开家庭外出旅游的愿望。我们有理由相信人们的判断,即在"真"与"仿真"之间做出合理的选择。毕竟电视中再逼真的"佳肴"也无法根本解决人们的"饥饿"问题。

对于"后现代游客"来讲,迪斯尼、麦当劳这些社会化符号的作用并非只表示现代社会生产的符号化特征,还充分体现在现代社会的商品交易中的名牌功能和价值。谁都知道,在迪斯尼乐园(Disneyland)内的迪斯尼专卖商店的商品价格要远远高于其他同类商品。当然,更远远地高出商品中的劳动价值。按照马克思的观点,其中存在着巨大的剩余价值。即使如此,大多数游客还是愿意花钱到迪斯尼乐园里面去。对游客来说,在迪斯尼乐园里买迪斯尼品牌的东西,其纪念价值和收藏价值与在其他地方买的绝对不同。在游客消费者的心理天平上,其实经过了精细的盘算,因而是合算的,因为纪念价值和收藏价值远远大于在迪斯尼专卖店与外面非专卖店商品之间的差价。另一方面,游客到迪斯尼乐园有助于刺激迪斯尼专卖的购物消费,当然还包括其他的商品,包括迪斯尼影片、印有米老鼠形象符号的各类东西,这便是商品符号特殊的价值。总之,这些在旅游活动中有代表性的成功而老道的符号系统会被用来为游客服务,而麦当劳化的未来将能够在更小的范围实现它的原则。(Ritzer & Liska,1998:101)

旅游活动中的"符号化叙事"似乎还有更加复杂的方面。既然像迪斯尼这样的主题公园具有明显的象征资本和文化符号的指示和价值,在它推行扩张时,人们就不是只把它看作是一个简单的主题公园,而可能把它看作是帝国主义的扩张和再殖民化的产物,这绝对不是危言耸听的虚言。事实上,迪斯尼欧洲公司就是一个例子。沃伦曾经对巴黎迪斯尼乐园的情况进行过调查,她以大量调查事实说明,巴黎的迪斯尼乐园大约是后现代思想家们的一个梦魇,因其在很长时间里遇到严重的财政危机。最重要和直接的原因在于,迪斯尼乐园被许多欧洲人视为美国试图通过它把美国文化全球化。调查者在报告中透露一个细节,巴黎的迪斯尼乐园甚至有讲英语的要求(不过,据笔者对巴黎迪斯尼乐园的经验记忆,这一要求似乎与报告有所出入)。迪斯尼在欧洲所面临的窘况,在很大程度上是来自于欧洲游客对它的批评甚至抵制,这就像法国人抵制好莱坞和麦当劳一样,他们把迪斯尼视为一种"经济上的再殖民"(the re-colonization of economic),而这种认识是建立在类似于"我者/他者"(myself/others)基础上的"我们/他们"(us/them)之上的。(S. Warren,1999)如果我们从一个单一角度去看待,或许会认为欧洲的迪斯尼只不过是一个孤立的事件,没有必要把一个游乐项目与政治做如此牵连;但如果我们把迪斯尼看作一个全球化背景下文化帝国主义的资本符号,具有公然的扩张企图,那么,导致法国人乃至欧洲人做出这样的反应似乎亦不为过。

由此我们可看出,现代旅游其实并不是一般人们所识的纯粹"休闲活动",因为现代社会的符号价值系统会对旅游这一个全球最大的产业进行全方位"浸透"。很自然,旅游和旅游景物所包含的社会化符号叙事也会在各个方面体现出来。

参考资料

(1) A. Bryman, *Disney and His World*, London: Routledge, 1995.

(2) M. Feifer, *Going Places*, London: Macmillan, 1985.

(3) M. Hitchcock, N. & Siu. Stanley, "The South-east Asian 'Living Museum' and its Antecedents," In Abram, S. & Waldren, J. (ed.) *Tourists and Tourism: Identifying with People and Places*, Oxford/New York: Berg, 1997.

(4) D. MacCannell, "Misplaced Tradition," In Jean Pierre Jardel (ed.) *Le Tourism International entre Tradition et Moternité: Acres du Colloque International*, Nice, Paris: URESTI-CNRS, 1992. *Symbolic Capital: Urban Design for Tourism*. In JOURNEYS. Vol, 1. Issuesl/2. 1999. *The Tourist: A New Theory of the Leisure Class*, Berkeley: University of California Press, 1976.

(5) K. A. Marling, *Designing Disney's Theme Parks: The Architecture of Reassurance*, Paris/New York: Flammarion, 1997.

(6) G. Ritzer. & A. Liska. "McDisneyization and Post – Tourism," In D. Crouch (ed.) *Leisure/Tourism Geographies: Practices and Geographical Knowledge*, London: Routledge, 1998.

(7) M. Sorkin, "Introduction: Variation a Theme Park," In Sorkin, M. (ed.) *Variation on a Theme Park: The New American City and the End of Public Space*, New York: Hill & Wang, 1992.

(8) S. Warren, "Cultural Contestation at Disneyland Paris," In D. Crouch (ed.) *Leisure/Tourism Geographies*, London: Routledge, 1999.

(9) 皮埃尔·布迪厄、华康德:《实践与反思——反思社会学导引》,李猛、李康译,中央编译出版社1998年版。

(10) 杜尔凯姆:《宗教生活的基本形式》,见史宗主编:《20世纪西方宗教人类学文选》,金泽、宋立道、徐大建等译,上海三联书店1995年版。

(11) 麦克·辛克莱:《世界旅游指南:旧金山》,申作宏译,中华书局2002年版。

民族旅游区的符号化和资本化
——丹巴藏寨及其旅游影响[①]

徐新建

引　言

民族身份是特殊的文化符号,也是潜在的社会资本。2005年10月,《中国国家地理》杂志把位于四川甘孜藏族自治州境内的"甲居藏寨"评为中国最美的乡村榜首[②],由此引发当地人群经由"藏族村民"的形象与外界广为交往的新一轮高潮。这样的趋向,不仅标志着具有"民族身份"的地方文化逐步上升为旅游开发中又一重要的社会资本和文化消费的新式产品,同时意味着变动中的社会需求正日益深远地影响着这个国家内部民族边界的既定划分和重新确认。

---

① 本文为笔者主持的研究课题《丹巴事例:民族传统的再激发》系列之一,目前该项目还在进行中。
② 参见中国科学院地理科学与资源研究所主办:《中国国家地理·选美中国特辑》2005年第10期。

一、影响身份的社会场景

(一)问题背景

民族身份是不同人群自我认同和相互区分的重要标志。作为东亚传统的多民族大国,中国境内的民族身份类型多样、关系复杂,并且经历了不同时期的历史演变。近代以来由于受到国际范围的"民族—国家"模式影响,中国本土民族身份的结构逐渐由晚清民初的"五族共和"简化为当代的"汉"与"非汉"。在后一种二元式的结构中,所谓"非汉",就是数量有55个之多、被称为"少数民族"的人群。他们的数量,在2000年中国第五次人口普查时为10 643万人,占全部人口数量的8.41%。[①]

作为与汉族相对的少数民族,其所获得的新民族身份主要通过20世纪50至80年代国家化的识别运动逐步产生出来。由于涉及当事群体的不同利益,在这过程中出现过一些争执乃至矛盾和摩擦。进入21世纪新的历史境况后,以少数民族而被认知和推广的新民族身份又发生了来自内部和外部的深刻变化。

本文以四川丹巴"藏寨旅游"的开发为例,描述和探讨少数民族地区民族身份的再激发,并由此分析当代中国民族身份呈现的新趋向及其在政治、经济和文化等方面所派生的多重影响。

(二)历史印象

丹巴在四川西部,是如今甘孜藏族自治州的辖县,面积4700多平方公里,人口6万,在全州属中等。它的位置距州府康定137公里,距省府成都368公里。由于海拔高、地势险,与西部其他高原山区一样,丹巴在人们以往的印象中,也长期被视为遥远陌生的僻野之地。民国早期,国民政府特使刘曼卿由川赴藏,在成都受到当时的要员刘文辉等劝阻,理由就是她要

---

① 中国国家统计局:《第五次全国人口普查公报》(第1号),2001年5月15日。http://www.stats.gov.cn/tjsj/tjgbrkpcgb/qgrkpcgb/200203/t2002031_15434.html。

途经的康定、巴塘等地十分边远、蛮荒。① 至 20 世纪 40 年代内地学者到丹巴一带考察,对那里的社会文化还流露出异域之感,对其民族构成的理解也多停留在较为粗疏的水准上。如庄学本所说当地交通闭塞,草地、森林等自然资源处于原始状态,本土人群主要是"汉人"和"蛮家"②。另有学者采用"汉人"与"康人"的划分。③ 任乃强则在"汉族"和"蛮族"之外补充了一种"混血族"等等。④ 可见对于那时的外界来说,当地人群的"民族身份"还处于较为宽泛和可多样替换的状态。区分界限主要是"汉人"与"土著"(或"蛮夷")的二元对比。

丹巴成为一个县的历史不长。乾隆时候这里还由土司治理。民国初年(1913 年)才在多个土司辖地的基础上设立为县。"丹巴"之称即为丹东、巴旺和巴底等的缩拼。由于逐渐与外界交往,本地人的身份在多重力量的驱动下不断变化。其中包含着从个人到亲族、从村落到乡镇和省区等人种、地域和行政的多个层次与视角。在这当中,"康"或"康巴"曾是一个重要划分。"康"(Khmas)是藏语的译音,原指躯干、地方或种子、边地等,在藏文典籍里常与"卫"和"安多"并立,用作划分三大地域的指代;而"康巴"则作为一种本地自称的汉译出现于与外人相分别的场合。于是,"康区"(康地)和"康巴"(康人)便成为对该地域及其居住人群的特指和标志⑤,并且像一个特定的中介符号一样,在族群身份的意义上交汇了本土"自

---

① 1929 年刘曼卿(藏名雍珍)受命赴藏,返回后将其经历以《康藏轺征》之名撰写出版。其中介绍了在成都陈述甘冒艰险赴藏沟通的意义,称其之所以"越蛮荒、入四夷",是愿为"牺牲之一份,以促进社会人士之觉醒"。参见刘曼卿:《康藏轺征》,商务印书馆 1933 年版。又见"民国边疆游记新读丛书"之一《国民政府女密使赴藏纪实》,民族出版社 1998 版,第 12—13 页。
② 王业鸿:《康定概况》,见赵心愚、秦和平编:《康区藏族社会历史调查资料辑要》,四川民族出版社 2004 年版。
③ 庄学本:《丹巴考察报告》,见赵心愚、秦和平编:《康区藏族社会历史调查资料辑要》,四川民族出版社 2004 年版,第 333 页。
④ 任乃强:《康定县视察报告》,见赵心愚、秦和平编:《康区藏族社会历史调查资料辑要》,四川民族出版社 2004 年版。
⑤ 参见李绍明、仕新建:《康巴学简论》,载《康定民族师范高等专科学校学报》2006 年第 2 期。

称"和外界"他称"的两重功能。

按照学界的解释,"康"有广、狭两义。狭义主要指以今康定为中心的四川西部,广义则还包括与四川接壤的西藏和云南边区。① 这样,无论哪种标准,丹巴的"土著"都基本包含在"康巴"之中,从而与特指的"藏"形成一定区别。这种区别体现到历史政治的实践中,便出现了清廷所谓"治'藏'必先安'康'"式的举措以及传及至今"康巴汉子"一类的民间称呼。还有学者依据藏文典籍,把"康巴"解释为与拉萨相对的"荒凉边地"。②

(三)现代变迁

民国二十八年(1939年),两康省宣告成立,设省会于康定。历经16年后,于1955年撤销,其境的金沙江以东各县划归四川,以西归西藏。在此之间,丹巴先后隶属于西康省第一行政督察区(1939年)、西康省藏族自治区(1950年)、西康省藏族自治州(1955年)和四川省甘孜藏族自治州(1955年)。

两康建省,始于清代,成于民国。清廷在"改土归流"的基础上,大举扩展中央势力,将原有的"康区"一分为三,把属川的部分置为"炉边"(打箭炉为中心),属藏的为"喀木"("康"的别译),属滇的为"建塘",分别统辖,各有节制。后来边疆大臣奏请将西康设省,理由是其乃古康之地,且为"川滇屏蔽""藏卫根基"。③ 可见此种自上而下的政府眼光,对于所统辖人群的身份区分,主要是从行政区划和政治归属来标志的。这样,位于川、滇和藏、卫之间的康区人民,虽然被以"康人"相称,但其"康"的含义还多指地域而非族属。尤其到了民国正式设置,"康省"辖地,不但包括康属的康定、丹巴等,而且还曾拥有原雅属的雅安、汉源……以及宁属的西昌、昭觉等地。其中的族别多种多样,按旧时称谓,就有藏、汉、回和"猓猓"(彝)、

---

① 林俊华:《康区境域沿革》,康定民族师专科研网,http://depart.kdntc.cn/depart/kyw/showart.asp?id=179。
② 参见格勒、海帆:《康巴——拉萨人眼中的荒凉边地》,生活·读书·新知三联书店2005年版。
③ 参见贺觉非:《西康纪事诗本事注》,西藏人民出版社1988年,第27—28页。

"霍尔"(蒙古)以及过去"未予管辖"的"土著番民"等等。①

1950年代以来,随着国家化的行政撤并,原西康的属地被分解到四川的三个少数民族自治地,即甘孜藏族自治州、阿坝藏族羌族自治州和凉山彝族自治州。在这当中,对当地人身份影响最大的是波及全国的民族识别。作为新中国建设的组成部分,民族识别配合区划调整与社会改革,把本地民众在族别归属上重新梳理,通过考察统计乃至对话协商,突出了康区"藏"的族属和比重。时至2004年,根据当地政府公布的数据,丹巴县总人口56637人中,藏族42637人,占比75.28%,与汉、羌、回、彝、满、土家和苗等各族相比,"占绝对比重"。②

据此,州一级的政府媒体更在现代化开发的进程中把少数民族身份作为本地特点不断强化,把这一带称为"'民族走廊'腹心带"和"藏汉贸易的集散地"。③ 近来的介绍则把丹巴宣传为"嘉戎藏族的核心区",并说其最突出的民族特色是远近闻名的"嘉戎藏寨"。④ 这样,丹巴人群的族别表征,除了作为当代少数民族之一的藏族以外,又增加了一重格外的身份:嘉戎藏人。

其实关于当地人的"嘉戎"身份,在民国时就引起过注意。如民族学家林耀华就曾有专门论述,而且还对其做过"嘉戎本部"和"嘉戎冲部"的细分。⑤ 不过尽管在后来的数十年里也时起时落地被提及,但直到大力开发旅游产业的今天,"嘉戎"身份才因其独具的魅力而被再度唤起和激活。在2004年出版的一本对外宣传丹巴旅游地形象的著作里,作者写道,"说起丹巴,人们自然会将它与'嘉戎'一词联系在一起",并且因为地处嘉戎

---

① 清末年间,赵尔丰以首任"川滇边务大臣"之职,极力在川边设置郡县。其中的附带收获之一,便是使原占川属康区十分之三"未予管辖"的番民之地逐步归属。参见《四川通史》第七册,《四川与西康建省》,四川大学出版社1994年版,第336—340页。
② 参见《丹巴年鉴》(2004年卷),《民族人口概况》。
③ http://www.gzz.gov.cn/gzgk_detailed.aspid=20。
④ 参见"吉祥甘孜"网对丹巴的专题介绍:《发现丹巴:嘉戎文化之源》。该介绍说丹巴作为嘉戎文化的核心地区和重要发源地,可以从族称、族源和考古以及丹巴高碉文化等几个方面得到充分的证明。http://www.tibetinfor.com.cn/t/040513zggz/index.asp。
⑤ 林耀华:《川康北界的嘉戎土司》,载《边政公论》6卷2期1947年6月,第33—37页。

核心,在民族身份的认知上,无论本地藏人还是异地人,"均视丹巴藏族为嘉戎娃"。①

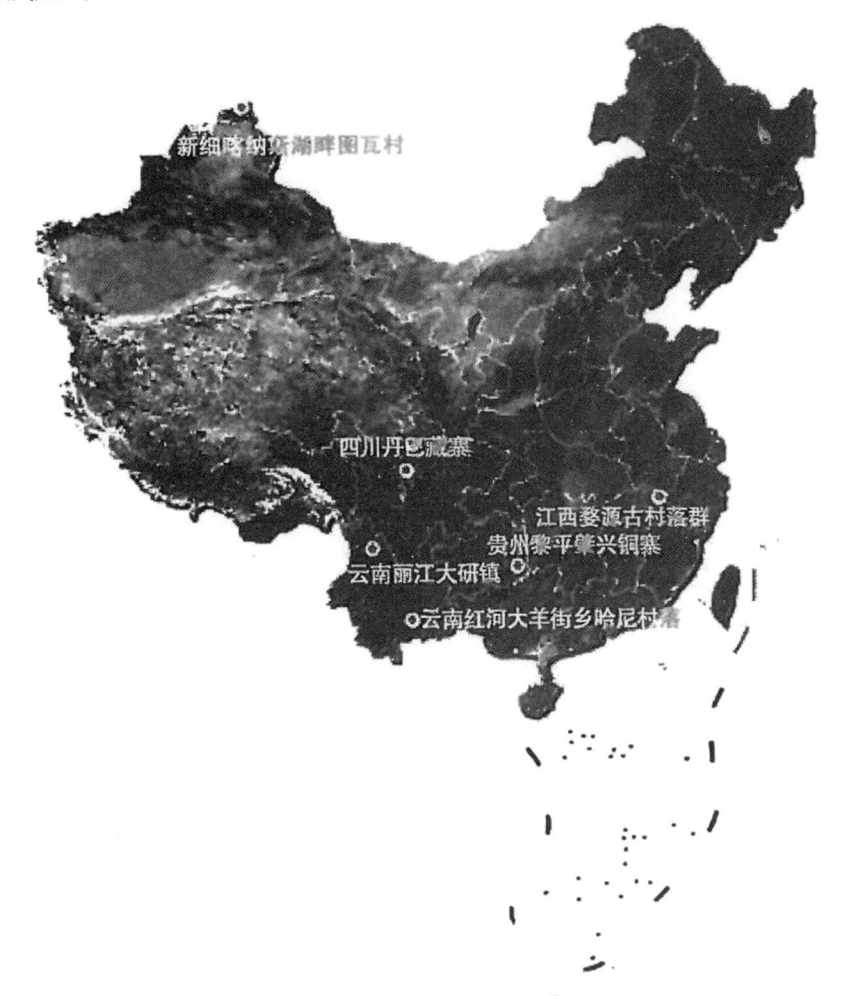

图1 "六大乡村"示意图②

---

① 杨嘉铭、杨艺:《千碉之国——丹巴》,巴蜀书社2004年版,第1—7页。
② 资料来源:《中国国家地理》杂志网络版2006年。http://qkzz.net/Announce/announce.asp?BoardID=17200&ID=251969。

二、身份变迁的村寨体现

2005年第10期《中国国家地理》杂志评选丹巴藏寨的文章写道：

> 丹巴……在冰川雪线之下，散布着藏族村落。诸如中路、蒲角顶、大寨、甲居、巴底等，不同村落的建筑风格各有特色。丹巴藏民的村庄大部分都在接近山顶的位置，不像汉族村庄……[1]

图2 丹巴—甲居示意图

---

[1] 参见祝勇：《丹巴藏寨：空谷有佳人》，载《中国国家地理》2005年第10期。

作为类似的呼应,旅游机构的介绍说,丹巴是"嘉绒藏族的聚居地",具有独特的文化和丰富的自然景观,"一幢幢藏式楼房撒落在绿树丛中,雪白的墙,深红色的屋檐",游客们可以在那里观"锅庄舞"、看"藏戏"、听"嘉戎歌"……①

(一)甲居简况

2005—2007年,我们在丹巴的基层乡村做了多次考察。其中的重点是甲居。

甲居在丹巴西北面,距县城十多公里,行政上属聂呷乡。"甲居"是当地名称的音译,确切来源和含义无人说清。有的说是藏语,有的说是嘉戎话。村民中的一种解释说其最初指的是"八百户"。这样说来甲居的地名与其规模有关,并且命名用语和方式都带有本土印记。至于后来有人望文生义把它解释为"最适合居住的地方",则是对其争评"最美之村"等近期行为的迎合与附会。甲居的"甲"(Rgja)在当地话里有"上百"的含义。有意思的是它与嘉戎(Rgia-rong)的"嘉"读音相同。

根据村里提供的2006年统计数据,甲居现有3个行政村、153户、624人。经过清末民初直至人民公社和"文革"以来的多次变动,目前这里的日常生活主要以行政上的一、二、三村为界,但在亲属关系和人生交往上起重要作用的单位是"房族"。在我们的了解中,3个村的房族彼此相关但不尽相同,大体上分为姚鲁阿瓦措、香布措、齐玛杰日措等十余支系。如二村的格良拉吉泽郎,祖父叫格良甲更吉,父亲叫格良泽热,几个兄弟分别叫格良劳日和格良泽良等。"格良"之称像家族姓氏一样从父系方面把他们连为一体。然而在格良之上,他们又属"齐玛杰日措"房族,在与亲属祭祀相关的活动中,要参加和其族亲一道举行的各种仪式。"齐玛杰日措"房族的祭祀活动通常是每年农历四月在甲居的跑马场举行。由于个人出身方面的原因,格良拉吉泽郎曾多年没有参与房族活动,直到后来受上门到本

---

① 随着作为新开发"旅游目的地"式的知名度增高,有关丹巴的地图和介绍已可十分便捷地在各种媒体上找到。本处资料选自上海"悠哉旅游网",参见 http://www.uzai.com/viewMap.asp;nid=305。

房族的舅舅劝说才重新"回归"。

格良拉吉泽郎会讲本地母语("嘉戎语""地脚话")和汉话(四川方言和普通话),并且有一个汉名叫保生,因为在县里当过局长,返乡后担任本村旅游协会的副会长,在开办家庭接待方面远近闻名,已成了甲居藏寨旅游的一个标志。在甲居,像保生/格良拉吉泽郎这样会说几种语言、拥有多种姓氏名称的成员不少。比如一村另一有名的旅游接待户甲呷泽郎,房族名称是"纽啫笃",家里有三个女儿,小的两位都叫"拉姆",长女则因幼时的过继取了汉名叫"桂花",而且姓"付"。

现在,日益扩展的旅游开发正改变着村民们的生活。随着外来游客的不断增加,他们几乎每天都要面对一个同样的问题,那就是如何向众人说明和展示自己的民族身份。

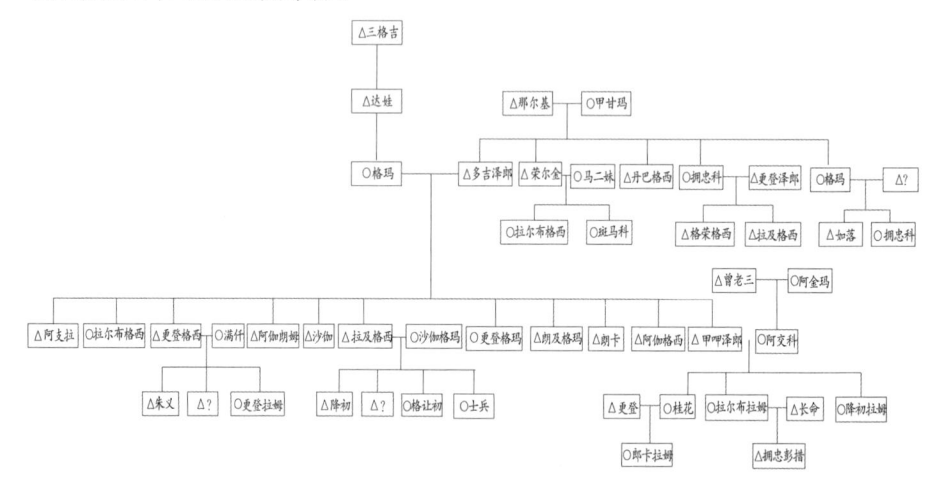

图3 甲呷泽郎的"家谱"①

(二)"格勒得沙"

其实从甲居村民这方面来说,"身份"的归属分了好几个层次。除了家系和房族以外,不同地域的区别也十分重要。在习惯上,他们以墨尔多神山为中心、折多山等为界,把康定、泸定、丹巴之外的地方称为"关外",对来自其处者叫"关外人"。比如甲呷泽郎的外公达娃出生在牛场,就被

---

① 本图为课题组成员刘亚玲参访绘制。

如此介绍给我们。也就是说,对于当地民众而言,在各自的身份认同上,自有其划分有序且世代相承的内部边界。不过,在与外人交往的过程中,这种边界会不断因各种冲击而发生演变。在甲居,这样的演变不胜枚举。自近代以来,除了行政区划的更替沿革外,对当地历史记忆和现实认同产生较大影响的可举两个事例。一个以"格勒得沙"为代表,另一个以"格林德雅"做表征。

考察中,村民对我们讲述了20世纪上半叶"格勒得沙共和国"在甲居等地组建苏维埃政权的事迹。结合当地人口述和后来查对的文献材料,从中获知的情况对我们了解那些事迹如何影响当地人的民族身份有所助益。

"格勒得沙共和国"是1935年11月红军在川边地区建立的。其建立的理论基础是中国共产党自1922年第二次全国代表大会以来有关民主共和国和民族自治等纲领及主张。[①] 长征开始后,红军进入康藏地区,1935年6月发表《告康藏西番民众书》,号召"康藏的民众"为结束其水深火热的命运而建立"自己的革命政权"。为了帮助当地人民实现这一目标,中共中央以大金川流域为界组建了大金省委,继而在省委所在地绥靖宣告成立了"格勒得沙共和国"。其辖地跨越今天的阿坝和甘孜两自治州,并下设了绥靖、崇化、绰斯甲、丹巴、卓克基等10个县级苏维埃政府。县级以下再设区乡苏维埃政府。当时的甲居便属其中之一。

"格勒得沙共和国"存在的时间只有一年(1935—1936年),但其意义和影响不可低估。它以自治政权的方式,使大金川流域"藏族"民众通过

---

① 1922年,中共第二次全国代表大会在上海召开。参照当时的苏俄模式,会议宣言提出了有关民族自治的基本纲领,如"统一中国本部(东三省在内)为真正民主共和国",使"蒙古、西藏、回疆三部实行自治,成为民主自治邦",以及"用自由联邦制,统一中国本部、蒙古、西藏、回疆,建立中华联邦共和国"等。其中的主要设计是"民族自决权"和"联邦制"。与此相关,1931年11月和1934年1月召开的第一、二次全国苏维埃代表大会通过的《中华苏维埃共和国宪法大纲》规定:"蒙、回、藏、苗、黎、高丽等人,凡是居住中国地域内的,他们有完全自决权;加入或脱离中国苏维埃联邦,或建立自己的自治区域。"除了"苏维埃社会主义共和国联盟"的蓝本印记外,这样的设想也反映了那个时代汉区的国民对其他少数民族的分类看法。参见中共中央统战部编:《民族问题文献汇编》,中共中央党校出版社1996年版,第18—166页。

与更大范围地域与族群的区分,在政治上确认自己身份。这种区分不仅有汉藏之间,而且还表现为与当时先后在绥靖组建的"回民苏维埃政府"以及由中共川康省委在甘孜成立的"波巴藏族共和国"之差别。值得注意的是,"波巴藏族共和国"治理康北,倡导"兴番灭蒋",与"格勒得沙"一样,都强调了民族意义上的"藏"和地域上的"康"——根据今天的文献解释,在两个自治共和国的名称里,无论"波巴"还是"格勒得沙"指的都是"藏族",只不过后者据说是出自"嘉戎藏话"。①

需要说明的是,对于我们的此项研究来说,之所以把"格勒得沙"而不是"西康政府"作为近代前期对丹巴藏寨民众身份的主要影响事例,原因在于二者在对待本地"土著"的立场和态度上有很大不同。前者倾向于以民族对等的方式,协助藏民组建政权,不但在建立"格勒得沙共和国"的先后成立了"格勒得沙革命党"和"格勒得沙革命军",并在逐步配置的格勒得沙各级政府中,推举当地藏民出任领导职务。相反,由川边改建的西康省,始终被赵尔丰、刘文辉这样的内地要员掌控,组建的初衷也是力图在"改土归流"的指导下,使康区内地化及使康巴"土著"归化。也正因如此,正式建立后的西康省,其党政军各级大权几乎无一不被外来的官员所把持。两相比较,虽然表面上也凸现汉藏之分,"格勒得沙"事例中本土民族的身份意识显然强调了主体属性。这种属性延续下来,也就成了现代旅游开发中再次激活"丹巴藏寨"民族身份的重要因素。

2007年6月,我们在甲居的考察中不少村民提起了有关"格勒得沙"的历史记忆。格忠泽郎指着他家后山坡上的一座残碉说,当年红军四方面军的领导(徐向前)在此住过。后来一名受伤的红军士兵留在本地,娶妻育子,成了甲居为数稀少的汉民之一。② 还有一位担任丹巴县"格勒得沙"

---

① 1980年代出版的相关文献说,"格勒"为"操嘉戎语藏族的自称","得沙"为人民之意,联读为"操嘉戎语的藏族人民"。此外,"波巴共和国"的全称是"波巴依得瓦共和国"。"波巴"是藏语的另一种自称,有时也写为"博巴",意思也是藏族人民。参见:《红军长征在四川》,四川省社会科学院出版社1986年版,第312—335页。
② 类似的例子在四川的阿坝藏族羌族自治州红原县也有。可参见笔者的考察报告《山寨之间:西南行走录》,广西人民出版社2004年版,第82—85页。

政府副主席的藏民独立师师长,当年也来到甲居,处理过新型政权与旧式土司间的纠纷和冲突。

格忠泽郎担任过甲居的大队支书(领导甲居的3个生产队)。或许由于这些记忆的缘故,在他的解释里,甲居地名除了指"百户人家"外,还有别的含义——"必经之地"和"出英雄的地方"。① 在民族身份的认同意义上,他们心中的"英堆"多出自本土。其中不仅有藏民独立师师长那样的新型领袖,也包括了世代承袭的巴旺土司。

桂花的父亲甲呷泽郎特别告诉笔者,要想真正了解甲居,一定得见一位叫王若汉的前辈。他是巴旺土司的最后传人,最了解甲居藏寨的来龙去脉。

王若汉是巴旺末代土司古松交的汉名。他本人是巴底土司的侄子,拥有包括甲居在内的世袭领地。1950年代初,受时任西康省藏族自治区人民政府主席的藏族老红军天宝影响,王弃政从戎,加入"丹巴藏民团"出外征战,到省城任职后长住成都。甲呷泽郎说他每次到成都一定要去见王,原因之一是甲呷泽郎父亲当年是老土司家的掌厨,世代来往。与此相关,当年从甲居跟王加入藏民团的曾老三也与他们关系特别:他是甲呷泽郎家"三姐妹"的外祖父。

这样,通过红军长征在丹巴及其协助创建的"格勒得沙"和"藏民团"等历史实践,本地民众的身份归属就在与外来汉族相区别的同时,增加了特定的文化和政治意涵。其影响持续至今,一直延伸到当前的旅游开发之中。

2000年,丹巴县政府编印本地文史资料,在有关当年丹巴"格勒得沙"政府副主席的生平事迹中这样写道:

> 马俊,丹巴县二十四村白呷依村人,藏族,藏名阿布,房名麻

---

① 本处资料主要来自课题组的田野考察。参加访谈记录者有四川大学文学人类学研究生庄林川、张中奎等。有关"格勒得沙"在丹巴的经历,可参见中共丹巴县委党史研究室编:《红军长征在丹巴》,2006年版。

孜,清光绪三十二年五月(1906年7月)生,排行第三,四岁丧母。其父麻孜阿交,以种地和骡马驮运为业,抚养子女,丹巴建立苏维埃政权时,任县格勒得沙政府(藏族人民政府)副主席。后随红军北上抗日,不知所踪。

姐夫若底彭措,先祖参加评定康地营官(第巴)昌侧集烈作乱时有功,清康熙四十年(1701年)颁发号纸封为鲁米章谷(今丹巴)十七土百户之一的祖卜柏哈土百户。[①]

通过这样的描述,我们就可以从一个侧面发现,自那以来当地的人们在民族身份上是如何界定和区分的。

(三)"格林德雅"

1999年,丹巴县政府制定本地《旅游发展10年规划》,把"藏族村寨"列入开发项目之中。两年后在政府倡导下,首届"中国四川丹巴嘉绒藏族风情节"隆重举行,"嘉绒""藏族""风情"被作为特色资源向外推出。

在这样的背景下,甲居由于具有突出的代表性而备受关注和影响。自2002年起,一村二村的保生(格良拉吉泽郎)、拉姆三姐妹(就是甲呷泽郎的三个女儿)及拥忠贝姆(二村支书)等户先后被政府批准为"民居接待点",陆续开展藏式家庭经营。几年之间,随着名声远播,他们的规模也越做越大,带动的人家越来越多。许多接待户修建了带浴卫的标准间。拉姆姐妹家盖了突破传统、号称"乡村宾馆"的高层楼房,里面甚至有深夜营业的酒吧。这就引发了各方争议。

村子以外的政府和游客希望甲居保持原貌,突出藏族风格;以三姐妹为代表的部分藏民却更想超越本土,向外界学习,乃至用内地的现代化方式扩展生意。为此,拉姆姐妹一家不惜远足到上海、江苏、深圳等地考察,并接受旅游公司和NGO组织的支持援助,积极以改变甲居"落后"面貌为目标。不过等见世面"取经"回来,尤其是与外来游客的接触日益增多后,拉姆她们和其他村民逐渐意识到最能促进本地旅游业的资源不是别的,而

---

① 参见《丹巴文史资料》(第四辑),政协丹巴委员会编印2000年版,第1页。

是甲居的"不发展",即传统的民族本色。也就是说,真正吸引游客眼球的是本地人的"藏族身份"。

2004年末,中央电视台《中华民族》栏目组专程赶到甲居采访拍摄,不久就以"美人乡·美人香"为题推出专辑,向外界宣传甲居。其宣传的"美人"是谁呢?是"康巴姑娘"和"嘉戎汉子"。片子结尾,汉族向导对采访者总结说,来到丹巴的藏寨,能让人感受到"浓厚的嘉绒藏族文化",能看到许多的美女、帅哥,包括他们与众不同的歌舞。为此,向导概括说甲居代表丹巴,"丹巴就是美人谷",也就是生活着嘉戎儿女的美丽藏寨。①

随后,《中国国家地理》杂志等多家媒体纷纷对甲居进行连续报道渲染,致使外来游客蜂拥而至,与日俱增。在高峰时节,村里接待户一天接待人数会多达上百。那时,最紧张的拉姆三姐妹整日里不是忙着在村头引客、带领参观,就是在取名为"姐妹藏家庄"的接待点生火做饭、陪跳"锅庄",急起来的时候连她们的母亲阿交科也得加入进来,赶到饭桌前为游客一遍遍地演唱藏歌——《走进西藏》。于是在异族游客们的欢声笑语和热烈掌声里,甲居村民的"藏族身份"被一再激发。双方原本有别的需求,在这里共同重塑了彼此对照的文化边界。尽管受到旅游经营的影响致使这种边界带有表演的痕迹,但其不仅使内外两边在区分中获得满足,也给参与旅游的村民带来了直接收益。

不过当身份因旅游成为资本的时候,也会由于开发不当而给本地带来冲击。其中的主要方面:一是村民结构逐渐瓦解,原有的家支房族开始因是否参与旅游接待而一分为二,贫富拉大了、争执出现了;二是"质朴的民风和田园的宁静"被急速打破,"宁静的童话世界变得喧嚣起来",乃至于有人认为甲居最吸引游客的民族风情正在消逝。

这样的变化又被中央电视台节目组拍入了新的甲居专题片中。该片

---

① 参见 CCTV 民族频道《中华民族》:《寨子系列——美人乡·美人香》(2004年第48期),央视国际 2005年1月26日。http://www.cctv.com/programzhmz20050126/101708.shtml.

图 4　甲居远景

以《格玲·德雅》为名,展示了当地村民在旅游开发中面临的新困惑。① 通过跟随拍摄的方式,该片记录了保生和桂花到云南取经、求助的过程。面对"保护国际"(CI)等非政府组织顾问批评甲居已经开始失去自己、失去"藏寨宝贵东西",保生呼吁专家学者们伸出援助之手,到丹巴、到甲居藏寨去"救救这个美丽的地方"。

回到村里后,保生又对老乡们表达对甲居旅游的看法,他说:

> 现在甲居的旅游,是一个没有章法的旅游。很多旅游项目藏不藏、汉不汉的。游客到我们这里来看什么呢?他们不是需要一个一般的农家乐,来打牌吃饭的,他们想了解我们的藏文化,我们吃什么?穿什么?玩什么?这也是我们该表现出来的。饭菜里

---

① 专题片《格玲·德雅》由 CCTV 于 2006 年 7 月播出。相关内容可参见央视国际 www.cctv.com,2006 年 7 月 31 日。

图5 新开发的"姐妹藏家庄"

面,应该多点我们藏家特色的东西;穿着,应该统一成藏服;晚上游客们集中起来,围着篝火和村民们对歌、跳锅庄,才有特色。

关于甲居藏寨和《格玲·德雅》,电视片制作者向观众解释说:

> 甲居藏寨,是一个面积只有5平方公里的村庄。这里居住着古老的嘉绒藏族。甲居藏寨的房屋依山而建,靠石头一点点拼接堆砌而成。
>
> 本片的名字《格玲·德雅》,取自甲居一户民居的名字。据说灵感来源于藏族英雄史诗《格萨格王》。大意是:不要见利忘义,保持文雅的道德,以文雅的方式善待他人,善待环境。

或许为了凸显本地的与众不同,在《格玲·德雅》结尾,拍摄者穿插了委婉悠扬的本地民歌:

当石榴花开的时候,听布谷鸟深深地歌唱。
美丽的嘉绒,我可爱的故乡。
石榴花开满了山寨,开满了山寨,
最美还是在甲居,甲居。
你可知道我爱你,我要带你飞到天上去。
欢迎你到甲居来,欢迎你到藏寨来。
这里的风景美如画,这里的人民热情好客……

于是由内及外,被双向推动的这种藏族特色,向我们生动展示了当地的民族身份如何因旅游交往而被激发。

如今在甲居,在与来来往往的游客交流中,本地人的民族身份还在"自我"及"他者"的双重作用下演变着。村里的小伙子降初格西说,除了继续跟村里的师父学习"藏画"以外,他下一步的计划是去比成都更远的地方。此前他已经去过甘孜的康定、西藏昌都,还有青海的玉树。问他的比较,回答说以前去的那些地方语言能懂,生活也习惯而且有人帮助;成都不知道,可能有意思,也可能待不了。

图6 降初格西,汉名宋强

又问他提到的"新都桥""妥坝"和"玛查拉"等地的方位。他讲不清楚,转身求助于墙上的地图。地图有几种,其中一幅《丹巴徒步旅行导游图》由外来的"驴友"手绘。另一幅叫《大香格里拉地区》,是《中国国家地理》杂志社印制。通过别人讲解,降初格西开始了解甲居、丹巴都在"大香格里拉"范围。而村民中有的还听说这里也属于"藏彝走廊"。

降初格西今年17岁,爷爷是村里有名的"阿维"(Ahwai)。"阿维"是当地语的称呼,用汉话也叫"道士",现在通常的解释是指苯教流传下来的祭司。不过在宗教生活方面，除了苯教传统外，村里也有一些人的信仰与格鲁派和萨迦派等藏传佛教有关，并由此影响到各自举行的法事区别。可见宗教信仰也构成了当地村民"族群身份"的重要部分。

降初格西还有一个汉名叫宋强，是幼年时依照一位汉族干爹的姓氏取的。但直到今天，降初格西同那干爹都没见过一面，宋强这名字也未曾在他个人的身份证和家里的户口簿上出现；与此同时，自从改名后大家都叫他"宋强"。现实生活中，无论在家里还是学校，"降初格西"似乎正在被遗忘。①

结　语

民族身份是一个群体内外作用的混合结果，而且是动态演变的过程。在不同的历史语境下，内部需求决定身份的"自我"选择，外部力量塑造身份的"他者"形象。

1953年，中华人民共和国举行第一次人民代表普选。普选的重要基础是完整准确的人口数据。为此中央政府组织了第一次全面的人口普查。其中要体现政治平等的一个相关环节，是弄清在多民族国家里不同的民族成分，从而推举出各民族的人民代表。这一过程突出表现了影响民族身份的内外作用，其中各共同体成员对个人族别的自报可以说代表着民族身份

---

① 降初格西1990年6月20日出生，祖父给他取了藏名。一岁时，身体弱，家里担心长不好就依照本地习俗给他拜继了汉族干妈张氏。当时张氏在甲居村里对面河边的地质单位做工，两家主妇在集市买卖苹果的时候认识。拜继后，张氏依照丈夫的姓给小格西取汉名为宋强，从此两家有了更密切的往来，宋强的身体也逐渐转好。如今张氏搬到了成都附近的郫县，联系就减少了。本课题组成员骆西也参与了对降初格西家的调查。

内部因素,而来自国家层面的政府识别则可视为外部力量的主要表征。①

如今在丹巴,甲居村寨的事例显示出乡民们的身份如何在这两种力量影响下,表现为双重交汇、一体多形。对于本地村民,所谓民族身份并不时时呈现。相反,在日常生活中起区分作用的主要是特定的家支、房族,一、二、三村以及在地域上更宽一点的"关内""关外"。与此对应,在不同的历史时期里,来自外部的力量则把他们识别和塑造为层次多样的群体,比如"嘉戎""康巴""藏人"乃至少数民族等等。所以,对于民族身份的观察研究,离不开彼此关联的两个方面。也就是需要既从身份的名实本身,考察它的含义和演变,同时也通过身份的由来,关注使之形成、推广的不同力量及其派生的诸多影响。

演变中"甲居藏民"(藏寨、藏文化)的身份确认,在内部可见出村民们对其作为旅游资源和文化资本的现实认可,同时也包括对至少自巴旺土司和"格勒得沙"政权等以来便逐步认知的族群边界的历史承继。在外部,由于起点和利益的不同,"甲居藏民"身份中的"他者"因素又交织了多样的层面。首先是各级政府通过这样的身份,对人群划分进行区域和文化类型上的再阐释,并由此获得具有地方魅力的开发资源;其次是旅游公司等中介机构借助特定的民族身份打造和推广旅游地产品并从中赢利;最后是外来旅游者经由与己不同的文化他者,满足各自的求异之需:或在习惯中的"夷—夏"族群代表的"落后—先进"对比中提升自我,或在文明缺憾的反思里获得弥补与填充。

甲居是一个村寨事例,对于逐级延伸的聂嘎(乡)、丹巴(县)、甘孜

---

① 中华人民共和国成立初期的民族识别与人民代表普选、首次人口普查以及中央政府对新中国的国家属性定位等有着密切关联。相关过程可参见《中华人民共和国国家统计局关于第一次全国人口调查登记结果的公报》(中华人民共和国国家统计局,1954年11月1日)。当时对民族构成的划分做了专门统计,但使用的称呼与后来不同,公布的结果是:"汉人"五亿四千七百二十八万三千零五十七人,占百分之九十三点九四;各"少数民族"共三千五百三十二万零三百六十人,占百分之六点零六。其中人口在百万以上的少数民族有"蒙人""回人""藏人"和"维吾尔人""苗人""彝人"等。与之相关的民族识别可参见黄光学、施联朱主编:《中国的民族识别——56个民族的来历》,民族出版社2005年版。

（州）乃至"康区""藏域""中华"等更大范围的地域来说,深入到山乡村寨的民族身份不仅反映着人群边界的底层细节,而且也体现了在"多元一体"的国家层面、由这些底层细节交错编织的总体趋势。

1980年,费孝通先生在回顾和总结新中国的民族识别工作时,以"嘉戎藏族"和"平武(白马)藏族"等为例,发表了应跨行省、跨族群和跨时代整体思考有关以康定为中心的"民族走廊"内族群演变的看法,并提出由于彼此间相互交融等缘故,至少在这一地区,既有的"民族名单"难以一成不变,"民族识别"也还将继续展开。[①]

费孝通所指的这条"民族走廊",北自甘肃,南到西藏的察隅、珞渝。其历史往古至少可追溯到党项、羌的发源,近则与"白马""西番"等遗存的待识别民族相联系。其中,丹巴的"甲居藏寨"刚好位于以康定为中心的重要地带。

[①] 费孝通:《关于我国民族的识别问题》,载《中国社会科学》1980年第1期。

文化遗产名录的符号竞争[①]

李 菲

引 言

族群问题在现代"民族—国家"建构过程中伴生并日渐凸显,是现代背景下的一种新的关于人类社会群体分类的表述模式。它指向某种内核稳定、边界流动的人群共同体,为多重社会结构提供象征力量,从国家国民到地方团体都可以找到它的影子。[②] 与此同时,族群认同也是人类相互区分和竞争的工具之一。资源环境的改变时常造成族群边界的变迁。[③]

曾引起媒体和公众高度关注的"中韩端午申遗之争",反映了同属东亚儒家文化圈的中韩两国在"我"与"他"族群文化资源所有权和文化符号表述权问题上的冲突与矛盾。这场争夺随后进一步延伸到网络。韩国某公司抢注"端午节. cn"中文域名的行动,进一步折射出此事件背后关涉的

[①] 本文原名《遗产名录与族群整合》,载《中南民族大学学报》(人文社会科学版)2008年第3期,经作者修改后辑入本书。
[②] 纳日碧力戈:《现代背景下的族群建构》,云南教育出版社2000年版,第2页。
[③] 参见王明珂:《华夏边缘——历史记忆与族群认同》,社会科学文献出版社2006年版,第4、249页。

文化遗产与族群以及不同文化之间的权力与利益关系。① 与此同时,还出现了不同国家以相同族群的文化事项进入文化遗产名录的成功案例。中蒙两国联合申报的"蒙古族长调民歌"于 2005 年入选联合国第三批"人类口头和非物质遗产代表作"。② 这一案例本身就是一次跨越现代"民族—国家"边界的族群认同与文化整合实践。

这场全球化的非物质文化遗产浪潮来势汹汹,也将中国当下的族群状况与认同变迁等诸多问题再次推向前台。

一、非物质文化遗产名录

(一)遗产浪潮:从联合国教科文组织到中国

2003 年 10 月 17 日,联合国教科文组织(UNESCO)于第 32 届大会通过《保护非物质文化遗产公约》。一场非物质文化遗产保护浪潮汹涌而来,中国也不可避免地卷入了这样一种全球化语境中的"多元文化的普遍主义"体系。③

对中国而言,保护非物质文化遗产工作的标志性环节——非物质文化遗产项目的申报在联合国和中国国内两个不同的层次同构性地展开。在联合国,中国向 UNESCO 递交申请,以昆曲等非物质文化遗产项目为代表,参与不同民族、国家之间关于文化多样性、特殊性和普遍性的竞争,从而获得联合国对其"人类口头与非物质遗产代表作"合法性地位的授权与

---

① 资料来源:"中国国学网"关于"中韩文化之争"的系列相关报道。值得注意的是,韩国申报成功的"端午祭"是韩国江陵地区的传统节日习俗。它被联合国教科文组织正式确定为"人类传说及无形遗产著作"。"端午祭"实际上是由舞蹈、萨满祭祀、民间艺术展示等内容构成。它与中国人吃粽子、划龙舟、纪念屈原是两回事,二者唯一的相同点是时间框架——都是在中国的端午节期间举行,因此它被称为"端午祭"。参见 http://www.confucianism.com.cn/category.asp?cataid=A000300070015。
② 《木卡姆和蒙古长调成为人类口头和非物质遗产》,载《人民日报》2005 年 11 月 26 日。
③ 关于非物质文化遗产"多元文化的普遍主义体系"的相关论述,参见李军:《什么是文化遗产——对一个当代观念的知识考古》,见陶立璠、樱牛龙彦主编:《非物质文化遗产学论集》,学苑出版社 2006 年版,第 13 页。

随后,中国国务院于2006年5月20日公布了《第一批国家级非物质文化遗产名录》。这份名录则几乎是在复制同样的模式:不同申报主体就众多非物质文化遗产项目向国家提出申报,从而获得国家对所申报项目合法性地位的授权与确认。

由国务院批准、文化部确定的《第一批国家级非物质文化遗产名录》一共公布了518个项目[①],其中属于藏族民间舞蹈的有5个项目(见表1)。

本文以下篇幅将重点从下表中的第123项、编号为Ⅲ-20的非物质文化遗产项目"锅庄舞"展开论述。

(二)两个相关概念

1. 藏族及其当下图景

表1 国家级非物质文化遗产(民间舞蹈)

序号	编号	项目名称	申报地区或单位
122	Ⅲ-19	弦子舞(芒康弦子、巴塘弦子)	西藏自治区
			四川省巴塘县
123	Ⅲ-20	锅庄舞 (迪庆锅庄舞、昌都锅庄舞、玉树卓舞)	云南省迪庆藏族自治州
			西藏自治区
			青海省玉树藏族自治州
124	Ⅲ-21	热巴舞(丁青热巴、那曲比如丁嘎热巴)	西藏自治区
125	Ⅲ-22	日喀则扎什伦布寺羌姆	西藏自治区
142	Ⅲ-39	山南昌果卓舞	西藏自治区

藏族作为族群称谓,指居住在以青藏高原为核心的中国西部地区的一个人群共同体。它既是历史形成的一个古老民族,也是20世纪50年代新中国民族识别工程所确认的55个少数民族族别之一。当代族群理论认

---

① 中国艺术研究院·中国非物质文化遗产保护中心编:《中国非物质文化遗产普查手册》,文化艺术出版社2007年版,第286页。

为,在许多情况下,体质或语言并不是定义一个民族的客观条件。藏族所指涉的对象实体就应该是一个内核稳定边界流动,分享同样主观认同的人群共同体。根据方言区域、体质人类学和族属谱系①来看,现今这个人群共同体可以分为"博""安多"和"康"三大亚族群。他们在文化形态上显现出差异性、丰富性与多样性。在现代中国国家体系中,藏族被行政区划所分割,除西藏自治区以外,还分布在川、青、甘、滇等省区。今天的藏族因而呈现出"族群—语言文化—行政区域"的对应图景(见表2)。②

表2 藏族族群与行政区划对应表

族称	对应群体	方言区划	当代行政区划分布
博巴	卫藏藏族群体	卫藏方言区	西藏自治区(昌都除外)
安多	安多藏族群体	安多方言区	除玉树藏族自治州外的青海藏区、四川阿坝州和甘肃的藏族地区
康巴	康巴藏族群体	康巴方言区	西藏昌都专区、四川甘孜州、青海玉树藏族自治州、云南迪庆藏族自治州

2. 锅庄及其当下图景

在青藏高原东部边缘,位于汉藏文化交界地带的康巴藏族地区,存在着一种古老民间舞蹈类型——锅庄舞。据清代《皇清职贡图》记述:"杂谷本唐时土蕃部落,男女相悦,携手歌舞,名曰'锅庄'。"锅庄舞也即是"卓舞",藏语意为圆圈歌舞,是深受藏族喜爱的民间舞蹈。③ 同时,藏彝走廊空间区域内各族群间频繁而紧密的文化互动,又使得锅庄跨越了族群边界,成为今天藏彝走廊各族群共享的一道亮丽的文化景观。当全球化的非

---

① 关于体质人类学区别,参见古瑟普·詹纳:《西藏拉萨出土的古人类遗骸》,杨元芳、陈宗祥译,载《中国藏学》1990年第4期。文中指出,中外人类学家研究表明藏人在体质上分属于藏A型(僧侣型)和藏B型(武士型或康区型)。
② 关于藏族的语言区划和行政区域对应划分关系,参见格勒:《略论康巴人和康巴文化》,载《中国藏学》2004年第3期。
③ 参见纪兰慰、邱久荣主编:《中国少数民族舞蹈史》,中央民族大学出版社1998年版,第267—268页。"卓"藏语意为"舞",另见《藏汉大词典》引申为"发誓、誓言、当众宣誓"之意。据勒敖旺堆考查,"卓"的来源在敦煌石窟和土蕃碑石中依稀可寻,它是"一种氏族部落娱神的祭坛礼仪和盟誓文化有关的舞蹈形式"。

物质文化遗产浪潮来临之时,锅庄不再仅仅被视为一种娱乐民众的民间舞蹈,更被视为能够代表权力并产生利益的文化资源。

(三)由名录引发的追问

在《第一批国家级非物质文化遗产名录》中,第123项编号为Ⅲ-20的"锅庄舞"项目由西藏自治区、云南省迪庆藏族自治州、青海省玉树藏族自治州等3个申报地区或单位联合申报成功,包括迪庆锅庄舞、昌都锅庄舞和玉树卓舞。如前文所示,传统上"康巴"的族群范围在现代国家行政区划中基本上与西藏昌都、四川省甘孜藏族自治州、青海省玉树藏族自治州和云南省迪庆藏族自治州相对应。但在锅庄的申报地区或单位中,出现了4个当代主要康巴藏族族群区域中的3个,唯独不见四川甘孜藏族自治州。作为一种特定的文化事象,锅庄在某些人群共同体中分布、流传与变迁,其本身就折射出不同群体间的整合、互动等复杂关系。在本名录中,当锅庄舞的申报涉及权力利益关系时,上述事实足以引发以下追问:

第一,谁拥有非物质文化遗产的申报资格,是某一人群共同体(藏族、康区藏族)?还是行政地区或单位(各藏族自治州、自治区)?谁有权代表,或者说谁被谁认为更具有代表性?这涉及非物质文化遗产的主体表述权等问题。

第二,为何采用联合申报形式?如何划定联合申报的群体范围和边界?谁被涵括在内,谁又被排斥在外?这涉及非物质文化遗产主体的人群共同体边界变迁与文化资源分享权等问题。

本名录是一个引发众多追问的案例。它的出现在很大程度上是由于非物质文化遗产申报内在操作原则所引发的:作为一种全球语境下对传统文化进行保护、传承和开发、利用的手段,它将部分人群的文化遗产提升为更大范围的"国家级"文化遗产,但同时也必须将特定的文化事象与特定的人群共同体处理为对应关系。

二、锅庄,或"序号123／编号Ⅲ-20"

"非物质文化遗产"指被各社区群体,有时为个人视为其文化遗产组成部分的各种社会实践、观念表述、表现形式、知识、技能及相关的工具、实物、手工艺品和文化场所。

——《保护非物质文化遗产公约》,2003年10月17日[1]

(一)"非遗"界定的两个维度

"非物质文化遗产"作为一个具有特定内涵和外延的概念,其界定是在两个维度上进行的。

第一个维度:作为语言表述的静态界定。此份《公约》,用英文对非物质文化遗产概念进行表述。随着《公约》在全球范围的公布与流传,这个概念从英文翻译为中、法、德、日等多种语言,在不同的文化语境中被表述,也被接受、被阐释。

第二个准度:作为申报程序的动态界定。非物质文化遗产作为一个概念,其所指是以举类的方式得以呈现的。因此每一个具体项目的申报成功都将这一概念实体化、对象化,同时也形成了将一个个具体的文化事象纳入"非遗"表述体系之中的动态过程。

在现实操作中,作为语言表述的静态界定和作为申报程序的动态界定是难以割裂的。每一次非物质文化遗产项目的申报,都在特定语境中对此概念进行复制与再界定。同时,从非物质文化遗产概念本身的确立到无数个具体非物质文化遗产项目的申报成功,构建起了一个宏大的"世界级—国家级非物质文化遗产体系"。这一宏大建构的基础隐含在上述两个维度的界定之中,依赖于以下一种内在的对应表述模式。

(二)"非遗"表述的内在模式

诚然,非物质文化遗产不同于自然遗产。自然遗产由于其实体存在的特点决定了它要占据特定的时空,其空间位置归属基本上很少引发争议。而文化遗产,特别是非物质文化遗产则是由某一特定人群创造出来的。它

---

[1] 中国艺术研究院·中国非物质文化遗产保护中心编:《中国非物质文化遗产普查手册》,文化艺术出版社2007年版,第286、251页。本公约由联合国教育、科学及文化组织第32届会认正式通过。

既有纵向传承,也有横向传播;既有时间上的相对性,也有空间边界的可变动性;同时还涉及特定人群内部认同和外部关系等复杂问题,因而更容易引发争议。然而,正是这样一种极具相对性的、边界难以确定的非物质文化遗产,其法定申报程序却要面对一个无法绕开的模式:将作为文化符号的某一"文化事象"(非遗项目)与特定主体(申报单位或地区)直接对应。

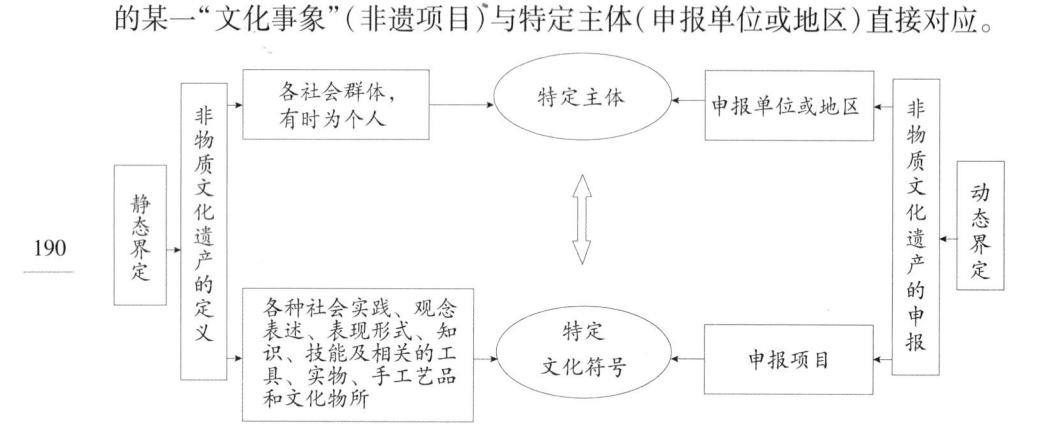

图1 非物质文化遗产内在表述模式示意图

如图1所示,上述两种互为支撑的界定方式清晰地显示出,名录试图将特定文化事象与一种特殊的主体——行政主体,而非特定人群共同体相对应。非物质文化遗产名录的公布,就是要利用国家权力话语来确保上述对应模式的合法性。其目的则是要进一步达成"这种非物质文化遗产代代相传,在各社区和群体适应周围环境以及与自然和历史的互动中,被不断地再创造,为这些社区和群体提供持续的认同感,从而增强对文化多样性和人类创造力的尊重"[①]。

(三)从"锅庄"到"序号123"项目

当某一文化事象被申报为非物质文化遗产时,它就将以非物质文化遗产概念表述中的诸要素来对应、调整,甚至改写自身原有的诸要素,从而实现从某个文化事象到某个非物质文化遗产项目的概念转换。在此过程中,锅庄舞从历史文献的图文载录中,也从牧场到田间再到城市广场的无数个

---

① 中国艺术研究院·中国非物质文化遗产保护中心编:《中国非物质文化遗产普查手册》,文化艺术出版社2007年版,第251页,《保护非物质文化遗产公约》第一章第二条。

鲜活的民间舞蹈场景中被抽离出来。它作为藏族民间舞蹈的代表形式被申报为"国家级非物遗产",更进一步说,成为首批"国家级非物质文化遗产"体系中的"序号123/编号Ⅲ-20"类别。

从"锅庄舞"到"序号123/编号Ⅲ-20",一种文化事象的指称从文字改写成序列号编码,从单一事像改写成"非遗"体系中的1/518。但它改变的不只是表述符号,还有表述主体。无数个锅庄舞的舞者被笼统涵括在"藏族"的族别之下——却不是作为某个人群共同体,而是作为被现代国家行政体系分割的西藏自治区及其他藏族自治州。由此,"序号123/编号Ⅲ-20"项目的表述主体被改写成分属于不同行政级别的数个行政主体。

在当下语境中,族群边界与国家行政区划边界在事实上几乎是无法对应的。非物质文化遗产项目的申报理应在尊重各人群共同体的历史文化传统和现实状况的前提下进行。因而,它势必对各个族群在现行国家行政体系中形成的关系与格局产生质疑与挑战,进而在较大范围内引发现有族群格局的新一轮调试与整合。

三、非物质文化遗产申报程序的内在转换

当某一文化事象作为"项目"进入体制化的"非遗"申报与国家批准程序当中时,名录的公布事实上行使着一种国家权力话语功能。然而,国家权力话语的导入并未使"特定主体"与"特定文化符号"之间的对应模式理所应当地合法化,反而使其中的族群问题变得更加复杂。其原因就在于上述体制化的申报和批准程序引发了以下几种关键性的内在转换:

第一,意义范围(命名)转换。学者李军曾探讨过几种关于文化遗产普遍性与特殊性的模式。他认为在理想意义上,一种遗产只有首先属于小共同体才能属于大共同体。但在人们的观念中则恰好相反,仿佛只有把小共同体的遗产变成大共同体的遗产,才能提高遗产的价值。这在国人对

"入世"和申报"世界文化遗产"的空前热情中,可以看得很清楚。①

锅庄个案中特殊性和普遍性的矛盾是较为明显的。今天的锅庄不仅见于藏族,还有羌族锅庄、彝族锅庄、纳西族锅庄等等。② 锅庄舞在中国西南地区,特别是藏彝走廊,由于各民族、各地区的差异体现出不同的特色,因而呈现出一个普遍性与特殊性相结合,丰富、多层次的锅庄民间舞蹈体系。只有将康区藏族锅庄置入这一锅庄舞蹈体系中才能充分凸显其特殊性。然而,在锅庄的申报案例中,康区藏族锅庄直接跨越了锅庄作为藏族,乃至藏彝走廊各民族共有的民间舞蹈类型这两个层次,向更高一级——国家,让渡自身的特殊性,以换取在"国家级"层次的普遍性。从"XX群体传统文化"到"国家级非物质文化遗产"这一意义范围的转换表明,在"非遗"申报的特殊背景下,某一族群将跨越现有的族群边界直接向"多元一体"的中国民族国家共同体表达自己的文化认同。正如李军所指出的,这一方面"提升了遗产的价值",而另一方面却存在着将自身降格为某种文化他者,某种观赏性异域风情的潜在风险。③

第二,关系模式转换。《第一批国家级非物质遗产名录》一共公布了518项非物质文化遗产项目,分别归入十大类别。这种项目罗列的呈现方式决定了本名录在数量上不可能无限扩展,因此,它只能是选择和权衡的结果。要将丰富多元的各民族传统文化依照"非物"的模子以填空题的模式填写入这份名单中,就必定会在两个层次上做出比较、选择和权衡。首先,在一个民族内部选择本民族最具代表性的,或者说是最符合"非遗"标准的传统文化项目来申报。如藏族有着种类繁多的传统民间舞蹈,但最后

---

① 李军:《文化遗产保护与修复:理论模式的比较研究》,见陶立璠、樱井龙彦主编:《非物质文化遗产学论集》,学苑出版社2006年版,第40页。
② 参见张康林:《"锅庄"舞种名称考释》,载《西藏艺术研究》1990年第3期;周瑾:《四川地区"跳锅庄"的发展演变》,载《中国藏学》2002年第4期;黄银善:《羌族锅庄》,载《音乐探索》1986年第4期;安可君:《万千锅庄舞甘南》,载《中国民族博览》1999年第4期;勒敖旺堆:《中甸锅庄形式、内容简析》,载《西藏研究》1985年第1期;李柱:《凉山彝族锅庄舞产生、发展初探》,载《民族艺术》1990年第4期;等等。
③ 李军:《文化遗产保护与修复:理论模式的比较研究》,见陶立璠、樱井龙彦主编:《非物质文化遗产学论集》,学苑出版社2006年版,第39页。

入选非物名单的仅有5项(参见表1)。其次,在民族与民族之间,为某一文化事象选择最具代表性的主体。就锅庄的例子来看,藏、羌、彝、纳西等都有锅庄这一民间舞蹈样式,但锅庄仅作为藏族民间舞蹈成功申报。

藏族锅庄与其他西南少数民族锅庄的区别,主要是由于民族、地域、历史文化的不同而形成的形式和内容上的客观差异,并不存在优劣或等级之分。但"非遗"项目申报强调某一人群共同体在某一文化事象上所具有的典型性和代表性,因而人为地在不同人群之间或某一人群内部根据其典型性和代表性由强至弱划分出"纯正级序"。① 在这一等级序列中排位靠前的就更具备申报优势。锅庄作为藏族民间舞蹈入选名录,表达出国家相关机构的权威评价——藏族锅庄在典型性和代表性上要高于其他西南少数民族的锅庄;同时昌都、玉树和迪庆的锅庄在藏族内部又是最具代表性的。由此,不同人群之间锅庄平等的多样化差异性结构被转换成"最具代表性→具代表性→不具代表性"的不平等关系。

第三,表述框架转换。从空间上看,锅庄这一古老的民间舞蹈类型经过社会历史进程中不同民族间的互动与交流,逐渐演变成为今天在西南地区,特别是藏彝走廊众多少数民族中广泛分布的一种文化事象。根据这一文化事象在不同人群共同体中的传播与流变,我们可以描绘出其空间分布图。最为重要的是,这一空间分布图是在社会历史进程中自然形成的。然而,作为一种国家权力话语,《国家级非物质文化遗产名录》由行政申报和国家批准程序生产出来,它将锅庄从文化表述框架移至政治表述框架之中,将锅庄历史形成的空间分布完全改写。它把锅庄在西南地区的文化事象分布图景改写成国家授权认定的、仅仅对应于现代康区三个藏族自治州的行政空间分布图景,彻底破坏了锅庄文化图景的自在性和完整性,同时也将其自在的合法性置换为由国家权力机构授权的合法性。在名录中,锅

---

① 参见古塔、弗格森编著:《人类学定位——田野科学的界限与基础》,骆建建、袁同凯、郭立新等译,华夏出版社2005年版,第44页。此处借用古塔和弗格森关于田野"纯正级序(hierarchy of purity)"的论述,指人类学家常常在主观上按照"田野原型"的标准来判断田野调查的地点,认为一些地方(如遥远和边缘地区)比另一些地区(如自己熟悉的社会)更适于开展田野工作。不同的田野地点处于田野纯正级序中的不同位置。

庄仅见于"藏族民间舞蹈"的类型之下,羌族锅庄、彝族锅庄、纳西族锅庄并非是在事实层面上消亡了,而是被国家权力话语所遮蔽。

第四,主体权益转换。在涉及"非遗"保护、管理和利用的相关法律问题时,学者齐爱民指出,类似"民间创作是全人类的共同遗产"这一类的老套表述,看似一种提升非物质文化遗产地位的煽动性口号,实则是国际社会以往关于非物质文化遗产处于公有领域而可以无偿获取和使用的法律观念的具体表现。因此,他认为保护非物质文化遗产必须抛弃所谓"共同财产"的落伍理念,确立权利归属理念,将非物质文化遗产的权利明确赋予传承人或者社区。[1] 由此可见,主体的表述权在"非遗"申报过程中已经在实质上被转换为资源拥有权和获益权。

在"非遗"概念中,文化事象的主体被界定为"各社区群体,有时为个人",在理论上具有多样化的指涉可能。但在实际操作层面,这一主体只能是相对性的,以一个人群共同体代替其他共同体,或者以一个人群共同体之中的某部分人群来代替其他人群行使主体权力和表述权力。但进一步分析,在锅庄的申报案例中,众多未进入申报主体范围的族群丧失对锅庄的表述权力,并不仅仅意味着没能获得某项国家荣誉的名义上的损失,它更意味着在新一轮文化资源的开发与利用中,这些群体在事实上作为锅庄的传承人或传承社区,却不能合法地以锅庄作为自己的特色传统文化项目来竞争客源,不能合法地围绕锅庄开发系列文化或物质产品,不能合法地要求国家将锅庄非物质文化遗产所派生的各项权力与利益明确地赋予本群体。

第五,主体范围转换。《国家级非物质文化遗产代表作申报评定暂行办法》第十一条明确规定:"传承于不同地区并为不同社区、群体所共享的同类项目,可联合申报;联合申报的各方须提交同意联合申报的协议书。"[2]从康巴藏族内部来看,拥有锅庄传统的这一族群被国家行政区划所

---

[1] 齐爱民:《保护非物质文化遗产的基本法律问题》,载《电子知识产权》2007年第5期。
[2] 中国艺术研究院·中国非物质文化遗产保护中心编:《中国非物质文化遗产普查手册》,文化艺术出版社2007年版,第238页。参见《国家级非物质文化遗产代表作申报评定暂行办法》第十一条。

分割,分别置入西藏昌都、四川省甘孜藏族自治州、青海省玉树藏族自治州和云南省迪庆藏族自治州的行政框架之内。而上述第十一条关于联合申报的规定表明,昌都、玉树和迪庆参与"非遗"联合申报的逻辑前提,就是将事实上具有文化"同一性"的康巴藏族按照行政区划的现有边界确定为"不同地区""不同社区"的不同群体。与此同时,维系这一族群的内部文化认同也被改写成外在的各方提交的"同意联合申报的协议书"。

以各方签署书面协议条款的形式来确保某个族群达成文化共享和内部认同是让人难以想象的。然而"非遗"申报的确为今天这些被布置于不同行政框架中的群体提供了一条可能的路径:跨越现有行政框架,在新的语境中重新调整族群边界。上述族群边界的调整因而包含了两种不同的趋势:

一是差异与排斥在地方话语体系中,甘孜州的政府、学者以及民众将锅庄舞视为本群体传统文化的代表。[①] 有学者指出:"康巴'锅庄'舞是甘孜藏族社会生产发展的缩影和文化艺术表现形式……在甘孜藏族的社会生活中发挥重要的作用。"[②]在2007年11月,由甘孜州歌舞团创作的舞蹈《锅庄之魂》,还作为甘孜州舞蹈艺术的代表入围由文化部主办的第七届全国舞蹈大赛。[③] 但在名录所代表的国家话语体系中,甘孜州却不是锅庄的申报主体。不论何种原因,甘孜州在锅庄项目中的缺席,都显示出当地已被遗忘在特定的族群文化资源之外。同时,锅庄作为"藏族民间舞蹈"的成功"申遗",也使藏族与锅庄文化圈的其他少数民族在文化认同上彼

[①] 在康巴文化中"锅庄"是一个多义词。康巴"锅庄"的含意有以下几种:其一是"支锅之桩";其二,在康东九龙等地,人们称男人入赘为"坐锅庄";其三,还有的地方称有地有房的人家为"锅庄";其四,指清代康定地区为藏汉商人提供住宿、交易等的一种特殊中介场所;其五指文中所指的这种藏族民间舞蹈。应该把作为民间舞蹈类型的"锅庄"与其他含意区分开来。参见林俊华:《康定锅庄的历史与特征》,载《康定民族师范高等专科学校学报》2005年第5期。

[②] 姜明、周新林:《浅论康巴藏族锅庄的健身价值》,载《康定民族师范高等专科学校学报》2005年第5期。

[③] 资资料来源:"中国西藏信息中心网"(http://www.tibet.cn),"甘孜州《锅庄之魂》入围第七届全国舞蹈大赛",2007年11月7日发布。参见http://tibet.cnnewsszxw./t20071107_286755.htm。

此剥离。

二是共商与整合。分别来自西藏自治区、青海省和云南省的昌都专区、玉树藏族自治州和迪庆藏族自治州的康巴族群，跨越了当代国家行政区划的既定界线，以共商的方式联合取得锅庄舞这一"非遗"项目的主体资格。虽然在这三者内部还是差异与妥协的结果——玉树自治州在锅庄的项目名称之下仍然保留了本群体对于锅庄的传统称呼，即锅庄的另一种汉语译音"卓舞"。昌都、玉树和迪庆三方的跨省联合申报正是"康藏"族群打破现行的国家行政区划，尝试对自我族群身份进行的一次新的整合。

由此看来，不论以何种形式，"非遗"项目申报都已在事实上改写了锅庄这一文化事象所表达的跨族群传统和族群性。

四、遗产名录与族群边界

由于以上五种转换作用的存在，以锅庄"名录"为代表的族群书写，作为一种"文化权力"的体现，已对多民族国家内部的族群整合产生了影响。

在"非遗"名录的案例中，无论是中蒙联合、中韩相争还是中国内部的锅庄重组都表明，当今民族或族群共同体的边界将在新一轮资源竞争和文化认同（和划分）的刺激下受到重新关注。换言之，在当代世界的"民族—国家"体系中，族群呈现出的是一幅多元的图景。与现代民族国家及其内部的行政区划体系相比较而言，全球化的非物质文化遗产浪潮正推动着一种新型关系体系的形成。它以文化事象所具有的杰出价值、独特价值、普遍价值以及濒危性等特征为评审标准，[1]促使人们在不同族群之间，或者某一族群内部围绕文化事象的主体权、表述权和利益分享权进行权力博弈。它同时试图打破、甚至超越现有的国家和行政框架，对当今族群文化资源状况进行重新配置。

---

[1] 中国艺术研究院·中国非物质文化遗产保护中心编:《中国非物质文化遗产普查手册》，文化艺术出版社2007年版，第237页。参见《国家级非物质文化遗产代表作申报评定暂行办法》第六条，其中共有6条评审标准。

全球化背景之下的"申遗"浪潮正是一场围绕族群文化符号与权力而展开的资源竞争。"申遗"浪潮的来势让人无法阻挡,锅庄案例所引发的追问也并非只困扰着那些跳着锅庄舞的人们。作为一种"文化—权力"书写方式,"非物质文化遗产名录"引发的竞争隐喻了中国乃至整个世界体系内不同族群之间,以及某一族群内部新一轮的文化资源开发与文化符号竞争的开始。在此过程中,各族群将面对认同的变迁与边界的整合,重新审视"自我"与"他者"之间的关系。

符号经济与非物质文化遗产[①]

叶舒宪

一、从"非物质"到"非物质经济"

恩格斯说过,每一次重要的观念革新都必然会伴随着术语的革命。

近年来人文学界最热衷的新术语莫过于"非物质文化遗产",因为在它的背后隐约呈现出一场在全球范围内方兴未艾的知识观的变革运动。这场运动的性质和影响的广度都是前所未有的,因而需要人文学者给予高度关注。

对于"非物质遗产"这个术语以及相关的"无形遗产"等术语的执着热情,已经充分体现在新老学者在短时期内围绕这些概念撰写出的大量文章之中。此类论文的发表数量正在呈现出与日俱增之势。从目前情况看,如果大家的关注焦点都是变动中的新名词(从"无形文化遗产",到"口传与非物质遗产",再到"非物质文化遗产")本身的词义诠释,而且没有一种更加有效的俯视性的诠释角度和方略,那么或许会有钻入语词概念牛角尖而

[①] 本文根据《非物质经济与非物质文化遗产》(原载于《民间文化论坛》2005 年第 4 期)修改而成。

不自知的可能。笔者希望拓宽视野,从当今世界上非物质经济时代正在取代物质经济时代的重大变革中,还原出有关非物质文化遗产及其保护的一系列官方话语所产生的现实语境,从而为这些与时俱进的后现代新观念的理解,提供历史背景的和理论系谱学的关照视野。

首先,20世纪后期勃兴的对文化遗产(包括物质的与非物质的文化遗产)的关注与后现代、后殖民的文化自觉密切相关。诚如全球化理论家罗伯森从社会学立场上所指出的:对文化问题的关注是当代社会学的反身性(reflexivity)增强的一种表现。"成熟的现代性不利于对文化问题的关注,而通常被诊断为后现代性——或者说后现代主义——的东西则促进了这种关注。"[①]如果说以后殖民主义批判思潮为基础的后现代社会科学的反身性是催生文化自觉和文化遗产自觉的重要动因,那么"非物质"这样的概念也必须还原到后现代性的语境中去理解。

"非物质"的概念其实并不是"非物质文化遗产"这样的措辞之专利,它首先作为后现代的新术语而用在与"文化遗产"无关的另外场合。比如,1985年3月,法国著名的后现代理论家利奥塔在巴黎的蓬皮杜国家艺术和文化中心发起一次展览会,有意识地命名为"非物质"(Les Immatériaux)。在利奥塔为此次展览所撰写的构思大纲中,可以找到他对这个新词的理解:

> 现代性传统中,人与物质的关系已经由笛卡儿的征服和占有自然的规划所固定。一种自由意志把自身的目标强加于特定的自然元素之上,使其脱离自身的自然轨道……
>
> ……
>
> "非物质"是否改变了人与物质的关系?——由现代性传统所固定的关系,由征服和占有自然的笛卡儿的变化规则所固定的关系。……"非物质"对一个规划来说意指一种不再是实物的物

---

① 罗兰·罗伯森:《全球化——社会理论和全球文化》,梁光严译,上海人民出版社2000年版,第47页。

质(不管"野蛮"与否);对于"人"来说,它揭示了一种可与自身的分解相比较的分解。这些"非物质"大多产生于电脑和电子技术科学,或至少产生于使用电子技术科学之方法的技术。①

在利奥塔那里,对现代性的失望与反叛正是后现代价值观登场的前提,这也就是提出"非物质"这个概念的特定语境。他说:

> 18世纪末,欧洲和美洲以自由和道德启蒙的名义声称把光明、法律和财富传遍人类世界。200年的杀戮以及国内、国际和世界大战之后,我们现在开始为这种傲慢悲悼。至少在背景的设计上,"非物质"远距离地呼应了这一睿智的忧郁。②

如此看来,利奥塔等后现代主义者所创意的这次题名为"非物质"的展览会,其初衷是要唤起人们对现代性危机的警觉和对后现代状况的反思。如何纠正由现代性所塑造出的人与自然之间的征服与劫取的不正常关系,是利奥塔提出"非物质"这个术语的潜台词。与利奥塔同时代的另一位法国学者鲍德里亚,也许是迄今为止对后现代的符号经济即"非物质经济"做出最透彻分析与批判的一位,有人将他奉为后现代主义的教父,盖非偶然。

鲍德里亚认为,20世纪资本主义的现实发展,提出了为马克思主义的体系改造升级的需要。改造的关键是在已有的政治经济学维度之上,再增加一个文化的和符号学的维度,鲍德里亚的"符号的政治经济学"为理解当代社会的前所未有特征提供了及时的理论视角:当代资本主义的发展已经把人类的多数带入消费社会。消费社会与以往社会的不同特点就是,在传统的交换价值和使用价值之外,集中关注商品的符号价值。他提出,现

---

① 让-弗朗索瓦·利奥塔:《非物质》,陈永国译,见王逢振主编:《视觉潜意识》,天津社会科学院出版社2002年版,第33、36—37页。
② 让-弗朗索瓦·利奥塔:《非物质》,陈永国译,见王逢振主编:《视觉潜意识》,天津社会科学院出版社2002年版,第41页。

代社会和后现代社会的组织原则是不同的,前者的关键词是"生产",而后者的关键词变成了"仿真"。在生产的逻辑支配下,社会组织的最大功效就在于强化物质劳动及其产品本身。在仿真的逻辑支配下,社会组织的性质转向非物质劳动的符号开发层面,也就是今人所说的追求产品文化附加值。鲍德里亚在其早期著作中以非常激进的态度宣告传统政治经济学的终结、马克思问题群的终结、劳动的终结、生产的终结以及现代性本身的终结。取而代之的后现代性则预示了一个仿真时代的到来,围绕着知识增值的社会复制成为取代物质生产的主要力量。"符号和编码繁衍并产生了其他的符号和新的符号机器。技术因此在这个故事中取代了资本,符号制造术(semiurgy),即形象、信息、符号的繁衍遮盖了生产。"①在比鲍德里亚年长一代的法国批判性的理论先驱福柯那里,主体已经死亡过一次了。现在,在鲍德里亚所透视的后现代社会中,由于个体逃离"真实的沙漠",为的是追求超真实的狂热和由电脑、媒介以及技术经验构成的新领域,人们再次看到主体消逝的另一种奇特景观:

> 后现代世界也是一个超真实(hyperreality)的世界,在其中,娱乐、信息和通信技术所提供的经历比乏味的日常生活景象更紧张,也更诱人。超真实的领域(例如现实的媒介仿真、迪斯尼乐园和其他的娱乐公园、商业区和消费天堂、电视体育运动和其他向着理想世界的旅行)比真实更为真实,凭借着这些,超真实的模型、形象和编码得以控制思想和行为。然而限定本身在这个非线形的世界中也是不确定的,因为在这个世界中,人们所处的情况是,个体面对着压倒一切的形象、编码和模型的浪潮,它们其中任何一个都有可能塑造一个个体的思想或行为。②

---

① 道格拉斯·凯尔纳编:《波德里亚:批判性的读本》绪论,陈维振、陈明达、王峰译,江苏人民出版社2005年版,第10页。
② 道格拉斯·凯尔纳编:《波德里亚:批判性的读本》绪论,陈维振、陈明达、王峰译,江苏人民出版社2005年版,第11—12页。

而无论是符号世界的仿真,还是超真实性,它们的价值就在于象征性。符号价值是商品的信息价值,卡尼曼称其为体验效用。包括马克思在内的传统经济学家只承认商品具有二重属性,对以"信息、体验、符号"为特征的这第三重属性,还没足够的认识。虽然商品的象征价值一直存在,但是只是到了当代消费社会中,这种符号价值才被全面开发和无限放大,以此来建构商品差异性并制造需求,在消费者群体之中培育和诱导一种类似宗教迷狂和艺术追星的消费痴迷。消费产品与消费者之间的关系已经不是单纯的使用与被使用的关系,而是增加了情感的、信任的、文化认同的多重内涵。所有这些都是产品的物质元素本身所没有的,是被消费文化打造出来的附加的价值,因而也是非物质的。

同注重生产的物质经济不同,在追求文化附加值的符号经济中,与整体消费行为相联系的不再是简单的经济实力,而是与文化密切相关的各类消费新概念。新的消费概念和消费模式更加关注的是消费现象的表征,而不是某种经济实力背景。所以在当代社会,不是消费决定文化,而是文化引导消费,表象化的消费造就了一种符号化的经济模式。符号文化从多个方面引导消费,比如对特定消费品的概念包装,对消费所需氛围的营造,对消费的意识形态渲染,为消费者树立生活的偶像。文学研究中关于神话原型的知识成为通向符号经济最便捷的门径。① 由于神话原型的心理能量被有效地激活开发,符号具有了非同寻常的魔力。符号可以给平淡无奇的商品赋予深厚的意义,形象则被用来重新界定人与人之间的关系。符号经济正是利用非物质的文化价值的大开发,实现了由符号向社会意识形态的转变。

如果要追溯鲍德里亚符号的政治经济学的理论来源,那么可以说从符号学到符号人类学的整个专业知识领域都是他曾经汲取理论变革灵感的主要源头。他后来在回忆自己第一部著作的形成时说:

---

① 参看肯特·沃泰姆:《形象经济》引言"现代神话连接",刘舜尧译,中国纺织出版社2004年版,第1—8页。

> 我的第一本书包含了对作为明显事实、物质、现实和使用价值的客体的评论。在那里,客体被作为符号对待,不过,它依然是饱含意义的符号。在这个评论中,有两种基本的逻辑相互作用:一个是虚幻的逻辑,主要指向心理分析……另一个是有差异的社会逻辑原理,它是根据社会学来做出区分,而其本身是源于人类学(交往是作为符号、区分、地位和威信的产物)。[①]

鲍德里亚的这个自述清楚地说明了他的符号分析思路是如何从人类学的视野和方法中脱胎而来的。可以说,正是人类学关注的史前社会中的文化符号现象——图腾、文身、假面、仪式,以及表示社会等级、身份、地位的各种身体装饰技术,成就了同样关注当今社会的消费图腾崇拜现象理论家鲍德里亚,使他从对象的相似类比之中获得超越19世纪单纯政治经济学的充分理论滋养。

也是在20世纪80年代末,法国思想家布迪厄在《资本的形式》这篇重要的专论里,将资本的概念一分为三,在经济资本之外,提出并论述了"文化资本"和"社会资本"在当今社会中的功能及其转换规则问题。他特别提到,与传统所确认的经济资本相比,所谓文化资本和社会资本,都可以表现为"非物质的形式":

> 事实上,除非人们引进资本的所有形式,而不只是思考被经济理论所承认的那一种形式,不然,是不可能解释社会世界的结构和作用的……这种经济理论之所以要改变某些资本的性质,并把它们定义为超功利性的,是因为通过改变性质,绝大多数的物质类型的资本(从严格意义上说是经济的资本类型),都可以表现出文化资本或社会资本的非物质形式;同样,非物质形式的资

[①] Baudrillard, *The Ecstasy of Communication*, in *The Anti-Aesthetic: Essays On Postmodern Culture*, ed. by Hal Foster, Washington: Bay Press, 1983, p. 126.

本(如文化资本)也可以表现出物质的形式。①

非物质形式的文化资本和社会资本,又可以从非实物性意义上看成是"象征资本"。② 因此也有学者把布迪厄的新资本形态说划分为四大类。③

就这样,在社会主导精神变革方面,有利奥塔指出的后现代的非物质观念的兴起;在消费社会席卷当今世界方面,有鲍德里亚分析论述的非物质的符号经济的崛起;在资本形态的变化方面,则有布迪厄所揭示的非物质形态的文化资本和社会资本的运作方式与转换可能。这些来自不同领域和不同角度的观察,都不约而同地敏锐地把握到新兴的"非物质经济"时代到来的脉搏,昭示出后现代性不同于现代性的一个主要差异层面。

美国著名的未来学家托夫勒在15年前也非常敏锐地预测到:"当代经济方面最重要的事情是一种创造财富的新体系的崛起,这种体系不再是以肌肉(体力)为基础,而是以大脑(脑力)为基础。"④

托夫勒还把正在到来的这种变革看成是我们人类有史以来最深刻的力量转移,呼吁人们及时调整自己,以便应对这场迅猛异常的文化变迁。在他看来,知识经济的拓展是一种具有爆炸性的力量。它使先知先觉的捷足先登者迅速崛起,获得充分的竞争优势,而使后知后觉者陷入被动和过时的、行将被淘汰的境地。它也必然使发展中国家抛弃他们传统的发展"大烟囱"式的经济战略,转向以计算机为标志的信息经济方向。丘吉尔曾经说过这样一句带有预见性的话:"未来的帝国是头脑的帝国。"今天这句话已经成为事实。

在托夫勒的新词汇库中,所谓"知识经济""信息经济"或者"超符号化经济",基本上是用作同义词的。从他对"知识"的重新定义中,就不难看

---

① 布尔迪厄:《文化资本与社会炼金术——布尔迪厄访谈录》,包亚明译,上海人民出版社1997年版,第190—191页。
② 参看皮埃尔·布尔迪厄:《实践感》卷一之第七章,蒋梓骅译,译林出版社2003年版。
③ 参看高宣扬:《布迪厄的社会理论》,同济大学出版社2004年版,第148页。
④ 阿尔文·托夫勒:《力量的转移:临近21世纪时的知识、财富和暴力》,刘炳章等译,新华出版社1996年版,第10页。

出这一点。

"知识"这个字眼将具有更广泛的词义。它将包括信息、数据、形象和意象以及态度、价值标准和社会的其他符号化产物。不管这些产物是"真的",还是"近似的",或者甚至是"假的"。[1] 在将传统意义上的知识重新与"符号化产物"相认同的这种表述里,不难看出所谓"知识经济"的实质也就可以说是"符号经济"。按照利奥塔的看法,"技术是现代的许多符号之一"[2]。在比托夫勒的书晚10年问世的、更加具有理论体系性的著作《帝国——全球化的政治秩序》中,两位作者麦克尔·哈特和安东尼奥·奈格里虽然也大力呼吁人们关注当代发生的力量转移——他们称之为"全球权力关系"——的历史性巨变:从工业经济到符号经济,从帝国主义到帝国,从现代到后现代。但是他们似乎不大情愿使用"知识经济"这样的提法,生怕如此褒义的用语美化了本应该受到批判的对象——帝国。而是代之以"非物质劳动"(immaterial labor)和信息经济这样更加时髦的措辞,来描述他们所认为的"现代化的终结"现象。

《帝国——全球化的政治秩序》不再纠缠于马克思时代的五种社会形态依次更替说的历史纷争,而是缩短理论透视的焦距,着眼于当前的实际情况,提出现代性制度建立之前后,即中世纪以来世界先后经历的三种经济形态的范式:第一范式,以农业为经济主体;第二范式,以工业与可持续商品的生产占据经济活动的核心;第三范式,也就是我们目前的范式,以服务、信息、文化产品为经济的核心。[3] 在主要资本主义国家,这种从现代化生产转向后现代非物质经济的过程已经非常明显(见表1)。

《帝国——全球化的政治秩序》一书第十三章的题目是"后现代化或生产的信息化",其中写道:

---

[1] 阿尔文·托夫勒:《力量的转移——临近21世纪时的知识、财富和暴力》,刘炳章、卢佩文、张今等译,新华出版社1996年版,第21页。
[2] 让-弗朗索瓦·利奥塔:《非物质》,陈永国译,见于王逢振主编:《视觉潜意识》,天津社会科学院出版社2002年版,第41页。
[3] 麦克尔·哈特、安东尼奥·奈格里:《帝国——全球化的政治秩序》,杨建国、范一亭译,江苏人民出版社2003年版,第268页。

可是,在我们的时代,现代化已走向终结。换而言之,工业生产不再扩展它对其他经济形式与社会现象的统治。这种转化的一个征兆在就业的数量变化中是明显的。当现代化进程在从农业与矿业到工业(第二产业)的劳动力迁移上显现出来时,后现代化或信息化的进程则已经通过从工业向服务工业(第三产业)的迁移表现出来,这种迁移自20世纪70年代初已发生在主要的资本主义国家,尤其在美国,服务业覆盖了从健康教育、金融到交通、娱乐与广告等广泛范围内的各种活动。大多数工作是高度流动的,涉及各种灵活的技巧。更重要的是,它们的普遍特点在于以知识、信息、感情和交际为主角。①

表1 中世纪以来的经济文化范式变迁

历史时期	17世纪前	17—20世纪	20世纪后期至今
形态次序	第一范式	第二范式	第三范式
理想型	前现代	现代化	后现代化
经济主导	农业	工业	文化产业
社会追求	自给自足	生产主义	消费主义
图腾景观	哥特式教堂	大烟囱	迪斯尼乐园
代表作	堂吉诃德	摩登时代	怀念狼
流行观念	基督教神学	一元启蒙主义	多元文化主义
自然条件	人口少资源丰	人口爆资源竭	物种灭绝、生态危机
核心人力	耕作	制造	创意
关键词语	不发展	发展是硬道理	可持续(发展,或存活)吗?
关键信念	禁欲主义	物质主义	非物质
主要威胁	瘟疫、自然灾害	大屠杀	艾滋病—核武器
技术标志	灌溉—风车	蒸汽机	电脑—网络
媒介样式	口传—书写	印刷文本	数码文本

① 麦克尔·哈特、安东尼奥·奈格里:《帝国——全球化的政治秩序》,杨建国、范一亭译,江苏人民出版社2003年版,第272页。

在法兰克福学派那里作为尖锐批判对象的"文化工业",现在可以冠冕堂皇地以"文化产业"的正面名目重新进入理论界的视野。非物质经济曾经被当成不健康、有害于人的东西,如今则成为世界主要的、经济最发达国家率先追求的理想目标了。不过,文化工业催生出的新的符号痴迷现象,对消费的图腾崇拜现象,也是人的异化的新表现。如霍克海默、阿多尔诺在《启蒙辩证法》中的精辟分析:"文化工业产品通过语言的表达,表现出了它们本身具有的广告文化的性质。就是说,语言越是完全地变成了进行宣传的工具,词汇越是严重地从实际包含着意义的承担物变成没有内容的符号,它们越是单纯地和清楚地表达了它所应表达的意思,它们本身同时就越是变得不清楚。摆脱神话学影响的语言,作为整个启蒙过程中的因素,又返回来具有了神话般的魔力。"[1]从神学的压抑下解放出来的人,现在又被广告暴力所压迫,甚至有沦为"符号—品牌"之奴隶的可能。这是一切倡导文化产业和非物质经济的人不得不考虑的。

二、作为文化资本的非物质文化遗产

非物质经济的大视野给我们重新观照非物质文化遗产提供了当下性的语境。非物质经济的最大的优点在于节能和环保。因而与工业化时代的物质经济相比,更加符合人类可持续生存的要求。[2] 对于存在人口众多、资源有限的不利条件的我国,大力发展文化产业和非物质经济,有着特殊的意义。

中国究竟是走"世界工厂"的现代化道路,还是走文化兴国的后现代化道路?这已经成为国策制定者和高层知识人无法回避的关键性战略选择问题。当许多人还在以彩电、冰箱、电脑和手机的"中国制造"为荣耀之际,当更多的国人还陶醉于人均产值超过1千美元的小康美梦时,我要特

---

[1] 霍克海默、阿多尔诺:《启蒙辩证法》,洪佩郁等译,重庆出版社1990年版,第154—155页。
[2] 参看拙文:《人类学质疑"发展观"》,2004中国人类学高级论坛报告,载《广西民族学院学报》(哲学社会科学版)2004年第4期。

意引用中方代表于2005年5月参加巴黎的"中法中小企业合作洽谈会"的发言,来说明从现代化到后现代化的战略转型是多么必要和艰巨的任务:

> 由于中国制造的产品利润率较低,要出口8亿件衬衫才能抵一架空客380型。

而商务部的资料显示:我国每年对法国出口约1亿双鞋,而这1亿双鞋挣来的外汇才够换回一架空中客车。中国要成为世界产品的"生产车间",但是那只是靠死拼低端产品的数量指标——用廉价劳力堆积起来的近乎天文数字的巨大产量,来支撑起进出口上的外贸顺差。如此而已。与跨国公司巨头们掌握的高端技术产品和高附加值的文化产品相比,我们这个"生产车间"创造的利润只有1%到2%。总体上中国高技术产业所需装备已经形成进口依赖。如光纤制造装备的100%,石油化工装备的80%都被进口产品占领。"事实上,所谓'中国制造',不过是全世界制造业中低端的一环,正在忍受利润一天天趋薄的煎熬,世界制造业真正的主宰仍然是世界上掌握高新技术的跨国公司。"[①]

中国的老百姓要辛辛苦苦造1亿双鞋或者8亿件衬衫,才能换回一架空中客车飞机。这样的交换背后有多少资源和人力的耗费——从棉花的种植到纺织印染等排污量惊人的产业链,有多少废水废气的排放,又有多少人因为这样带来的污染而患病呢?天文数字的低端产品背后,只能是环境承载力的每况愈下、生存基础的透支。用"得不偿失"这个成语来概括,再合适不过了。

相比之下,作为非物质经济成功范例的美国影片《星球大战》之一,当初的资金投入是1千万美元,全球票房收入8亿美元。这是什么样的投入产出比?的确是神话般的,而且该影片相关品牌产品的后续销售也高达90亿美元。由这个实例可以看出,发展非物质经济要比争当"世界工厂"高明得多,也实惠得多。非物质的文化创意乃至幻想创作,作为新兴产业,

---

[①] 《"中国制造"背后的隐患》,载《报刊文摘》2005年5月11日第2版。

确实可以为拯救地球的自然资源危机而发挥替代性的作用。如果整个世界都自觉地推进从高耗能和耗费资源的第一、第二产业向文化产业和服务产业的转型,那么现代性语境下整个人类与自然的矛盾就会得到明显缓解。

2005年5月16日,在世界瞩目的"北京《财富》全球论坛"上,国务院新闻办主任赵启正语惊四座:目前中国和西方国家之间的文化贸易逆差高达10—15倍。中国自然资源与文化资源的比例目前处于极度失衡的状态,从而造成我们整体生存环境的恶化、生存危机的加剧。在美国,音像制品出口成为第一大出口贸易产品;在日本,文化产业的产值在1993年就超过了汽车工业的产值;在英国,布莱尔首相1997年当选上任的当年就设立了"创意产业特别工作组",由政府最高决策者自上而下地引导和组织英国大力发展文化创意产业,几年来每年以15%左右的高成长率迅速发展,成就卓著,自2001年起,文化产业的产值1125亿英镑,已经超过任何制造业对GDP的贡献。

如何变遗产为资本,是面对符号经济崛起的大潮不得不思考的当务之急。在这方面人文学者既义不容辞,又任重道远。然而,由于教育体制变革的滞后和教学内容的落伍,我们的文科知识分子正面临转型与创新的挑战。传统的以物质生产为核心的那一套文化价值观,因为受到大大落伍的旧学科界限领地的保护,还牢牢地占据着人们的头脑,严重地阻碍着知识观的变革与知识创新。目前,由于高等教育的"大跃进",我们所拥有的文科博士点和博士生的产量已经非常惊人了。可是,这些被现代教育体制耗费大量资源而大批量生产出来的头戴西方博士帽的"知识精英"中,有多少能够适应非物质经济崛起的需要,成为文化发展战略的智囊或者战术的策划者呢?

从全球文明史的大视野看,中国是世界上已经有过的文明古国中硕果仅存的一个。数千年的文明本身就应当是取之不尽、用之不竭的最大文化资本,更何况多民族的文化多样性以及长久地和谐共存的非凡经验,应该为未来的世界文化重新整合和以和平共存来消解文明之间的冲突,提供最为宝贵的现实参照与难能可贵的理论资源。

三、文化遗产将保护我们

对待非物质文化遗产,如果提升不到珍视生存资源和文化资本的理论自觉高度,仅仅有像对待古董和收藏文物那样的保护意识,是绝对不够的。非物质遗产与物质遗产的区别就在于,它不是躺在博物馆里的文物,而是活生生的文化传承。需要重新启蒙的观念要点是:今天我们保护的非物质文化遗产,就是对人类千百万年延续下来的无比珍贵的生存经验的自觉继承,是对历经沧桑还依然活在民间的文化传统的自觉延续。这样的活生生的当下传统,如民间剪纸、皮影或者傩仪表演,哪怕看上去非常简陋和普通,但也要比只能供后人凭吊的巍峨高耸的大金字塔更加具有文化价值。换言之,从某种意义上看,各民族的非物质文化遗产的全面保护与存续,将反过来保护我们13亿人的可持续生存。

要非物质文化遗产保护我们的生存,关键在于如何变文化遗产为文化资本。这里需要的一个环节是从知识到产业的"社会炼金术"。能够发挥这种炼金术作用的人,只能是既拥有全球文化的战略性大视野和先进理论素养,又真正掌握本土文化资源的人文学科的专家。被细分的学科眼界所限制的知识单一型的专家,如今已经无法适应创新的需求,而跨学科知识的专家又为学院派的现有体制所不容。这就是我们面临的严峻而尴尬的现实。它应该引起教育主管部门的高层人士的自觉意识,并尽快着手从国家教育体制方面给予解决。可喜的是,从2005年新批准的"985二期"的知识创新基地的学科设置方面,多少看出一些积极的变化。但愿这变化不仅是名目上的。

事实证明,只有金融资本而缺乏文化资本及其炼金术,是无法同国际文化产业的杰作去竞争的。张艺谋有敏锐的艺术感觉和同样敏锐的市场意识,但是恰恰缺乏的是文化底蕴,所以把一部部万众期待的新作品搞成了花拳绣腿的大比拼,实在是费力而不讨好。对于他个人来说,也实在有些勉为其难。张艺谋的艺术敏感度也许并不亚于《星球大战》的导演卢卡斯,但是"文革"中成长起来的他,其文学素养的先天不足限制了个人的幻想能力,国学方面的欠缺又限制了他开掘利用本土文化资源的能力,所以只能围绕着制片商的巨额资金指挥棒去拼凑作品,以色彩组合和画面的视觉刺激来弥补整体文化含量的匮乏。假如他能够像卢卡斯那样,在创作《星球大战》之前仔细研读神话学家坎贝尔的著作《千面英雄》,并且亲自向这位知识专家请教①,那么可以肯定,他的《英雄》就不会如此"气短",以致在知识界招来一片抱怨之声了。《星球大战》的经典范例告诉人们:艺术敏感和想象力如果同文化专家的知识相互结合,会催生怎样的"化学"效果。

中国的一少部分(绝不是号召大家全来)人文知识分子和文化专家如何转换书生的清高气和教授架子,自觉调整自己的知识结构和学术能力,参与到文化创意产业的战略设计与总体开发中来,发挥艺术家和技术官僚们所无法承担的专业知识特长,这应该是国家之幸。天下兴亡,匹夫有责!

---

① 参看玛格丽特·马克、卡罗·S.皮尔森:《很久很久以前:以神话原型打造深植人心的品牌》,许晋福、戴至中、袁世珮译,汕头大学出版社2003年版,第317页。

象征人类学与景观符号化

赵红梅　李庆雷

从某种角度看,人类一直处于"寻找自己"的内省之中,竭尽心力论证"人之为人"的生物或文化特殊性。然而,无论科学的、哲学的或神学的人学,与其说是在阐释关于人的概念,倒不如说是使之更加混乱不堪。究竟哪一种特质足以解释人类在这个星球上的卓尔不群?欧内斯特·卡西勒(Ernst Cassirer)认为,人类应被定义为符号的动物,非此不能指明人的独特之处[1],非此不能理解人类的符号——文化之路,或许正如莱斯利·怀特(Leslie White)所言:"符号是全部人类行为和文明的基本单位,……全部文化依赖于符号。"[2]这也是多数人类学家的主张,即象征符号是通向文化生活之门的钥匙。[3] 可见,追求、运用符号的象征价值是人类与生俱来的本能或需要,而这种需要的饥渴感与迫切性在近20年来已臻于极致,尤其体现于消费关系中,即消费者瞄准的不是物,而是价值,附着于价值的意义

---

[1] 欧内斯特·卡西勒:《人论·人类文化哲学导引》,甘阳译,(台北)桂冠图书股份有限公司2005年版,第39页。
[2] 莱斯利·A.怀特:《文化科学——人和文明的研究》,曹锦清等译,浙江人民出版社1988年版,第21—30页。
[3] 杰里·D.穆尔:《人类学家的文化见解》,欧阳敏、邹乔、王晶晶译,商务印书馆2009年版,第274页。

使需求得以满足;同时,为迎合对符号的需求,作为商品的物通常被符号化。在此认知基础上,本文预设旅游是一种现代文化现象,其中充斥着一片象征之林,意义的追逐者与制造者之间形成了双向的"符号—象征"式多元互动。

一、游客凝视(tourist gaze)

1990年,英国兰卡斯特大学社会学系教授约翰·尤瑞的《游客凝视》(*The Tourist Gaze*)一书问世风行,著者借鉴米歇尔·福柯(Michel Foucault)的医学凝视理论,单取其"凝视"二字,将游客凝视这一感性的主谓词语提升为抽象的学术词汇,转喻地象征了旅游需求或某种具有后现代意味的消费行为。由于"凝视"是旅游者与"他者"遭遇的主要方式,故游客凝视概念一经提出,即因其强大的解释力而被广泛引介,至今仍不失为旅游文化研究的重要理论工具。

在《韦氏词典》里,Gaze 被解释为"to fix the eyes in a steady intent look often with eagerness or studious attention"[①],中文可译为凝视、端详、审视或盯着看,其中隐含渴望与被吸引的意思,因此,游客凝视即契合了旅游者与旅游吸引物之间某种渴望或被吸引的关系。然而,这不过是个体凝视的特征,在福柯看来,社会化的凝视却另有隐喻:其一,凝视意味着主体施于客体的一种作用力;其二,凝视包含一种权力关系或软暴力;其三,凝视是一种被组织化、系统化的社会力。尤瑞将个人凝视与社会凝视的特性整合到游客凝视这一概念里,使游客凝视既受制于旅游吸引物的外力,亦对旅游吸引物施加内力,于是凝视主体与凝视对象之间建立起彼此建构与被建构的关系。此乃理解游客凝视概念的基点之一。

然而,游客凝视的动力源自何处?这似乎又陷入了挖掘旅游终极理由的窠臼,不过撇开云山雾罩的话语表述,可见研究者殊途同归的学术思路。马竭尔·萨林斯(Marshall Sahlins)于20世纪70年代就提出"将旅游看作

---

① 参考 http://www.merriam-webster.com/dictionary/gaze。

一种上层建筑"的观点,即旅游最终可能是基于社会的一个因变量①;尤瑞则进一步认为:"去思考一个社会群体怎样建构自己的旅游凝视,是理解'正常社会'中发生着什么的一个绝妙途径。我们可以……利用差异的事实去质疑'正常世界'。"②此外,汉密尔顿·史密斯(Hamilton Smith)也提出需要研究旅游行为与在家行为的关系,而纳尔逊·格雷本(Nelson Graburn)则提醒应设法解释为什么特定旅游模式的出现总是与特定历史阶段的特定社会群体有关。③ 上述学者都认为应将旅游与客源地社会相联系,并将旅游动因归结于后者,至此我们可见戴维·埃米尔·涂尔干(David Emile Durkheim)的思想光芒,因为他一直倡议不要去寻找现象本身的起源,而应去寻找现象所象征的现实——社会。④ 大概是受此启迪,尤瑞将旅游凝视当作一种"偏离"(deviance)⑤,认为对"偏离"的研究可以揭示出正常(非偏离)社会中有趣和重要的方面,因此,若要认识社会,可从游客凝视中预先一窥。

如何透过游客凝视来理解社会?首先,游客凝视的前提是离开(departure),离开意味着暂时的弃旧,从而获取或多或少的逆转(reverse)体验。至于人类为何有转换经历的需要,尚无定论,而卡西勒则认为原因大概在于人之本性的丰富性、微妙性、多样性和多面性。其次,凝视的对象为自然或文化景观,而景观特征大都迥异于日常的生活经验。换言之,游客凝视通过与非旅游的社会实践形成反差而得以确立,于是看似高深莫测的凝视选择更像是对差异的捕捉,它足以部分地支撑起离开的意义。再次,凝视的物质支持与思想动员包括相机、摄像机、电影、电视、文化作品、杂

---

① 丹尼逊·纳什:《旅游人类学》,宗晓莲译,云南大学出版社2004年版,第62页。
② 约翰·尤瑞:《游客凝视》,杨慧、赵玉中、王庆玲等译,广西师范大学出版社2009年版,第3页。
③ 纳尔什·格雷本:《人类学与旅游时代》,赵红梅等译,广西师范大学出版社2009年版,第123页。
④ 夏建中:《文化人类学理论学派——文化研究的历史》,中国人民大学出版社1997年版,第102页。
⑤ 约翰·尤瑞:《游客凝视》,杨慧、赵玉中、王庆玲等译,广西师范大学出版社2009年版,第3页。

志、广告、互联网等,此类非旅游的东西建构了旅游凝视并强化之。最后,亦最为重要,据尤瑞的观点,游客凝视以收集标志(collection of signs)为特征,他们对一切能标志其自身的事物感兴趣,他们像一支符号大军,在全世界翻找各种标志[1]:永恒浪漫的巴黎、英国绅士风度、意大利式奔放、东方风情、天真淳朴的自然之子、典型美国高速公路、城镇的历史感等等。

由此可见游客凝视所蕴含的社会消费关系隐喻。传统地,对物(一般商品)的消费满足的是人的效用性需求,在物的使用价值面前,人因消费而彼此平等。然而,在后消费时代,消费日益凸显出显赫的地位,并非是因为物的效用性有所增强,而是由于非生产性消费的欣欣向荣。概括地讲,非生产性消费是指摆脱了物品实用性的一种耗费,其消费逻辑在于符号和差异。为此,让·鲍德里亚(Jean Baudrillard)断言:"我们处在'消费'控制着整个生活的境地。"[2]话虽极端,但至少我们能认可一点,即有一部分物,其现实的效用性微乎其微甚至为零,但其作为符号的交换价值却奇特地指代了使用价值,这种交换并非商品与一般等价物——货币的简单交换,而是一种象征性交换,购买者主观获得一系列象征性的交换价值。鲍德里亚还认为,差异性符号的消费就是要制造生存等级,其实并不尽然,从价值或意义中寻求自我的确证亦是符号性消费的目的之一。旅游消费也是如此,除却生理的物质需求外,旅游者之意在山水,即视觉景观,甚至味觉景观、嗅觉景观、听觉景观等。因此,从某种意义上讲,游客凝视的目的是搜寻差异性符号,结果是获得象征价值或意义。

作为一种典型的后现代消费行为,游客凝视的蔚为规模具有深厚的历史文化背景。20世纪90年代,世界进入后现代时期,而北半球的后现代文化倾向则可追溯到20世纪四五十年代。在学术上,后现代表现为对现代性的解构、批判与反思;在文化上,后现代就是对现代性的拒绝:拒绝雅俗之分、拒绝高低之别、拒绝矫饰伪装空谈、拒绝大一统话语,崇尚相对主

---

[1] 约翰·尤瑞:《游客凝视》,杨慧、赵玉中、王庆玲等译,广西师范大学出版社2009年版,第5页。
[2] 让·鲍德里亚:《符号政治经济学批判》,夏莹译,南京大学出版社2009年版,第47页。

义、文化多样性、地方性知识、公平的话语权,甚至涌起对前现代、前工业社会的怀旧风潮。现代性何罪之有?在批评者看来,现代性提供的是没有深度的生活,文化陷入肤浅与浮夸的困境,具体表现为:普遍商品化原则导致标准化与虚假化的盛行①、生态环境的恶化、生活节奏的程式化、人性的异化与疏离感等。这便是所谓的"现代性的推力"(the push of modernity)。另一方面,现代性绝非一无是处。它为现代生活提供了效率、便利以及丰富的物质,在使人异化的同时又为人创造更多的闲暇时间与生存机会。此谓"现代性的拉力"(the pull of modernity)。因此,对于现代性,人们好恶交织,处于一种矛盾的心理和情感之中:既爱且恨、既好又恶、既接受又拒绝、既肯定又否定②,既想离开又离不开。同时,20世纪90年代以来,举世亦见证了时空大压缩的过程,技术几乎消灭了距离感,时间被重新分解,文化极速变迁,人性经历空前的考验。关于这个特定时代,未来学家曾做出大量惊世骇俗的论断与预测,对之虽难以证实或证伪,但现代性给人性带来的集体迷茫是毋庸置疑的。早在20世纪70年代,迪安·麦坎内尔(Dean Mac Cannell)就指出旅游者追寻"真实性"的渊薮所在③,即因为深厌于现代文化的虚假、复制与单调,而希望在遥远的异国他乡能够看到真实的文化物证。这是传统文化旅游者的凝视特征,而当代的后旅游者则早已超越了对客观真实性的执着,目之所睹无所谓真假,旅游的价值、意义与体验、愉悦或乐趣相关联,自我的不同意义层面的存在才至高无上。事实上,无论是早期对文化真实性的狂热凝视,还是近期对之的刻意无视,都可视为是对现代性之弊端的一种无害的放弃或否定。④ 因此,游客凝视的深层结构则无异于某种价值转移,即从单纯的审美层面深入差异性符号——文化解释的层面上。

---

① 王宁:《旅游、现代性与"好恶交织"——旅游社会学的理论探索》,载《社会学研究》1999年第6期。

② Merton, K. Robert, *Sociological Ambivalence and Other Essays*, New York: Free Press, 1976, p.6.

③ D. Mac Cannell, "Staged Authenticity: Arrangements of Social Space in Tourist Settings," in *The American Journal of Sociology* 79(3), 1973, pp.589-603.

④ 赫伯特·马尔库塞:《单向度的人》,张峰、吕世平译,重庆出版社1988年版,第13页。

既然游客凝视是现代性迫力下的后现代表征,则必然带有来自客源地的系统化、组织化的社会力,该力量以游客为媒介,直接或间接作用于旅游目的地或客体,形成两类明显的权力关系:其一,旅游主体——旅游者与旅游客体——旅游吸引物之间的关系;其二,旅游客源地社会与旅游目的地社会之间的关系。通常地,在旅游初期,两种关系都倾向于主导-屈从(dominate - subornation)类型,伴随旅游地的成熟,逐渐趋向平衡的互动,甚至反客为主。在此旅游情境下,游客凝视的符号偏好一方面需要载体——旅游对象,另一方面则需要对符号的文化解释。而解释有两个来源:一是基于游客对异文化的期待、判断、解读或意义赋予,二是基于东道主文化的呈现、重建与再造,二者共同建构起符号的象征意义,彰显游客凝视所追求的差异性、独特性或卓越性。

简而言之,游客凝视作为一个学术词汇,"凝视"实则是虚指,实际上指代旅游需求或偏好。只不过凝视现象产生于现代性的爱恨交织当中,因而具有后现代的消费特征,以追逐符号的象征意义为体验乐趣,而符号具有多义性,它导致旅游需求的变幻莫测,旅游行为的捉摸不定,进而对旅游吸引物施加迫力,使之跨进符号丛林,或迎合,或主控"游客凝视"的方向。

二、景观符号化(symbolization of landscape)

"景观"一词最早出现在希伯来文本的《旧约》全书中,其意为风景、景致、景色,等同于英文的 scenery;现代意义的景观则代表土地及土地上的空间和物体所构成的综合体,等同于英文的 landscape。[1] 长期以来,对景观的辨别、描述与解释一直是西方地理学的一项主要工作。1906 年,德国地理学家施吕特尔·奥托(Schlüeer Otto)首倡文化景观论,将景观分为原始景观和文化景观两类,并且提出:所谓景观,是视觉和感觉到的形象[2];

---

[1] 周剑:《从人地作用到景观文化——浅析景观文化的含义》,载《建筑与规划理论》2006 年第 6 期。
[2] 单霁翔:《从"文化景观"到"文化景观遗产"(上)》,载《东南论坛》2010 年第 3 期。

美国地理学家卡尔·索尔(Carl Sauer)是文化景观论的集大成者,他在《景观形态学》(*The Morphology of Landscape*)一文中将景观定义为"由包括自然的和文化的显著联系形式而构成的一个地区"①,之后又在《文化地理的新近发展》一文提出"文化景观"的经典定义,即文化景观是附加在自然景观上的人类活动形态。1945年以后,文化景观的研究更加注重其被改变的格局与过程,并明确主张景观变迁的主要力量来自人类集团的态度、目的和技能。相应地,文化景观的分类方法更加繁复、项目亦更加明细,譬如乡村景观、城镇景观、大都市景观、农业景观、牧业景观、工业景观、建筑景观、宗教景观等,甚至扩展到人口景观、政治景观、语言景观、流行文化景观等类型。② 如今,景观一词已非地理学所专有,它被许多学科广泛借用。在旅游情境下,景观是旅游客体,即一类旅游吸引物,虽有自然景观与人文景观之分,但真正在现实中却难以两分。必须明确的是,景观是自然或人类活动的结果,它赋予一个地区可观、可感的特性,甚至成为旅游区的地标或精神象征。

麦坎内尔说:"旅游胜地就是符号。"③可以换种说法,即旅游胜地是一束符号丛,旅游景观是一种符号。事实上,符号一词成了被"劫持"的概念,正因其无所不在,人们才动辄"符号"。究竟何为符号?国内对此探讨不深,盛行的说法是将符号看作社会信息的物质载体,认为符号有三个必备特征:(1)符号必须是物质的;(2)符号必须传递一种本质上不同于载体本身的信息,代表其他东西;(3)符号必须传递一种社会信息,即社会习惯所约定的、而不是个人赋予的特殊意义。④ 照此衡量,许多所谓的"符号"都称不上是符号:其一,符号未见得必须是物质。语言是人类最重要的符号系统,它是音(形)、义的结合体,单字成词或组句足以表达无限意涵,然

---

① 王大学:《皇权、景观与雍正朝的江南海塘工程》,见http://www.qingstudy.comdata anicle/a03/374 html,2009-03-16。
② 单霁翔:《从"文化景观"到"文化景观遗产"(上)》,载《东南论坛》2010年第3期。
③ 迪安·麦坎内尔:《旅游者——休闲阶层新论》,张晓萍等译,广西师范大学出版社2008年版,第123页。
④ 王铭玉、宋尧:《中国符号学研究20年》,载《外国语》2003年第1期。

而语言却是非物质的。其二,至少在旅游情境下,符号传递的绝不仅仅是社会信息。譬如奥斯维辛集中营,对普通游客来说是纳粹残暴罪行的历史见证与反省,对幸存者或遇难者后裔而言却是伤痛与哀思;寻常一处风景,或许多数人只欣赏其优美,某个人却被触动而勾起怀旧。当然,符号的"能指"与"所指"必须分离,"能指"通常被理解为一种心理存在,"所指"则是一个外在的客观事实,二者之间的联系遵循任意性或随机性原则。可见,对符号的理解至关重要,美国哲学家查尔斯-桑德斯·皮尔斯(Charles Sanders Peirce)有简单的表述:"符号对某个人代表着某个事物。"该看法尤其适用于旅游研究。

据麦坎内尔看来,旅游景观作为符号,其"所指"即景观本身,景观的标志(marker)或象征(symbol)则是景观的"能指"。譬如中国长城,城墙、敌台、关隘、烽燧①是外在的客观事实,即"所指";而与长城相关的信息则为"能指",可从两方面来理解:一是直接的景观标志,如标牌、天下第一关——山海关、孟姜女庙、烽火台等;二是间接的非景观标志或象征,如:长城的修建历史,不到长城非好汉,一夫当关、万夫莫开,固若金汤等俗语,孟姜女哭倒长城八百里、周幽王烽火戏诸侯等历史故事,长城作为中华文明、民族精神的象征,世界文化遗产、人类文明史上最伟大的建筑工程之一、苏联宇航员在月球上能看到的地球上最大的建筑物("放卫星"之说,不实)等美誉。当然,长城的"能指"还可以继续罗列,如恋人的约定、毕业一游、征服长城等等,视特定游客而定。因此,作为符号的长城,表征的不仅是简单的城墙景观,更是其标志指向或象征内涵,甚至游客对之的主观解读与定义。

很明显,"所指"与"能指"之间,即景观与标志(或象征)之间的关系颇为复杂,实际中存在多种情况。其一,游客凝视:由标志到景观或由景观到标志。前者是游客事先通过各种渠道接触到景观的相关信息,而后按图索骥亲临目睹,这是标志预先起作用的情况;后者即游客置身景观而不自

---

① 徐伦虎编著:《人文旅游景观观赏指南——旅游古建筑文化》,西安地图出版社2001年版,第77页。

知,或许封存于大脑的相关信息瞬间被触动,意识到该景观值得一游,因为它是伦敦的标志或别的什么,这是标志事后起作用的情形。二者都视游客个人而定,但标志都发挥了重要作用。其二,标志控制景观。事实上亦可表述为是部分遮蔽了整体,能一睹《蒙娜丽莎》,有人便此生足矣,至于卢浮宫及其他展品,不看也罢。"摘花撷叶"的游客为数不少,其凝视被景观标志所牵引。其三,标志成为景观。对于"资质平庸"的景观而言,标志甚为关键,譬如战争遗址、军事圣地、名人故居等,倘若缺乏高明的解说以及一系列诸如墓地、纪念馆、纪念碑、影像旧物等标志,则整片区域的景致不足为观。其四,从景观到象征。展开来看,这是"景观—标志—景观"[①]的转换过程,帝国大厦本身是一个建筑景观,它又是曼哈顿的标志,游客凝视自然而然会将它放到曼哈顿的背景和整体形象中去,这就是有趣的"意义互换"[②]:没有帝国大厦,曼哈顿"稍逊风骚",而失去曼哈顿的地理、文化诠释,帝国大厦又寡然失味。

照此,"能指"与"所指"之间的错综关系,事实上构成了旅游景观的核心吸引力。麦坎内尔就持这样的观点,他认为旅游吸引力就是景物、标志和游客之间的关系。显然,提升或创造景观的吸引力是旅游景观所遭遇的最难解亦最微妙的问题,毕竟像"世界七大奇迹"那样"天生丽质"的景观屈指可数,而游客凝视又是如此阴晴不定。通常,在旅游策划与旅游营销过程中,为单调的自然景观或复制创造的人文景观赋予内涵以增加其吸引力,是惯常的做法。换言之,就是使景观符号化:以文化为主要素材来源,为景观制造标志,借标志招徕并吸引游客。景观符号化的途径大致可归纳如下:

1. 使景观神圣化(sacrallzation)。

麦坎内尔认为景观的神圣化包括五个阶段:(1)景观神圣化的命名阶段(naming phase of sight sacralization),即使景观的审美价值、历史价值、休闲或社会价值通过权威的认证并公之于众;(2)框限与提升阶段(framing

---

① 迪安·麦坎内尔:《旅游者——休闲阶层新论》,张晓萍等译,广西师范大学出版社 2008 年版,第 149 页。
② 彭兆荣:《旅游人类学》,民族出版社 2004 年版,第 188 页。

and elevation phase),即利用物质设施(如木框、金属支架或玻璃罩等)对景观或游览物加以保护,彰显其珍贵与特殊,以区别于其他游览品,或使用聚光灯、保安值勤、远距离观看等手段予以强化;(3)奉祀秘藏阶段(enshrinement),指大张旗鼓地修建庙宇、教堂或宫殿等建筑,用以供奉圣物,于是这些建筑也连带被神圣化,成为可供游览的景观;(4)神圣事物的机械复制阶段(mechanical reproduction),即圣物的文字资料、照片或雕像也成为被珍视和展演的对象,这是神圣化被复制的阶段,不过复制品往往诱惑人们踏上旅途去寻找真品;(5)社会复制阶段(social reproduction),当族群、城市、地区借用著名景观来为自己命名时[1],景观神圣化即达到巅峰,因为景观的神圣性被社会化了,譬如云南的中甸改名为香格里拉,路南县更名为石林县。

2. 赋景观以文化内涵。

通常包括如下手段:(1)编织神话:为景观编织神话,使之从平凡转化为非凡[2],成为具有精神性、宗教性、神秘性的地方。神话来源有两种:一是现有神话;二是创作新神话。至于后一种来源,套用普赖斯·摩根的话来说[3],就是在缺乏神话时发明神话,运用想象力对景观加以改造,从而创造一种新的景观特性,用这种特性来提供指导、娱乐、消遣和教育,体验者亦获得一种文学的过去。(2)编制故事:故事可以历史事实或虚构的人物为基础,只要情节动人,虚构与否无甚大碍。故事的功能有别于神话,它使人愉快,还具有"生动"景观和强化记忆的作用。(3)强调景观的"他性"(otherness):对景观"他性"的强调,须借助文化的多样性、族群性和地方性,使景观奇特化或异域风情化,进而显得具有原真性,以慰藉麦坎内尔笔下那些四处寻找真实体验的人。

3. 使景观艺术化。

无论自然或人文景观,都要承担潜在的审美需求,而景观的艺术化可

---

[1] Dean MacCannell, *The Tourist—A New Theory of the Leisure Class*, New York: Schocken Books, 1976, pp. 44-45.
[2] 鲍勃·麦克尔彻、希拉里·杜·克罗斯:《文化旅游与文化遗产管理》,朱路平译,南开大学出版社2006年版,第136—142页。
[3] E. 霍布斯鲍姆、T. 兰格:《传统的发明》,顾杭、庞冠群译,译林出版社2004年版,第128页。

在一定程度上满足游客的这种需求。譬如景区的绿化、景致的雕琢与美化、民族服饰的改良、歌舞的规范化与舞台化、艺术品的精致化及其包装的精美化等,都属于满足视觉享受的迎合式做法。

4.使景观幻化。

化景观为幻境,退回到过去,或提前进入未来,都是化梦幻为实在或化实在为梦幻的绝妙体验。或许正如科恩(Erik Cohen)所言,富于想象的、刺眼的、不和谐的、近乎幻象的创新,在未来的后现代时代里完全可以取代对前现代的他者之整体性的追求,进而作为一种原真性的新类型表现被主流社会所接受。[①]

若细化下去,景观的符号化还有许多手段与技巧,但总体来看,景观之标志的制作无外乎迎合与创造两条思路,前者以把握游客凝视的惯习为准绳,后者以引导游客凝视的方向为原则。二者目的指向一致,即为景观制作标志,使之表现出文化差异,并做出差异性的解释,以此满足游客凝视对价值与象征意义的追寻。

三、分离与控制:一种社会互动的方式

与惯常环境的暂时分离,是游客凝视的前提。无论是出于现代性的推力,还是缘于异国他乡的召唤力,"分离"这一行为选择隐含中断、停止的意味,它象征对常态的逃避或告别,转而进入另一种社会或文化语境。在旅游情境下,"分离"导致转换,转换意味着反差,新与旧、自我与他者、熟悉与新鲜、紧张与松懈、严肃与娱乐、疲劳与振奋、规矩与逾矩等,都可能成为旅游凝视的模糊期待。对此,纳尔逊·格雷本曾列过一个详尽的旅游逆转行为的提纲,他从环境、生活方式、文化模式、习俗、保健五个方面对旅游前后的行为做出比较[②],在此不赘。明显地,对旧的社会环境的短暂远离与对新的社会环境的短暂接触,成为"凝视"的精神主线。在"离开"与"接

---

① Erik Cohen,'Authenticity' in Tourism Studies:Aprés La Lutte,*Tourism Recreation Research* 32(2),2007,pp. 75-82.
② Nelson Graburn, The Anthropology of Tourism,*Annals of Tourism Research* 10(1),1983, pp. 21-22.

触"之间的时空连续体上,是大大小小的表征差异性的自然、文化景观,于是,在游客的视觉解读与景观的标志制造二者间,出现了一个碰撞或互动的锋面。

旅游凝视的选择、行为蕴含着怎样的期待?该问题可以从两个层面分而视之:其一,社会性期待。据赫伯特·马尔库塞(Herbert Marcuse)看来,单向度(one-dimension)的人是与其社会直接同一的个人,习惯于按照广告来放松、娱乐、行动和消费,爱或恨别人所爱或恨的东西等[1],"自我"被现代技术侵占殆尽,人失去了自主性。因此,单向度游客的凝视选择折射出社会认可的意义与价值。其二,个体性期待。马尔库塞认为前工业社会的人尚有"双向度",即除适应社会外,还可兼顾真实的自我。我们无法妄言现代人的"自我"向度已被社会所吞噬,但个性化需求却是无处不在,因文化背景、阶层、教育程度、职业等而异,甚至因个体而异,如果就单个游客而论,个性化需求则是个无法穷尽的问题。以下两例旅游体验可以说明个人需求的微妙与丰富:

>一位来自伊利诺伊州的农民走进了一个圆木木屋,那里的一位解说员正在展示过去人们是如何纺毛线的。看到此情此景,农民感慨地说,在他童年时期新塞勒姆的家里也有一台相似的毛纺机,这使他回想起他在大草原的农场。
>
>一位法官告诉我说,他非常喜欢在冬天飘雪的清晨来到新塞勒姆。这样他可以单独地漫步在亚布拉罕·林肯曾经走过的神圣之地。这位法官与林肯一样在同一个地区从事法律工作。他在办公室里摆放了一尊青铜林肯像,并在本地戏剧演出中扮演林肯的角色。他身材高大、纤瘦,长得很像林肯。显而易见,这位法官的这种角色认同感具有个人意义。[2]

---

[1] 赫伯特·马尔库塞:《单向度的人》,张峰译,重庆出版社1988年版,第6页。
[2] 戴伦·J.蒂莫西、斯蒂芬·W.博伊德:《遗产旅游》,程尽能主译,旅游教育出版社2007年版,第74页。

事实上,并不存在绝对的"社会人"或"自我",往往是二者兼而有之,正如格雷本所说,游客并不追求旅游情境下的彻底逆转,他(她)始终不能真正离开自身文化的意义之网。相应地,我们可见景观的"能指"在游客凝视的共性与个性间探索游离。"二战"后,汽车工业的崛起为旅游方式带来了革命性变化。富有的英国中产阶级驾驶心爱的小汽车,开始周游英国并疯狂拍照。为迎合这种潮流,英国的风景逐渐被美化,即学者所谓的风景"柯达化"。而在战后的美国,一些风景被彻底改造,成为一种能"取悦驾驶者"的休闲景致,土地的使用方式要确保驾驶者能"从路边拍到漂亮的照片",自然被改造成"只能用眼睛来欣赏的东西",因为"车开得越快,地球看起来越平坦"。[1] 从这个意义上看,速度越快,距离体验就被缩短或消灭,景观亦贬值得越快,于是景观吸引力的内在提升越显重要。如上所述,在赋予景观象征意义方面,有许多方法可用,譬如迪斯尼的"木板道"(Board Walk)度假地在宣传促销中,就做了全面的怀旧处理——一幅深褐色调的昔日富裕人家的全家福照片,上书"想当年,最体面的人家沿着这条木板道消夏",随后便是一段令人心驰神往的追溯与劝诱性的广告词。它一方面将温情、亲情、音乐、海滩等浪漫标志灌注到景观,制造出吸引力;一方面又迎合利用了社会的集体怀旧心理,将游客凝视的共性与个性需求和谐地整合于同一景观,大大增强了景观的"能指"能力,需求各异的游客亦可各得其所。

> 他们身穿绉化亚麻夏衫,聚集在海滨,沉浸在兴奋和浪漫之中。他们在木板路上徜徉,在水畔别墅中进入甜美的梦乡。现在你可以体验旧日岁月的魅力,同时尽享当代度假地的奢华。这就是在迪斯尼木板路上。这里和海滨村庄一样令人陶醉,和往昔的木板路一样令人心动,和整个迪斯尼经历一样令人难以置信。优雅精美的晚宴和欢快惬意的酒吧,在名牌乐队伴奏下曼舞,在海滨街市上购物。温馨的夜总会和喧闹的运动酒吧。携手并肩漫

---

[1] 约翰·尤瑞:《游客凝视》,杨慧、赵玉中、王庆玲等译,广西师范大学出版社2009年版,第211页。

步在庭堂院落,会使你回忆起仲夏海滩的浪漫,终年如此……快来重新激发往日情怀吧,请拨打……让自己美梦成真吧!①

总之,在旅游"符号大军"四处翻找标志的同时,景观也在为之制造标志,需求—凝视与供给—景观在象征层面相互遭遇。在二者互动的文化棱镜里,可窥见一种社会互动的方式,即以游客、景观为载体的符号意义交换过程。其中,游客自身的社会、文化并未因其离开而暂时失效,其控制力被景观的标志制作与文化解释所反映。正如维克多·特纳(Victor Tumer)所坚持的,旅游凝视的启示在于:文化是作为经验而存在的,它只在实践时发生。虽然在具体的、动态的旅游关系情境中,意义得以构建和重建,但无论是游客凝视的意义,还是景观"能指"的范畴,大都指向旅游者自身及其文化经验。

---

① 威廉·瑟厄波德:《全球旅游新论》,张广瑞、杨冬松、陈立平等译,中国旅游出版社2001年版,第33页。

下编 符号经济与文学增值

文化资本博弈时代的文学增值术[①]

叶舒宪

符号人类学研究给符号经济时代的传媒符号运作提供了理论启示,也为文学家开启了将文学原型提炼为文化资本的自觉机遇及相关技巧。回顾总结这一变化的线索,揭示最具人气的畅销作品,如《挪威的森林》《达·芬奇密码》和《尼古拉的遗嘱》等的文学增值术,对于创作与批评如何应对符号经济时代,自觉运用原型符号给文学作品提升文化附加值,具有一定的指导意义。

一、符号人类学的启示

符号人类学的滥觞可以追溯到早期人类学家们的著述,如英国人类学家泰勒《原始文化》中对世界上形形色色的所谓"原始文化"信仰观念背景(主要是"万物有灵论")的开创性探讨,弗雷泽《金枝》和《〈旧约〉中的民间传说》中对远古巫术信念和仪式-神话母题的跨文化比较与系统性阐释,美国人类学之父摩尔根《古代社会》中对各印第安文化氏族部落的图腾分析。正是这些研究开创了将文化作为专门研究对象的人类学学科的

[①] 本文主体部分原载于《江西社会科学》2005年第12期,现经作者修改扩充后辑入本书。

先河,引发了西方人文社会科学内部一场长久的知识重组与观念变革;而解读文化的意义也正是20世纪兴起的符号学所追求的目标。

下面以弗雷泽《〈旧约〉中的民间传说》第二部第三章所分析的篡夺哥哥以扫继承权的故事为例,说明这部以《圣经》文学研究而著称的大作所具有的符号人类学意义。

雅各的故事,犹太教和基督教社会中早已家喻户晓。弗雷泽独具慧眼地提出了两千多年来从没有人注意过的符号意义问题:幼子雅各取代长子以扫获得了继承权,这是以怎样的方式完成的呢?[1] 雅各穿上哥哥的衣服冒充以扫,并在脖子和双手套上小山羊皮来模仿以扫那浓重的毛发,这是出于母亲的教唆,母亲还亲自为他披上以扫的袍子和小山羊皮。弗雷泽从中解读出了一种法定仪式,其功能在于让幼子替代长子成为父亲财产的合法继承人。弗雷泽列举大量事实来展开他对"山羊皮"符号蕴涵的比较分析,在这个基础上挖掘出故事背后的仪式和功能。

首先是非洲的加拉人:无子的夫妇有收养孩子的习俗。为了将孩子从亲生父母手中移交到养父母那里,必须举行仪式。通常是将三岁大小的孩子从生母身边带走,领入森林之中,生父在林中宣布放弃孩子,声称从今往后,这个孩子对自己来说就像死了一样。随后,人们宰杀一头公牛,将牛血抹在孩子额头上,再把牛皮盖在他手上。此仪式与雅各的诡计之间有非常明显的相似之处:二者都要把宰杀了的动物的皮放于双手上。为了揭示这种仪式活动的象征意义,弗雷泽考察了东非诸部落社会盛行的类似仪式,从中得到启示。部落中的人们常常宰杀一只山羊或绵羊作为献祭,剥下它的皮切成小条,系在需要从中得福的人的手腕或手指上。人们相信,这种羊皮小条会通过某种方式预防、治疗疾病,洗涤罪孽,或是赐予他们力量。因此,阿坎巴人在孩子出世时,要宰杀一只山羊,从剥下的羊皮中切下三条,分别系在婴儿、母亲与父亲的手腕上。在相同的场合中,阿基库尤人则杀一只绵羊,从前腿上切下一条羊皮,把它做成手镯,戴于婴儿的腕上,以清除新生儿身上的厄运与污秽(thahu)。另外,阿基库尤人在一种他们自己称之为"重

---

[1] Frazer, S J. G, *Folklore in the Old Testament*, The Macmillan Company, 1923, p. 205.

生"(ko-chi-a-ru-o ke-ri)或"山羊产子"(ko-chi-a-re-I-ru-o m'bor-I)的奇特仪式上也沿袭着类似习俗,这是每个阿基库尤孩子在举行割礼之前都必须经历的仪式。"重生"仪式通常在孩子十岁或更小些时举行。将要"重生"的孩子从一侧肩头到另一侧的腋下斜挎上羊皮环。地上铺一块大羊皮,母亲坐在上面。其他人将羊肠在她身上缠绕一圈之后,带到孩子面前。母亲如分娩般大叫,一个女人像剪脐带一样切断羊肠,孩子则要模仿新生儿的哭声。

从"山羊产子"这一名称本身,我们已经可以明确地推断出其意义:仪式所表演的是母亲如何扮作产子的母羊重新产下儿子的情形。这就说明了为什么要用羊皮包裹孩子,以及为什么要用羊肠缠绕母子。此仪式在当地的名称叫"ko-chiaruo ringi",直译就是"重生"。[①] 弗雷泽接着还探讨了阿基库尤人与"重生"类似的收养仪式。参加的双方均为男性,养父养子都要扮作绵羊。这些仪式行为的符号功能显然是完全相通的,那就是给仪式主人公一个"重生"的契机,帮助他获得他本来所不具备的身份。山羊皮这样一种在游牧民族生活中司空见惯的自然物像,就这样获得了重要的文化象征意义。

根据弗雷泽分析,雅各窃取祝福的奇特故事,连《旧约·创世记》的叙述者自己都没有理解。除了一般理解的利用阴谋篡夺权利之外,该故事还表现出值得尊敬的另外一面。雅各母子的行为不过是在举行"重生"的合法化仪式,也就是雅各扮成山羊,作为母亲的长子而非幼子再次出生。可见,类似的"山羊产子"活动在人们的社会与宗教活动中扮演着极其重要的角色。在法律史的早期,一种合法化的虚拟"新生"常被用于标志某人社会地位的改变。从其他文化的情况看,"重生"仪式也服务于不同的目的,从使被认为死了的人重获新生到让凡人晋升神界。在现代印度社会,"重生"还偶尔作为赎罪仪式来弥补违反祖先习俗的罪孽。仪式的功能非常明显——通过"重生",罪者变成了一个新人,不再为以前所犯下的罪行负责。新生的过程同时也是净化的过程,结束并终止了旧的一切,从此获得新的本质。这使我们想起中国古代神话中犯有罪过的鲧,为什么要

---

① Frazer, S J. G, *Folklore in the Old Testament*, The Macmillan Company, 1923, p.211.

在被杀后"化为黄熊"？原来那也是"重生"的象征。

借助于弗雷泽渊博人类学知识和在此基础上获得的符号透视的独到眼力，西方的文学想象是如何在20世纪催生出现代主义原型创作潮流的？我们将在下一节给予提示。这里先引述弗雷泽重审雅各故事的结论，展示其符号人类学思路的奥妙所在：

> 据我推测，雅各欺骗父亲以撒的行为中包含着"山羊产子"的古老"重生"仪式的遗存。如果要使幼子取代依然健在的头生子获得遗产继承权，就必须举行这样的仪式，正如直到今天，印度人若想升入较高种姓，或重新获得因不幸遭遇或错误行径而被剥夺了的原先的社会地位，也必须经历"母牛产子"的仪式。不过，就像阿基库尤人一样，希伯来人简化了繁复的仪式，代之以宰杀山羊，并把羊皮披在或佩戴在将获"重生"的人身上的形式。如果我的推测能够成立，那么在这种"重生"形式中，记载了古代的仪式，却被《圣经》叙述者误解了它的意义。①

从中可见，以往的文学批评大多在叙述的层面上展开分析，而符号人类学的思路却要在叙述背后的所以然的层面上下功夫，寻找使叙述得以发生的深层文化原因或文化动力。了解到这种着眼点的差异，弗雷泽在《〈旧约〉中的民间故事》之前的另一部巨著《金枝》，之所以在人类学的专业范围以外的文学领域引起异常持久的兴奋，也就不难体会了；后来的原型批评领袖人物弗莱何以把弗雷泽看成一位最有成就和特色的文学批评家，同样不难理解。

在弗雷泽之后，符号人类学在当代英国的主要代表人物是玛丽·道格拉斯，其《洁净与危险》(1966)、《自然的象征》(1970)、《隐含的意义》(1975)等系列著述，一般侧重于对原住民族宗教信仰和观念的象征表达的符号分析。弗雷泽对仪式性的污秽（污染）和除秽（洁净）的象征意义的

---

① Frazer, S J. G, *Folklore in the Old Testament*, The Macmillan Company, 1923, p.223.

揭示,无疑是玛丽·道格拉斯学术焦点的一个源头。在《洁净与危险》中,作者以非凡的才华和敏锐让我们看到日常的卫生观念中的"洁净"与宗教观念中的"洁净"是怎样的不同,从而充分体会到人作为符号动物如何被自己的观念所支配。书中对《旧约·利未记》所讲述的犹太人饮食禁忌的解读,和弗雷泽对雅各故事的解读有着异曲同工之妙。玛丽·道格拉斯终于让人们明白了为什么《利未记》要说骆驼、野兔和猪都是不洁净的,而蛙却是洁净的。古代犹太人的食物禁忌原来是建立在他们对宇宙万物的符号分类观之上的。

《自然的象征》一书副标题为"宇宙观的探索",同样是从象征符号角度解读特定文化所持有的系统宇宙观。在她看来,特殊的宇宙观体现出该文化所特有的理性方式。[①] 而生活在该文化以外的人很容易将这种宇宙观视为不可理解的,因而当作非理性的。经过玛丽·道格拉斯充满文化洞察力的论述,读者可以明白"彼有彼理性,此有此理性"的相对道理,对符号人类学的解读原则也会有具体生动的体会。为什么中国文化把龙奉为神圣物,而基督教文化则把龙视为恶魔的化身?诸如此类的古老疑难,都可以转化为文化符号的问题,从而找到答案。

《隐含的意义》前言部分是这样开篇的:

> 随着我将勒勒人(LeLe)所赋予日常生活中的动物的意义拼接起来,我开始了解他们以穿山甲为核心的丰富文化。如果我的田野工作能够做得更为扎实,那我就可能更为深入地了解这种长着鳞片的食蚁兽对他们来说究竟具有哪些意义。他们的知识并不明确,而是建立在共有的并不言明的假定的基础之上。在草根阶层的日常活动之中,那些从他们的仪式和信仰中产生出的场景中包含了交流的隐晦形式,而这些正是我一直以来思索的……[②]

[①] M. Douglas, *Natural Symbols: Explorations in Cosmology*, New York: Pantheon Books, 1982, p. 142.

[②] M. Douglas, *Implicit Meanings: Essays in Anthropology*, Routledge & Kagen Paul, 1975, p. 1.

如果说弗雷泽对山羊仪式之蕴涵的解读具有破译文化密码的性质,那么玛丽·道格拉斯对穿山甲在勒勒人社会中的神圣意义的解读,以及美国人类学家吉尔兹对巴厘岛斗鸡仪式的解读,就不仅具有同样的性质,而且更加突出了20世纪后期符号人类学发展出的方法论意义,那就是建立在田野考察的切身体验之上、从一个文化的内部来诠释它的方法。吉尔兹把文化重新定义为"由符号和象征编织成的意义之网",这就从正面开启了以特定的"文化文本"深层解读为特色的人类学学科转折风气,即从"科学"转向符号解释学。人类学家和符号学家可以不再追随自然科学那种寻求事物普遍规律的研究旨趣,转而探究每一种文化内在的地方性知识及其特有价值。在此大背景之下,符号人类学以及人类学的其他新兴分支——视觉人类学、影视人类学等都成了为我们这个独一无二的星球保留文化多样性的有效认知途径。无论是玛丽·道格拉斯对勒勒人民间宗教象征中的动物形象的解读,还是吉尔兹宣称文化的概念在本质上就是"一种符号学的概念"(a semiotic one)[1],都可以表明作为一个学科或学派的符号人类学已经走向成熟。它不仅能够帮助人们有效解读每一特定文化的隐含秘密,甚至能够回答诸如"父亲为何要代母亲生育"(产翁习俗),以及"狗会笑吗?"[2](玛丽·道格拉斯《隐含的意义》第一部第六章标题)一类非常奇特的问题。它会告诉你在特定文化的情境之中是否面临危险,也能够给你"解读一顿饭"的编码意义。

二、多媒体世界中的文学符号增值术

符号人类学的超学科影响巨大而深远。其对部落社会中仪式行为的象征分析给当代社会带来的启发是一个常常被忽略的问题。众所周知,仪式作为古代文化最重要的媒体之一,其社会文化整合作用非同小可,也是

---

[1] C. Geertz, *The Interpretation of Culture*, New York: Basic Books, 1973, p.5.
[2] M. Douglas, *Implicit Meanings: Essays in Anthropology*, Routledge & Kagen Paul, 1975, p. 83.

不可或缺的。其对社会个体成员塑造与支配的一面,也只有通过对其深层意义的理解和把握,才能有所体认。符号学和传播学在学理上的密切关联,就很能够说明这一点。

在玛丽·道格拉斯、维克多·特纳等符号人类学专家眼中,尽管现代社会早已经脱离了部落仪式的规范范围,变成纯粹世俗性的商业世界,但是只要集体生活还存在,宗教、仪式、神话和庆典就会依然发挥社会整合作用。现代化改变了社会面貌,但社会关系及其更新所需要的仪式及象征系统不会消失。原来由宗教观念所支配的仪式行为仍将起作用,或者要转化为现代传播媒介性质的仪式(发布会、会展等),从而引领群体集体意识表现方式的变化。仪式活动和象征体系的文化功能就在于强化和再造社会关系。

从符号人类学的理论思考,到后现代理论宗师鲍德里亚的"符号的政治经济批判",可以清楚地梳理出符号经济在20世纪后期席卷发达社会、进而拓展到全球的深层背景。这里仅就文学创作和文学批评在这一历史转变过程中的突出表现做一个简略的线索性勾勒。好在这方面已经有美国的原型批评家约翰·维克里在20世纪70年代做出的理论链接——从弗雷泽的符号人类学方法到现代主义文学中流行的借助神话-仪式的原型想象。

维克里跨越文学批评与人类学之间的学科隔膜,撰写出很有分量的比较文学著作——《〈金枝〉的文学影响》。该书清楚地告诉文学家和批评家,原来像现代主义创作的标志人物如T.S.艾略特和詹姆斯·乔伊斯,他们在编织自己的想象故事时已经受到人类学家所提供的原型符号的谱系知识的激发和制约。现代派诗歌的里程碑之作《荒原》和小说经典《尤利西斯》,都是依靠了同样的人类学想象资源,获得文学文本的立体结构和价值张力。弗雷泽著作中所反复阐述的死而复生的神话仪式模型,成为作家和诗人们为自己作品的符号学蕴涵获得大增值的一个窍门。

按照维克里的观点,《金枝》之所以能够替代同时代同类型的学术著述而脱颖而出,独超众类地"充当了现代文学的母胎",关键在于弗雷泽本人充分利用了文学原型的方式来构思和写作他的理论大著,使之成为"一部置换变形了的探求传奇"①。其中既有崇高的探求主题(金树枝神话的秘密),丰富而隐晦的宗教意义,还有取之不尽的原型象征和符号资源,以及反讽技巧之巧妙运用。

借用法国社会学家布迪厄的术语,可以说弗雷泽是将渊博学识成功转化为理论写作的"文化资本"的幸运者。在他的大著启发之下创作诗歌和小说的现代派作家们,他们在文学想象方面与同辈们的个人才华竞争,在一定程度上也已经变成文化资本的博弈了。换言之,谁更清楚和自觉地掌握和运用宗教神话的原型,谁就有望成为文学符号上的多声部和立体声。这就是20世纪的艾略特、庞德们的诗歌不同于前代的华兹华斯和拜伦的诗歌之处,也是乔伊斯的小说不同于巴尔扎克和托尔斯泰小说之处。

向古老的神话-仪式原型开掘和提炼写作的文化资本,在艾略特那里甚至从诗歌升华到理论,那就是他的文论名篇《传统与个人才能》所要阐发的道理。到了大众媒介开始全面主宰社会舆论和休闲空间的后现代时期,文化资本的增值博弈更加成为商业竞争的利器。昔日的公众性仪式活动意味着参与和共享,今日的现代传媒盛会也给这种参与和共享提供了新的覆盖面更加广阔的舞台。现代社会利用大众媒介创造出一整套行为文化的风尚,为人们提供一种新的多样化场所,改变着人们对共同事件的参与及体验。在这个新的多媒介世界中,传播过程和方式必然要受到各种媒介特性的制约,而新老媒介之间也呈现出此消彼长的不同局面。传统文学的媒介方式——文字阅读,逐步将原有的地盘退让给影视等诉诸视觉、听觉直观的新兴媒介。另外,文学本身也会借鉴吸收新兴媒介的特长来调整改造自己。像网络文学这样的文学新生儿,正随互联网的全球大普及飞速成长。

后现代的消费社会是以形象-符号的日常生活化为一大突出特征的。昔日只有在戏剧舞台和电影院里才能够接触到的艺术化的形象,现在已经通过广告和电视渗透到生活的方方面面,几乎无所不在了!当代消费社会

---

① J. B. Vickery, *The Literary Impact of The Golden Bough*, Princeton University Press, 1973, p.5.

的每一个成员,不论他(她)自己是否明确意识到,都已经是一种完全被传媒符号所支配的生物。作为语言符号表达的文学,当然会受到非常重要的影响。一方面,广告语言越来越文学化了,广告设计也越来越艺术化了。另一方面,文学自身也发生了分化:一部分与市场和新兴传媒对抗到底的文学作者,坚持前现代的书写方式和表现风格;另外一部分主动适应消费社会新生活方式的作者,也会相应地借助广告符号的影响力来重新夺回文学所失去的受众,特别是年轻一代的读者受众。前一类作家几乎要退回到艺术的象牙塔中求得洁身自好和孤芳自赏;后一类作家则把开掘文化资本和符号增值作为自己的文学责任,主动参与到新的媒体竞争和发行量博弈之中。对于后者而言,昔日的纯文学技巧已经不大够用了,必须开拓更加适合多媒体时代视听习性的文学表现方式。视觉的震撼力与听觉的冲击力的开发利用,已经成为当今最畅销文学作品的符号增值诀窍。

三、村上春树与丹·布朗:当代小说的视听符号效果

现代传媒广告对消费社会中个人生活的巨大影响力,在全球畅销小说《挪威的森林》的开端就有极佳的表现。作者村上春树为小说第一章起的题目叫《永远记得我》,其开篇写道:

> 三十七岁的我坐在波音七四七客机上,庞大的机体穿过厚重的雨云,俯身向汉堡机场降落。十一月砭人肌肤的冷雨,将大地涂得一片阴沉,使得身披雨衣的地勤工、候机楼上呆然垂向地面的旗,以及BMW广告版等一切的一切,看上去竟同佛兰德斯画派抑郁画的背景一般。罢了罢了,又是德国,我想。
>
> 飞机一着陆,禁烟显示牌倏然消失。天花板扩音器中低声流出背景音乐。那是一个管弦乐队自鸣得意地演奏的甲壳虫乐队的《挪威的森林》。那旋律一如往日地使我难以自已。不!比往日还要强烈地摇撼着我的身心。
>
> ……音乐变成比利·乔尔的曲子。我扬起脸,望着北海上空

阴沉沉的云层，浮想联翩。我想起自己在过去的人生旅途中失却的许多东西——蹉跎的岁月，死去或离去的人们，无可追回的懊悔。

机身完全停稳后，旅客解开安全带，而我，仿佛依然置身于那片草地之中呼吸着草的芬芳，感受着风的轻柔，谛听着鸟的鸣啭：那是在一九六九年秋天，我快满二十岁的时候。①

小说开篇所提示给人们的那种时空错综的感觉，表明当今的人生活在何样的一种全球化境况之中：三十七岁的日本男主人公，美国的波音飞机，汉堡机场，世界品牌 BMW（宝马）的巨幅广告，英国甲壳虫乐队，以北欧国家挪威命名的乐曲《挪威的森林》，德国空姐，英语问话（随后的对话又用了德语）……无不向读者清楚地暗示着：今天的都市人已经处在一个符号无所不在的传媒社会里，各种符号（从符号学的分类上看，广告、音乐和语言都是符号，只是执行不同信息功能）时刻在牵动着人的感觉神经，把传统意义上的社会成员重新铸造成在符号意义网络之中承载信息和发出信息的个体单元。

如果说以广告为代表的现代媒体符号是强加在我们个体生命之上的一种无奈的压迫，那么自古流传下来的音乐符号则是可以和个体生命相互交融。村上春树用自己的生命无常之体验来重新诠释了那让 20 世纪 60 年代的一代人魂牵梦绕的乐曲的内涵，给无言的音乐赋予更加惆怅凄迷的生命故事的质感。读者在读完小说之后，产生言有尽而意无穷的眷恋思绪，也不知是对那婉转的乐曲《挪威的森林》的眷恋，还是对村上想象出来的凄迷哀伤的爱情故事和人物的眷恋。这就是村上的文学想象借助于音乐的听觉联想力所发挥出的符号增值的奇妙效果。

作者借用当代流行文化中已有的著名符号，给自己的小说增值：为飘逝而去的脆弱生命和更加脆弱的恋情建造文学和音乐的纪念碑。作者在扉页上的题词——"献给许许多多的祭日"，已经明确点出了这一层意思。

---

① 村上春树：《挪威的森林》，林少华译，上海译文出版社 2001 年版。

作者的符号行为——写小说,目的是为了延续那即将失落的记忆,而在某种意义上,延续记忆也就是延续爱情。小说第一章题为《永远记得我》,让年近不惑的男主人公在人生旅途("我坐在波音七四七客机上")的一个站点(汉堡机场),回想起自己经历之中那如同秋蝉一般稍纵即逝的爱情(意象——空蝉壳:生命曾经在一时发出声响,如今已经沉寂无声)。时间这把大镰刀对有限生命的无情切割("十一月砭人肌肤的冷雨,将大地涂得一片阴沉"),使脆弱的生命只有依靠记忆来延续其痕迹。音乐作为时间的艺术符号表达,成为保留生命记忆的媒介物。一曲《挪威的森林》,成为抚今追昔的引子,成为留住那个世纪60年代最后一年(1969年)的青春与爱恋的一种永恒旋律——"那旋律一如往日地使我难以自已。不!比往日还要强烈地摇撼着我的身心"。

时间是随着岁月而不断流逝的,追回记忆,犹如大海捞针一般的努力,给写作行为本身赋予了一种西绪弗斯式的悲壮感:希望能够抗衡时间对生命的泯灭,让个体生命多少在活人的心底留下些许记忆的痕迹。与小说女主人公直子紧密联系在一起的一个意象是"深井"——那是吞噬生命、遗忘岁月的井,是深不可测的时间的具象符号。

> ……只有那井张着嘴。石砌的井围,经过多年风吹雨淋,呈现出难以形容的浑浊白色,而且裂缝纵横,一副摇摇欲坠的样子。绿色的小蜥蜴"支溜溜"钻进那石缝里。弯腰朝井内望去,却是一无所见。我唯一知道的就是这井非常之深,深得不知有多深;井筒非常之黑,黑得如同把世间所有种类的黑一股脑儿煮在了里边。[1]

就在这深井意象的阴影之中,男女主人公开始在一片悄然无声的松林里踱着步。小径上散见些死于夏末的蝉的骸,干干痒痒的,踩在脚下便发出噼里啪啦的声响。"我"和直子像是在找寻什么似的,一边盯着地面,一

---

[1] 村上春树:《挪威的森林》,林少华译,上海译文出版社2001年版。

边徐徐地在小径上踱步。

"我"还用鞋尖去踢蝉的残骸和松枝。这里一再出现的蝉之骸意象具有充分的原型价值。如果我们还记得穿山甲在勒勒人社会中的神圣蕴涵正是由于这种小生物能够升天入地,那么同样能够升天入地的蝉,早在新石器时代就受到广泛的崇拜。中国上古帝王死后还要口含玉蝉,所寄托的就是蝉那种死后(入地)复生(复出于地下)的神秘能量。可惜的是,村上笔下的日本当代青年早已经忘记了蝉的原型价值,所以只将其看作是生命短暂易逝的符号。就在深井和蝉骸两种召唤死亡的意象出现之后,直子要拜托"我"两件事,其实也就是一件,那就是"我希望你永远记得我。永远记得我这个人,我曾经在你身边"。直子似乎知道总有一天,对方脑中的记忆会渐渐褪色,所以她非得一再叮咛不可。直子的这种近乎痴迷的要求,使留在渡边心底的记忆并不轻松。每次想到这儿,他就觉得非常难过。因为直子从来不曾爱过他,只是把他当作延续记忆的载体而已。一切都是因为那个崇拜穿山甲和蝉的神圣性的时代一去不返了,死后复生的希望被彻底打碎。于是,除了音乐符号和写作符号可以流传后世以外,个体生命和那些秋日的蝉骸又有什么区别呢?

小说《挪威的森林》就这样兑现了"献给许许多多的祭日"的夙愿。其音乐与文学交织的特殊艺术效果打动了千千万万当代的读者。阅读和分享作者的生命体验,已然成为今日流行的媒介生活中的一种仪式。几大洲的村上迷们除了通过作品和作者相互认同,还可以在彼此之间获得相互认同,成为不分肤色和语言差异的"一族"。曾经作为"小资"一族之符号的20世纪最著名的奥地利小说家卡夫卡,由于被村上的21世纪新著《海边的卡夫卡》所冒名,比起20世纪来知名度有增无减。至于《海边的卡夫卡》故事人物所体现的精神分析学原理,尤其是与20世纪伟大心理学家弗洛伊德的名字联系在一起的俄狄浦斯情结(恋母仇父情结)的表现,更加明确地说明了村上文学对文化资本的自觉运用。此外,还有猫讲人语、鱼自天降、柏拉图、识字者不看书、看书者不识字、奇特行刑机器等等,这些体现着矛盾和种种光怪陆离的细节安排,也许会让知识准备不足的读者无所适从,但是对多少熟悉符号运作的人来说,则有处处留心皆学问的诱惑感。

循此迷魂阵的线索,或可窥见人物的灵魂影像,那里有的是神秘感应、启悟、暗示和召唤。

善于利用符号增值术来赢得更多读者的村上春树,自己也后来居上地成为真正的"小资"符号。他的小说在世界上不胫而走,他本人充当了当代消费社会所推崇的一个文学偶像。换言之,他本人连同他的作品,成为消费社会的小资品位和白领审美趣味的一种标志性符号了!还会有比这更加给人启迪的文学增值术么?

与村上的《挪威的森林》同样具有广泛影响力的一部20世纪美国超级畅销小说是《达·芬奇密码》。它居然连续五十多周高居《纽约时报》畅销书排行榜的第一位。许多传统文学熏陶出来的人对此感到无法理解,究竟是什么样的文学魅力能够产生这样迷狂般的阅读效应呢?其实,作者丹·布朗为《达·芬奇密码》特意安排的主人公兰登的身份就可以部分地说明问题了:他是哈佛大学的教授,专业就是符号学!

如果在中世纪或者19世纪,一位符号学家的魅力也就仅限于看相和占卜,可在符号经济的时代就大不一样了,符号学家足以担当起这个社会的祭司长或者红衣主教。《达·芬奇密码》这个书名没有像《挪威的森林》那样从流行音乐名牌上做文章,却又别具匠心地利用了有史以来最伟大的画家的名画来说事儿!这真可谓无独有偶。小说的超级成功和作者深厚的符号学专业知识,以及最大限度地调动由巴黎卢浮宫珍藏的名画之视觉联想效果密不可分。在文学文本中取得视觉符号的增值效果,《达·芬奇密码》堪称是古往今来的一个经典范例。至于丹·布朗如何巧妙地将女性主义运动和新时代运动(New Age)的反主流观念和思想主张作为极富号召力的文化资本,从而使作品赢得西方发达社会中广泛的共鸣,对此笔者在另外的文章中已有所阐发。[①]

---

① 参见本书《谁破译了〈达·芬奇密码〉》一文。

四、"新时代"的市场"炼金术"：《尼古拉的遗嘱》

异教思想和相关知识的全面复兴，是20世纪后期西方社会的文化变迁之重要标志。以宝瓶座时代取代基督教统治的双鱼座时代（公元元年—2000年）的所谓"新时代"的信仰者们，在欧洲和美洲赢得了世纪末的超常规大发展契机。借助于印刷、影视、音乐和文学等现代传播手段，新时代运动如今已经广泛普及民间社会，并且对文化、政治、经济和流行时尚都产生巨大的影响。在全面打破基督教神学正统的束缚，重新复兴在历史上长久被压抑和忽略的异教观念及知识体系方面，新时代人的信念逐渐深入人心，并在反叛资本主义和现代性生活方式的人们中，引发出极大的共鸣。

新时代信仰者推崇教堂以外的"异教观念及知识体系"，主要包括巫术－魔法、以萨满教为代表的原始信仰和身心治疗术、女神崇拜和大自然崇拜、占星术、炼金术和风水等准宗教准科学实践。这些异端知识如何在世纪之交大受欢迎，可以从新时代文学的最畅销代表作《哈利·波特》系列（巫术－魔法）、卡斯塔尼达的人类学小说系列（新萨满主义）和《达·芬奇密码》（女神崇拜）等，略见一斑。

从上述思想大背景上看，2004年新出的中文版《尼古拉的遗嘱》能否在讲述西方炼金术史方面同样获得巨大的市场效应，也就值得期待了。

"尼古拉传说"被称为欧洲历史上最著名的谜。除去种种神秘的因素和悬念叙事的色彩，主要因为尼古拉在西方炼金术的知识传承史上具有承上启下的非同寻常作用。《尼古拉的遗嘱》以引人入胜的方式给他的这种历史作用加以突出表现，把他塑造成一位万人向往和千载诱人的奇妙知识的秘密传人。这就给该书叙事带来某种解谜的性质，成为吸引阅读兴趣的磁石。这样一种探索异端秘传知识的写法，可以说和新时代文学的超级畅销书《塞莱斯廷预言》及《达·芬奇密码》具有异曲同工之妙。

《尼古拉的遗嘱》的主人公事迹介乎历史与传说之间。书中表现的炼金术与文字书写的关系，非常值得留意。根据20世纪后期才成熟起来的新历史主义的观念，历史叙事和小说等虚构叙事并无本质的区别。在我们这个号称"文明社会"的时代，要使莫须有的东西变成真实可信的东西，最有效的也是最简单的方式就是把它书写下来!

炼金术作为神秘知识,为什么进入、又是怎样进入中世纪抄写员尼古拉生活的呢?换一种发问法:为什么偏偏是一个巴黎的抄写员,成为中世纪神秘炼金知识的承载者和传播者呢?

倘若采纳原型批评家弗莱的观点,是文学产生文学——以前已有的神圣叙事会再产生出后代的叙事。《新约》的叙事原型为《旧约》;《新约》福音书里的耶稣,从命名上看就是以《旧约》中的以赛亚为原型的。按照这样的文学叙事系统分析模式,我们似乎有理由说,作为人的炼金术士尼古拉的传奇故事,是脱胎于作为炼金术祖神的托特——赫尔墨斯神话故事。《尼古拉的遗嘱》第一章追溯的古埃及神托特(Toth),既是炼金术的鼻祖,也是文字书写的鼻祖。这难道是偶然的巧合吗?

> 传说赫尔墨斯的父亲就是托特神。托特是埃及的知识之神,据说他负责掌管时间,并创造了书写、数字和一切科学。托特是人身鸟头,有时候是狒狒头或一只狗脸的猿。他常常以手拿纸笔的形象出现。他也是冥界的掌管者。传说托特神就是古埃及《亡灵书》的作者。[1]

西方的炼金术的发生为什么要通常被追溯到古埃及呢?因为那里是人类最早开始发明文字、最早用象形字的书写配合图画雕刻来传承信息(包括知识和谎言)的文明发源地!

关于托特的神话和尼古拉传说,虽然表面上看在时间上和空间上都有很大差异,似乎是风马牛不相及的;但是如果着眼于两种叙事的核心角色要素,就会有异中见同的发现:其核心形象都是"书写—记录—传承"之能力的媒介者!

文字的发明者托特也是凡人寄托超越死亡希望的神。由此可见"文字—书写—永生"的内在关联。文字和书写燃起人类永生不死的希望。

---

[1] PING Z:《尼古拉的遗嘱》,中国和平出版社2004年版,第32页。

《亡灵书》的作者托特成为诱导人类痴迷于追求永生的魁首。关于如何引导亡灵获得永生的知识和关于炼金的知识,其实质都是一样的,那就是宣称凡人具有不死的可能。如果从科学立场把这种奢望看成欺瞒和哄骗的原罪,那么托特和赫尔墨斯就是犯下原罪的罪魁了。他们用十三句话写在祖母绿玉石板上的《翠玉录》,就是欧洲人最早知道的炼金术秘传宝典。转化金属、制造仙丹灵药的知识,就这样从埃及流传欧洲,《翠玉录》可以说是超出埃及本土而流传的《亡灵书》。

尼古拉于1357年按照天使托梦的启示所得到的那本书,无疑是数千年前《翠玉录》知识的真传!

抄写员,是尘世中最接近托特神那"手拿纸笔的形象"的俗人。正是这个身份使尼古拉得以直接领教神秘的炼金术秘籍而不受"可怕的诅咒"(第24页)。我们早已知道咒语的威力,像埃及法老图滕卡蒙之墓被考古学家打开后引发的神秘死亡,不就是流行的"法老的咒语"说给予解释的吗?作为书写员,主人公当然也最擅长描写各种各样的象征符号。和《达·芬奇密码》一样,《尼古拉的遗嘱》的叙事展开过程,也就是不断地破译和解说这些神秘符号与象征的过程。如书的一开始,就在封面上布置符号哑谜:人们熟悉的基督上十字架符号被置换成蛇上十字架。书中最后的篇章出自《解说尼古拉的符号》第九章,也是围绕神秘象征符号的解释——一头红色的狮子张开大口,要吞噬一个红衣男子。这段文字其实已经把炼金术精神层面的蕴涵发挥出来,对于全书起着曲终奏雅的点题作用:

> 现在,狮子准备将男人带离悲惨的境地,从疾病和贫穷中将他带走,扇动翅膀飞起来,远离死亡和停滞的河流。从此,这人将不再留恋尘世的财富,他会到达永恒的天国,那里有永恒的希望之泉,他从此喝那泉水,日夜冥想生命的奥义。①

这些话,给每一个为了追逐财富和长生功利目的而痴迷炼金术的俗

---

① PING Z:《尼古拉的遗嘱》,中国和平出版社2004年版,第229页。

人,提供了解惑和开悟的契机:炼金也许只是精神超升的一种象征而已。我们可以确信:在流行口传文化的无文字社会里,炼金术这样的弥天大谎是绝不可能产生的。因此,在我看来,尼古拉这位抄写员给今人的最重要启示是:谎言重复千遍,才会成为真理;可是只要书写一遍,就会成为真理!

文明人过于迷信写下来的一切了。

要想对谎言具有免疫力,必须先从文字之骗和文明人的自大狂状态中觉醒。那种以为有了"文"就有了"明"的文明观,其实是自欺欺人的。文字从产生的一开始就是一把双刃剑。文明人以能书写阅读为自豪,蔑视"文盲"和他们所代表的口耳传播信息方式,忘记了无文字的好处。文字的自我异化使它充当了历史瞒和骗之帮凶!文字可以非常荒唐地让人把莫须有的东西奉为神秘和神圣。鉴于文明人至今没有遇到基督那样的救星来赎托特神的原罪,我们不得不附和孟子的金言说:

尽信书,则不如无书。
尽信写,则不如不写!

总结上文的讨论,超级畅销小说《挪威的森林》《达·芬奇密码》和《尼古拉的遗嘱》等作品,在某种意义上已然成为我们所处的符号经济时代中文学变革的晴雨表。从单纯运用符号人类学所揭示的远古神话仪式原型,到发掘利用视觉符号与听觉符号联想效应,再到反思现代性文明弊病,重估"文明"的渊源,成倍增加作品的知识含量和艺术含量,当今的文学正在经历重要的"增值"再造试验。尽管众多学院派对此动向似乎还没有什么感觉,但是笔者确信其意义将是深远的,值得人文学者的重视和多角度研究。

解码符号经济

黄 悦

一、消费社会的新景观

"如果列宁参观过 Yahoo、Intel、Cisco 的办公室,他会觉得共产主义已经实现了。每个人都穿着差不多的衣服,有着同样的办公室(或者小隔间)、同样的家具,彼此直呼对方的名字,不加任何头衔或敬语。列宁会觉得每件事都是他预言过的,直到他看到每个人银行户头上的钱,差别如此之大时,才会感到震惊。"这是最近非常流行的西文书畅销书《黑客与画家》(Hackers and Painters)[①]中的一段调侃,据说中文版也即将出版。作者 Paul Graham 被很多技术精英视为偶像,原因是他不仅对今天主宰人们头脑的计算机技术及其市场提出了新的看法,还常常以一种敏锐而不失幽默的手法来描述当下的社会景象,不时有电光石火的惊人之语。Paul Graham 的本意是想要从这种不平等中激起技术从业者对于财富和创造的热情,因为他觉得黑客与画家都是最富有创造性的职业,可以为这个日趋格式化的社会提供

[①] Paul Graham, *Hackers & Painters: big ideas from the computer age*, O'Reilly Media Inc, 2004.

新的创意和可能性。但从他戏谑式的描述中我们可以看出,随着经济全球化日益成为主导性的社会格局,我们身处其中的社会结构已经悄然发生变化,从前的身份和意义体系都已经失效,人们正在努力寻找新的价值系统。今天人们所面对的情况,既不同于人类早期以血缘宗亲关系为本的家族式结构,也不同于封建社会以宗法关系、等级制度为根基的组织结构,甚至连早期资本主义隐含人身依附关系的雇佣关系也被个体奋斗、个人成功的平等假象所掩盖。至此,传统的参照系已经失去了约束力和认同的基础。但正如 Paul Graham 所表达的那样,今日这种大企业模式为代表的形式上的平等格局并没有导致实质上的平等,所谓平等的人际关系其实还只是一个神话。随之而来的问题是,在这种失去了传统参照系的新型社会中,人们究竟如何寻找自己的价值参照系、建立自我的身份坐标和价值体系呢?这样的意义系统和价值标准是福是祸?又会给我们带来怎样的启示?

早在20世纪80年代,法国社会学家让·波德里亚就断言,在物质极大丰富的基础之上,西方已经进入了一个消费的社会,人们依靠消费的行为来自我建构、相互辨认、寻求认同。在这种以消费为本的社会中,符号成了商品超越了原来的附加地位,成了商品的一部分,对于某些商品来说,符号的价值甚至超过了商品原本的使用价值。按照马克思主义政治经济学的经典理论,价值乃是凝结在产品上的无差别的人类劳动。这一抽象表述的前提是将商品划分为价值和使用价值两个层次来进行分析。但在波德里亚看来,这种基于生产社会的划分已经不适合消费社会的现实,在我们当下所处的消费社会,由于物质的极大丰盛,商品的符号价值日益上升,在某些情况下符号本身的价值已经远远超过了商品本身的价值,这一判断构成了符号经济的重要理论假设。如果说马克思将商品的价值换算为均质的、可换算的无差别人类劳动揭示了商品交换的本质和资本家的财富秘密,那么波德里亚则解开了人类如何通过自身建构的意义和符号体系来进行交换和识别的秘密。换句话说,符号所构建的全新价值体系本身具有不依赖于商品本身的独立性,所谓符号经济①就是对这种全新体系的一种概括。

在《消费社会》的一开始,波德里亚就描绘出一幅物质过剩的场景:"今天,在我们周围,存在着一种由不断增长的物、服务和物质财富所构成的惊人的消费和丰盛现象。它构成了人类自然环境中的一种根本变化。"②从生产社会到消费社会的研究已经成为当今文化研究中的一门显学,随着全球化的步伐不断加快,商品和文化在世界范围内的流通,消费社会的到来不仅在西方发达国家成为无可争议的事实,而且在发展中国家也成为随处可见的现代化景观。这种曾经被认为是西方特有的社会现象已经成为全球关注的问题。从某种意义上可以说,符号经济是消费社会的特有现象,人类虽然一直生活在符号的包围之中,但只有在今天,符号才成为消费活动的直接对象。

还是让我们从词语本身的意义入手来理解当今的消费社会。"消费"(consumption)作为现代商品社会的一个概念,在语义上经历了一个变迁的过程。根据学者考证,它从1世纪开始出现在英语中,很长一个时期里都具有鲜明的贬义,带有"用尽""耗费"乃至"暴殄天物"之类的意思,其隐含的意义是超过了恰到好处或恰如其分地占有和使用的范围。从18世纪中期以后,它的贬义开始消退,成为一个与"生产"(production)相对而言的概念。到了20世纪(尤其是中期以来),在表示商品的购买和使用时,"消费"和"消费者"比"使用"和"顾客"多一层意思,即消费满足的需要和渴望超过了基本的、生物的范围。③今天当人们谈论"消费社会"意义上的

---

① 本文中所提到的符号经济是一种以结构主义的符号概念分析当代经济活动的文化概念,与经济学中的与传统实体经济相对的、以虚拟交易为特征的符号经济概念不同(如彼得·德鲁克提出的概念)。本文中所用的符号经济概念更接近所谓"广义符号经济",金融学意义上的符号经济不在本文讨论范围内,故正文中未做详细区分,关于二者区别参见柳洲、李祖扬:《广义符号经济:当代经济发展趋势的哲学阐释》,载《天津师范大学学报》(社会科学版)2005年第6期。
② 让·波德里亚:《消费社会》,刘成富、全志钢译,南京大学出版社2000年版,第1页。
③ 雷蒙·威廉斯:《关键词:文化与社会的词汇》,刘建基译,生活·读书·新知三联书店2005年版,第85—87页,Consumer词条。

"消费"时,它首先所指的是一种富裕基础之上的现象。它通常是指满足基本生物需要以外的某种需要的活动,例如,为蔽体抗寒而穿衣服不一定要称为消费,但为了证明自己的身份或地位而穿某个名牌才是充分意义上的消费。消费和丰盛联系在一起,构成了消费社会隐含的特点。波德里亚将这种变化概括为从生产社会到消费社会的变化。正如文化研究学者不无忧虑地指出的那样,今天消费一词所包含的负面意义已经悄然褪去,代之而来的是一种崇拜和神圣化。因为今天人们前所未有地认识到所谓消费社会是指:消费不仅是经济活动的必要环节,而且成为人们的符号活动和整个社会文化意义生成机制中的重要一环,无论对于个体的人还是人类群体都具有非常关键的塑造作用。在物质丰富的基础之上,处于物质包围之中的人们似乎已经背离了经济学家所假设的理性方向。纯粹的理性非但不可能,而且还正在被唾弃。正如人类学家已经证实的那样,特权阶层总是要通过许多看似无谓的浪费来证明自身的地位并获得优越感。面对新经济的繁荣景象,经济学以往的理性人假设越来越缺乏解释的效力,波德里亚更是一针见血地指出:"用这种理性神话来解释需求和满足,就像用传统医学来诊治生理歇斯底里症状一样,都是天真无助的。"①

除了人文知识分子之外,注重效益的经济学家也开始反思以往的经济学假设。建立在自由主义基础上的新古典经济学强调的是个人效用或单个厂商利润的最大化,然而这种经济学意义上的理性已经开始遭遇危机,经济学家们发现:"一旦群体中多数人的行为不再是'效率'导向的时候,'自利性假设'将失去解释能力。这一趋势在'后工业社会'(西欧、北欧和北美的部分地区)里看得非常清楚,当人们已经积累了足够的财富,进入了珀特尔所论的'财富驱动的发展阶段'时,人们会追求精神世界的极大丰富,追求文化生活的深入发展,而不再主要追求物质生活中的'效率'。"②事实上,这种精神世界的丰富又不得不借助于消费的过程来完成,

---

① 让·波德里亚:《消费社会》,刘成富、全志钢译,南京大学出版社 2000 年版,第 66 页。
② 汪丁丁、叶航:《理性的危机——关于经济学"理性主义"的对话》,载《天津社会科学》2004 年第 1 期。

因而商品的精神附加值变得越来越重要。因此,今天的生产者坚信需求是被制造出来的,而这种堆叠的、可以无限增长的需求则是以符号的形式呈现出来。

二、符号经济:消费社会的梦工厂

(一)符号化生存

马克斯·韦伯将人类描述为"意义的制造者"。为环境赋予意义、秩序、分类和调整,构成人类社会一以贯之的主线。在以生产为主导的社会中人们通过生产关系进行调整和分类,现在则是通过消费的关系对整个社会做出象征性的理解。在这个过程中,符号不仅成了被消费的对象,也成了引导消费的意义体系。人类学家萨林斯曾这样描绘人类的符号化特征:"在百万年的人类进化过程中,由生存和选择构成的整个情感系统,已为充满意义的符号世界所取代,于是也与人对感官刺激所作的直接反应形成了区别。友善和敌对、快乐和痛苦、欲望和压制、安全和恐惧——人们对于这一切的经验都是靠事物的意义而不是简单地靠它们可以让人感知的属性来实现的。"[1]根据人类学家的看法,人类行为形成符号化、象征性的模式并非一朝一夕,但特定时代的符号选择、塑造和组合则具有独特性,并且具有意识形态的特征。由此可见,人类的符号化生存具有更为深远的背景,这些象征符号,不仅仅是我们生物性存在、心理存在和社会存在的表现,它们还是这种存在的前提条件。正如波德里亚所描述的,消费社会发展的结果是象征性的符号代替实物成为消费的主要对象,曾经在生产社会占据人们心灵的商品拜物教演化成了符号拜物教。

符号经济是消费社会发展到一定阶段的一种现象,类似的提法还有信息社会、文化时代等,不同的是:其他概念都是从经济现象出发的描述,而符号经济则是消费主体、消费行为和消费对象的一个整合性的概念,包括

---

[1] 马歇尔·萨林斯:《甜蜜的悲哀——西方宇宙观的本土人类学探讨》,王铭铭、胡宗泽译,生活·读书·新知三联书店2000年版,第31页。

对消费社会经济运行规则的一种概括,揭示了当代经济活动的象征性特征。在符号经济条件下,不仅消费行为本身具有象征性,消费的主体和对象也被符号化了。这里的"符号"一词,来自结构主义的观点,强调符号的价值来自结构和差异。在这个系统中,一方面是符号的商品化,另一方面是商品的符号化,使用价值可以被视为一种词汇。交换双方用这个词汇(交谈),只是为了沟通意义,甚至保持沟通本身,而不是为了消费这个词汇本身。在笔者看来,今天的符号经济有几个特征:第一,商品的符号价值超越了其使用价值成为占据主导地位的标准。第二,符号的生产也是意义的生产,符号和形象获得了支配性的地位,消费不再是满足需要的活动,而成为一种分类方法,消费者借此来建构自己的身份地位、群体归属以及文化认同。① 第三,符号层面的生产和交换具有内在的逻辑,与商品本身的物质属性无关,而与人类集体无意识中的神话思维具有同构性。

在人类历史上,多种多样的符号体系被创造出来表达此类意义,诸如人类学家的研究表明,无论是在最简单还是超级复杂的社会组织形式中,人们始终以隐喻的方式来表达社会关系,某些看似非理性的行为背后是超越理性的合理化的社会功效。游戏、宗教、战争等,而人类学家则发现礼物、献祭、狂欢、炫耀性消费本质上的相通之处即在于事物的符号性超过了其实用价值。比如莫斯观察到的原始人将礼物送来送去,但却不把它当使用价值消费掉。当财富成了唯一的世俗信仰,那种神奇的光晕之下的人们顶礼膜拜的显圣物就被替换成了以奢侈品为代表的符号体系。那些被镶嵌在意义网络中的商品符号,具有了宗教性质和魔法的光辉,并且共同造就了一种价值生产机制乃至伦理体系。

符号经济的运行方式实际上是符号文化决定论的一种证明。萨林斯是一个从文化角度来反思西方社会的思想家,在他看来,人对生活的看法并不是受特定的物质条件决定的,相反,人们对于生活的看法(即人类学者眼中的"文化")决定着人们物质生产、交换和消费的方式。文化符号体

---

① 按照波德里亚的观点,商品的符号价值和象征性交换是消费社会的特征,本文所说的符号经济属于消费社会的一个阶段,因而具有这两个特征。

系对人的生活存在重大制约,这是社会体系的基础。也就是说,生产并没有导致消费和拥有,消费和拥有并没有导致社会差异,社会差异没有导致符号生成和意识形态。相反,消费和拥有者的符号结构导致他们的消费和拥有,他们的消费和拥有才导致生产的增长。与其说变迁是经济从一种形态到另一种的转型,倒不如说是类似于神话结构重组的符号替换。传统的社会经济学认为,物质决定意识,意识反作用于物质,经济基础决定上层建筑。在这个前提下,作为意识产物的文化应该受制于特定的社会历史条件和物质生产状况,而经济行为则理所应当地遵循价值规律和交换法则。但现代消费社会对传统的经济学原理提出了挑战。在物质生产发展到一定阶段之后,产品的之间的差异越来越小,与产品本身同质化相对应的就是产品在符号层面意义的无限扩张。在媒体文化的刺激和熏陶下,符号被无限放大以致遮蔽了产品本身,符号价值成为消费的对象,人们由对物质本身的消费转向了对形象的消费、对品牌的消费、对产品附加值的消费。

与此同时,随着经济运行系统的完善,消费模式也有所变化,整个消费系统通过其严密的运作,可以预支消费能力。这为符号经济大行其道提供了条件。与整体消费行为相联系的不再是简单的经济实力,而是与文化密切相关的各类消费新概念,因为新的消费概念和消费模式更加关注的是消费现象的表征,而不是某种背景,符号文化从多个方面引导消费,比如对特定消费品的概念包装,对消费所需氛围的营造,对消费的意识形态渲染,为消费者树立生活的偶像等表象化的消费造就了一种符号化的经济模式。构成消费对象的幻想不过是符号和真实的影像,它逐步组成一个新的体验王国,一个超真实的封闭情景。通过符号之桥,欲望与现实之间的巨大张力呈现出阐释的无限可能性,进而催生出经济的繁荣。当独立自主的物质世界被人为的符码和仿真模型所界定的时候,当生活中的事件获得超越本身的重大意义的时候,当人们根据符号的类别和等级来识别自己身份的时候,一个新的神话时代正在悄然到来。

(二)符号经济的造梦机理

无可否认的是,今天的广告已经超越了从前单纯提供信息的功能,而是成为消费社会的超级造梦工具,借助现代传媒无所不在的巨大威力,它煽动欲望,制造光环,一方面在诸多具有同质性的产品之间制造出精神性的差别,另一方面,赋予商品远远超出其本身价值的精神附加值。① 比如,百事可乐和可口可乐这样的快速消费品,从配方、功能到口感都非常接近,普通消费者单纯从口味上很难加以区分,在具有批判性的文化研究学者看来,它们都代表了一种抽象的、全球化时代的美国文化形象,但其对市场细分的要求却决定了它们必定通过符号来进行自我界定。如果深入分析可口可乐和百事可乐这两个品牌的广告策略,可以很明显地看出其一边迎合主流消费者的心理需要,一方面努力通过符号来增加自身精神附加值的努力。仅从其在中国市场上的广告策略就能看出端倪。由于其目标客户主要瞄准年轻人,因此百事可乐和可口可乐分别以年轻人最钟爱的"音乐"和"运动"为主题,力图为这种其实于身体无益的碳酸型饮料赋予激情、动感、理想主义的色彩,使其化身为青春和活力的代名词。作为实力雄厚的跨国大企业,他们投入的巨额广告费用被均摊在每一瓶饮料身上,为商家创造出巨额财富的同时,也为消费者创造了足以自我界定心理满足感。对消费者来说,选择一种产品的同时,似乎就获得了这种产品所代表的精神力量;对急于自我证明、自我界定的年轻人来说,与其说他们消费的是某种冒着气泡的棕色气体,倒不如说是消费了符号所堆叠和鼓吹起来的精神气泡。

麦克卢汉说,媒介即意义在当今已经成为共识,当代广告的教父一再告诫广告的从业者:广告的意义不在于说了什么,而在于让人记住。没有任何意义和内涵的广告符号之所以具有神奇的力量,就是因为用平面性代替了深度和思考,意义流失的过程同时也是一个符号增殖的过程。信息本身的正确与否已不重要,重要的是在目标消费者的心目中获得了广泛的认知,从而在符号编织的网络包围中陷入一种理性之外的迷狂状态。不断复制和传播的符号信息使得消费者沉溺在一种类似集体狂欢的氛围之中,丧失了自我的判断。通过这种活动,个人的喜怒哀乐被集体性的情绪所代

---

① 参见苏特·杰哈利:《广告符码:消费社会中的政治经济学和拜物现象》,马姗姗译,中国人民大学出版社 2004 年版。

替,从而获得了一种超越自身的迷狂感受。

一个更为典型的例子是美国个人保养品品牌"The Body Shop",作为一个生产日常消费品的企业,这个品牌坚持声称自己所用原料全部来自于公平交易,而且包装全部采取循环再利用的材料。他们还将这一点印刷在所有的商品外包装上,以一种质朴、负责的态度来打动消费者。实际上,这样的坚持对于化妆品本身的使用价值并无影响,但是却在赋予这个品牌一种价值主张,一种环保、健康、对地球负责、对人类的未来负责、反对经济霸权的价值观因而得以与商品联系了起来,使得该品牌具有了情感和道德内涵,从而更能获得特定消费人群的深层认同。因此经过了新兴媒介无所不在的宣传,当我们在货物琳琅满目的超市里拿起某样产品的时候,促使我们做出选择的已经不仅仅是经由意识逻辑判定的性价比因素,而是在很大程度上受日常生活中无处不在的符号力量推动。没有人细想,在我们做出选择,甚至坚持某种偏好的时候,认同的究竟是产品本身还是其所宣扬的价值观,甚至这二者之间是否有必然联系都已经变得不再重要。这种情况印证了索绪尔所描述的"能指"与"所指"之间的随机关系,商品和其符号价值之间的关系也可以被任意指定,而其一旦成为公认的、众所周知的公共符号,就将成为在整个意义体系中最重要的标志。

在广告构成的日常叙事中,还存在着一种"生活方式"的神话。它以这样一种暧昧的"能指"推销着各种各样的产品,并且声称选择一种产品就是选择了一种生存方式,消费者进而获得了主宰自己人生的虚幻感受。这种近乎催眠术的销售方式也正是符号的魅力。从一开始的表面化的模仿诸如欧式生活、经典、品味到后来的对特定趣味的推崇,无不在完善着这个神话。而这个不断膨胀、不断自我衍生的神话内部却充满了差异。所谓生活方式神话造成的最大光晕和错觉是人们似乎可以通过自由选择来主宰自己的人生,但实际的情况是人们在符号的包围之中陷入了一场无意识的消费狂欢,并在这个主导性的逻辑之下,距离自己本身的需要越来越远。波德里亚描述道:"洗衣机、电冰箱、洗碗机等,除了各自作为器具之外,都含有另外一层意义。橱窗、广告、生产的商号和商标在这里起着主要作用,并强加着一种一致的集体观念,好似一条链子、一个几乎无法分离的整体,它们不再是一串简单的商品,而是一串意义,因为它们相互暗示着更复杂的高档商品,并使消费者产生一系列更为复杂的动机。"[1]在具体的商品之上,消费社会中"生活方式"这个词变得越来越时髦,尽管在提到具体的群体独特的生活风格时,"生活方式"这个词有一种更为严格的社会学意义,但在当代消费文化中,则蕴含了个性、自我表达及风格的自我意识。它是对各种时尚符号的一个集成,给所有的时尚符号提供了一个框架。"因此,日常性提供了这样一种奇怪的混合情形:由舒适和被动性所证明出来的快慰,与有可能成为命运牺牲品的'犹豫的快乐'搅到了一起。这一切构成一种心理,或更确切地说,一种特别的'感伤'。消费社会宛如被围困的、富饶而又受威胁的耶路撒冷。其意识形态就产生于此。"[2]法国符号学家罗兰·巴特对消费社会的这种流行的本质进行了精辟的分析,他将符号学的方法同大众文化、意识形态批判的功能结合起来,对流行和时尚进行了神话学的解码。在《流行体系》一书中,他以结构主义的方法研究流行服装杂志,将流行服装看作制造意义的系统,也就是制造流行神话的系统。在这本书中,他将借自语言学的符号学理论用来研究时装的符号学意义,并力图探寻作为流行文化重要组成部分的时装在特定的时代和特定地域的社会的、哲学的、宗教的和政治的情景或结构之中如何产生意义。[3] 在此之前,他就曾经借用神话这个概念,分析了日常生活中种种叙事背后的神话本质。[4] 巴特不仅揭露了时尚的意识形态本质,还以科学的方式揭示了其运作的机制。它以一种乌托邦的力量使我们认同于流行体系,并且在其中试图确定自己的位置。

(三)符号的认同功能

西方有句谚语"You are what you eat",这句话用一种直观的方式表达

---

[1] 让·波德里亚:《消费社会》,刘成富、全志钢译,南京大学出版社2001年版,第4页。
[2] 让·波德里亚:《消费社会》,刘成富、全志钢译,南京大学出版社2001年版,第15页。
[3] 参见罗兰·巴特:《流行体系——符号学与服饰符码》,敖军译,上海人民出版社2000年版。
[4] 参见罗兰·巴特:《神话——大众文化诠释》,许蔷蔷、许绮玲译,上海人民出版社1999年版。

出食物对于人自身的塑造功能,也潜在地表达着人可以通过选择来建构自身的成分或身份。在今天的大众传媒上,这句话被巧妙地篡改为"You are what you wear"等各种形式,用来强调商品和品牌对于人之品味的塑造能力,以及对于其身份地位的界定作用。这种看似简单的策略反映了符号经济的一个重要特征,即商品及其所附属的符号成了人们自我界定的重要途径,符号也成为一种隐形的文化权力。

从结构主义的角度来看,符号最为重要的一个功能就是标定差异,因为所有的符号都是经由差异来获得价值,在消费社会中这一功能恰恰成为激发欲望的法宝。马克思·韦伯和诺尔贝·埃里亚斯曾经不约而同地指出:在贵族社会,奢侈不是剩余物,它是社会不平等秩序表现的绝对手段。在人与人关系超过人与物关系的社会中,名誉消费就是一种阶级义务和理想,一种表现社会差异和自我肯定的必然工具。西美尔也曾经说过:"时尚具有双重功效:一是集结和联合某一群体的功效,一是同时将这个群体与其他社会群体分隔或区分的功效。"[1]在消费系统中,由客体(符号—物)所构成的差异等级就像索绪尔所说的语言系统或列维-斯特劳斯所说的亲属系统一样,是一个意义结构,取决于不同商品或符号间的差异。如果说工业社会的分工造成了工作和产品的分离,产品不再以其原初的功能来衡量,而是以消费社会中呈现出来的符号深入人们的心中,这时商品的客观内容与社会历史都无关紧要了,真实消弭于虚像的背后。我们通过投注于物品的意象,来同整个的社会作用体制进行交换,而在这个交换的过程中,消费的主体被整合到社会体制当中,不再伴有过去那种道德与政治整合中的痛苦,而是在个性化的形象投注中内化着社会作用机制及其规范性。这种内化的过程,甚至是在真实物品缺席的情况下完成的。而这种缺席又同时造成了一种梦想式的满足。这种梦想式的满足通过两个方面被加以强化:一方面以匿名的方式表现着共同体的愿望,即似乎所有的人都在按照社会认可的方式行事;另一方面又是针对每个具体的个人,似乎只有按照这种模式行为,才能具有个性。费瑟斯通也认为:"个人被鼓励去

---

[1] 西美尔:《时尚》,载《现代性的哲学》1923年版,第169页。

采用一种对商品的非效用性态度,以精心选择、安排、改用和展示自己的物品(无论是装饰品、房子、汽车、衣服、身体,还是闲暇消遣),从而用独特的风格来显示出物品所有者的个性。"①在这个过程中,人发生了双重的认同,即一方面认同自己,另一方面认同特定群体。出于对社会地位追求的炫耀消费,满足确证自身需要的攀比消费都是这种符号拜物教导致的后果。在这种情况下,商品的符号化造成了一种消费意识形态,形成了一种强制性的力量。这种力量脱离了商品本身的功能和性质,游离于物质之外。在这种消费意识形态的驱动下,人们失去了对自己的控制,完全被外在的欲望所奴役。也就是说,我们并非是在购买我们所需要的东西,而是通过消费这种行为确认自身身份、获得社会认同,在这个过程中,人们往往不知不觉离自己的本性越来越远。

符号已经无可否认地已经成了经济生活中举足轻重的一种力量,其背后是文化资本的竞争。铺天盖地、不断衍生的符号结成网络,通过与广播、电视、网络等现代媒体的合谋,主宰着我们的消费乃至整个人生消费社会通过多种多样的手段来建构和实现商品的符号价值,消费者进行消费的同时也是完成这种符号价值的建构过程。② 符号与资本联手推动新的文化资本的产生。新型文化资本具有类似意识形态的作用,自我繁衍、自我放大,又能为商品的生产者带来更大的竞争优势和巨额利润。因此符号价值不仅成了最为重要的文化竞争领域,也成了资本角逐的场所。如果放在更为深远的背景中来看,符号作为一种文化资本还具有更为深远的文化意义:再没有一个领域能够同时容纳理想主义的光辉和现实主义的精明,能够同时将审美与功能融为一体,将传统与现实完美交织,将神圣和世俗共聚一堂,令掩饰与暴露握手言欢。文化成为资本的一部分甚至可能是人类社会发展的一剂良药。经济学家十分重视文化资本这个概念,并且认为:"文化资本可能有利于我们对可持续性的理解。文化资本有益于长时间

---

① 迈克·费瑟斯通:《消费文化与后现代主义》,刘精明译,译林出版社2000年版,第166页。
② 参见笔者在《符号经济与消费神话》一文中对当代消费神话的形成机制和影响所做的详细分析,见《江西社会科学》2005年第11期。

的可持续性发展,这一点和自然资本的功能相似。现在我们应该能够很好地理解自然生态系统对经济发展所起的支持性作用,并且过度地使用这些即将耗尽的资源或无视可持续性发展地开发可再生资源,这种忽视自然资本的行为会导致自然生态系统的崩溃,其结果会导致福利和经济产出的丧失。"[1]

在经济学领域,文化资本开始受到重视,甚至被视为可以与自然资源并列的第四种资本。"在经济学界,我们通常习惯将资本分成三种主要的类型:第一种就是物质资本,它主要指的是像工厂、机器、建筑之类能够产生新的产品的具体物品的集合。这种资本在经济学产生初期就被发现和讨论过(Hicks,1974)。最近几年,我们又发现了第二种类型的资本,即人力资本……同样,最近几年来,随着人们越来越意识到环境问题对经济活动的影响,经济学家们也开始逐步接受自然资本的概念……在这篇文章中,我认为我们需要认识第四种类型的资本,即文化资本。它是一种明显不同于另外三种类型的资本。"[2]这种观念提示了符号经济作为一种新的经济发展维度的可能性,这种超越了物质性的经济发展模式预示着人们有可能通过自己的符号活动所衍生的意义来代替以往只有通过炫耀和浪费来达到的目的,进而有可能为人类提供一种可持续的发展思路。近年来非常流行的"乐活族"及其所引发的生活方式变化就能够从一定程度上印证这一观点。根据百度百科所提供的解释:乐活,是一个西方传来的新兴生活形态族群,由音译 LOHAS 而来,而 LOHAS 是英语 Lifestyles of Health and Sustainability 的缩写,意为以健康及自给自足的形态过生活,强调健康、可持续的生活方式。"健康、快乐、环保、可持续"是乐活的核心理念。他们关心生病的地球,也担心自己生病,他们吃健康的食品与有机蔬菜,穿天然材质棉麻衣物,用二手家用品,骑自行车或步行,练瑜伽健身,听心灵音乐,

---

[1] 戴维·思罗斯比:《什么是文化资本?》,潘飞编译,载《马克思主义与现实》2004 年第 1 期。全文见:D. Throsby, Cultural Capital, *Journal of Cultural Economics*, 23, 1999, pp. 3 – 12,这是作者在 1998 年 6 月 15 日西班牙巴塞罗那举行的第十次文化经济国际会议上的发言。作者戴维·思罗斯比(David Thrusby)为澳大利亚麦考里大学经济学教授。

[2] 戴维·思罗斯比:《什么是文化资本?》,潘飞编译,载《马克思主义与现实》2004 年第 1 期。

注重个人成长,通过消费和衣食住行的生活实践,希望自己有活力。"乐活族"的爱健康、爱地球的可持续性的生活方式席卷欧美日,渗透全球。"乐活族"这群人是乐观、包容的,他们通过消费、透过生活,支持环保、做好事,自我感觉好;他们身心健康,每个人也变得越来越靓丽、有活力。[①]从以上概括性的介绍我们可以看出,这是一种提倡,而与此同时"乐活"这个概念也衍生出一系列的产品,比如号称更为有机健康、接近自然原生态的食品、衣物、度假方式。随着"乐活族"的兴起,"乐活"市场也应运而生,包括持续经济(再生能源)、健康生活形态(有机食品、健康食品等)、另类疗法、个人成长(如瑜伽、健身、心灵成长等)和生态生活(二手用品、环保家具、生态旅游等)。这种符号获得了广泛的认同,其背后的经济利益也不可小觑:有资料显示,目前,在美国每四人中有一人是"乐活族",欧洲约是三分之一,社会学家预估,十年内美国将有一半的消费者都是"乐活族"。2006年召开的第十届LOHAS论坛,已经不再是学者们对未来生活物质和人类精神需求如何协调的研究,更近似绿色和可持续方式的物质消费理念推广会。从丰田到福特,所有尝试混合动力汽车和氢燃料汽车的制造商每年都要走秀上台,有机食品生产商们更是不遗余力地往LOHAS概念上靠拢,甚至旅行社也针对LOHAS认同者的增多,频繁打出绿色的自然之旅。按照美国《商业周刊》的说法,如果把所有跟LOHAS概念挂钩的产业都统计在一起,一夜之间美国出现了一个接近四千五百亿美元的超级消费理念市场。我们可以看到的还有身边悄然出现的一些手工杂货店,强调"非大量制造""多样性"和"环保"。据一位小店主说:"我们不是单纯在卖产品,而是在经营人与人之间日常生活的情感。"这些商品的价格通常要高于同类的工业产品,但消费者通过消费这样的产品获得了一种对自身责任的实现和价值观的表达;更重要的是,在人们习惯于更高、更大、更多等主张浪费和奢侈的标准之后,"乐活"这一符号对于人们重新回归自制、节约的生活方式,对于资源日益匮乏的地球都无疑是具有积极作用的。这就是符号经济对人类社会良性引导的一个例子。

---

① http://baike.baidu.com/item/乐活族/743304? fr = aladdin

三、符号经济的编码规则

如前所述,人是一种需要意义的动物,而意义往往来自于我们自身的编码活动。以虚拟性为特征的符号经济已经超越了绝对的理性假设,从结构主义的观点来看,其象征性的编码方式其实是一种神话思维。解密其中的编码规则,对于我们在消费社会中把握生存原则乃至创造更为可持续的经济发展模式至关重要。人类学家指出,编码活动是人类的本质活动:"我们把外部世界分割成各领其名的类别,并安排这些种类以适合我们的社会需要。这一分割、安排的全过程由这样一个事实决定,即虽然我们改变外部世界的能力极其有限,但是我们与摄入自己头脑中的外部世界的内在变体进行游戏的能力却是无限的。"[①]任何一种社会形态必定以一定的价值观和编码体系作为基础,这种编码体系具有内在的规律性,同时也是各种社会形态的个性所在。这种编码体系包括认知模式、价值体系和终极价值指向几个方面。这几个方面是互相联系互相制约的,它们共同构成一个社会的表意体系,其中认知模式是基础。但这几个层次之间是互相联系不可分割的。根据结构主义神话学家的看法,神话思维是一种二元对立与转化的体系,我们可以从这里入手来寻找其内在逻辑。列维-斯特劳斯在其《神话学》第一卷《生食与熟食》[②]中,对神话的结构做了系统分析。他发现神话的各种变形都是以一个固定不变的"中介"来相互转换,他说:"烹调活动是天与地、生与死、自然与社会之间的中介。"也就是说,在原始民族的神话中,始终存在着成对的、相互关联的元素,并以各种不同的方式转换自己的地位,改变自己的表现与联系形式,才形成各种神话。如果以函数公式来表示的话,就是 $f(xy) = z$。在这个公式中,x 与 y 便是一切相互对立的基本因素,f 是中介物。从价值观的层面来看,圣与俗是神话世界价值观的两个极端,宗教仪式就是在这两极之间转化的一个过程。列维-斯特劳斯所提出的这个基本公式,也适用于符号经济的内在结构,符号经济实际上也是建立了一套二元对立与转化的结构,在这种二元对立的张力中

[①] 埃德蒙·利奇:《文化与交流》,郭凡、邹和译,上海人民出版社2000年版,第36页。
[②] 李维斯陀:《神话学》(第一卷),周昌忠译,时报文化出版2000年版。

实现对消费欲望的鼓动。

(一)能指与所指的错位

在认知模式的层面上,符号经济的生产力存在于"能指"与"所指"的对立和转化之中。借用结构主义语言学的术语,这里的"所指"就是消费的事实产品和服务,"能指"是其所呈现出来的符号。符号经济本身仿真的特性决定了这种能指与所指之间的关系是不确定的,具有随机性的特点,一种所指可以衍生很多"能指",在不同的意义体系中呈现出不同的意义。由于价值观本身发生了分化,符号本身的意义也就难以确定。这种多义性和丰富性蕴含了各种可能性,可以激发消费行为背后的心理内涵。

在消费社会的日常生活里,世界呈现出来的符号总是显得模棱两可,它们的意义也总是繁杂多变而且模糊不明,这是因为符号的生产和消费本身具有不同的指向和作用。对此,英国学者费瑟斯通认为,消费性视觉文化传播对社会具有三种功能:一是文化的削平功能,二是文化的民主功能,三是特有的经济功能。形象在消费社会中具有文化霸权的同时,也有相反的形象力量存在。它在导致商品化和消费意识形态霸权的同时,也使得文化日趋民主化。民主化使得所有人都有可能接受同样的形象消费,但形象本身也在不停地创造中产阶级的消费意识形态和生活方式,于是,处于其他地位的群体必然追求这种形象消费,以实现自己的情感满足和优越体验。相信了所谓生活方式神话的人很容易感到,既然住别墅、开私家车、拥有一定的银行存款就是中产阶级的标志,那么只要获得这些符号成为可能,整个社会不平等的鸿沟就此消失了。正如马尔库赛所指出的,随着大众文化的传播,当雇主与工人所看的是同样的电视时,资产阶级与工人之间的界限发生了混淆。[①] 这种民主的假象势必掩饰了社会不平等的真相,"能指"在这里超越了"所指"本身的界限制造了一个符号乌托邦。

(二)圣与俗的价值对立

人类社会的任何的编码体系都暗含着价值指向。宗教和神话作为人

[①] 参阅赫伯特·马尔库塞:《单向度的人——发达工业社会意识形态研究》,刘继译,上海译文出版社1989年版。

类认识世界的最初方式,首先体现为对世界秩序的象征性划分,这就是一种典型的价值观层面的编码活动。伊利亚德在他的《神圣与世俗》中将神话世界分为神圣与世俗两个对立的领域,我们可以借用这一概念来概括现代符号经济的价值分类体系。符号经济条件下物质的丰富性和价值取向的多元化已经带来了一种混杂,不同的价值体系之间丧失了可比性,具体的对错也就无从分辨,因此需要一个更具整合力量的价值范畴。这种源自神话思维的模糊分类体系开始变得重要起来。在这一体系之下,所有的符号,无论新旧,都可以纳入这个具有包容性的分类体系之中。

遵循享乐主义,追逐眼前的快感,培养自我表现的生活方式,发展自恋和自私的人格类型,这一切都是消费文化所强调的内容。这就不免使人们普遍认为,消费文化对宗教具有极强的破坏性。但实际上,任何一个社会系统的基础都是一个价值的等级观念。在这个等级的底部是工具价值,具有高度的明确性与目的指向性。如何建造房子及如何谋生属于这个范畴;而在这个等级的另一端是终极的价值,他们在意义上是含糊的和抽象的。这些价值包含有自由、休闲与幸福等观念。终极价值定义的宽松性质构成了其具有较强适应性的核心。符号经济中的价值分类类似于神话中的圣与俗,是一种宽松的具有适应性的二元分类。既然现代社会不是一个符号匮乏的世俗物质世界,商品、产品及其他事物也绝非被当作纯粹的"使用物"。消费文化编织起了一张由影像、记号和符号组成的变动不居的网,而这样的象征符号不能被仅仅当作"世俗的"来加以概念化。基于对涂尔干晚期著作的研究,亚历山大认为在现代社会中,"社会符号像神圣事物一样,具有权力和强制性;社会价值间的冲突正像神圣与世俗,圣洁与肮脏之间的冲突一样;政治性互动如同仪式参与,它生产着社会性凝聚力和价值承诺"。[①] 在一个价值和审美多元化的时代,圣与俗的价值分类正在代替进步与落后的标准,以一种物我合一的神秘体认去冲击理性主义传统,通过同构来获得整合的力量。随着人类生态危机的加剧和社会认识能力的提高,万物有灵的观念在新的层面上开始代替狂妄的人类中心主

---

① 迈克·费瑟斯通:《消费文化与后现代主义》,刘精明译,译林出版社2000年版,第153页。

义,消费社会试图走向可持续发展,人与周围环境的关系也从野蛮的征服和开发,逐渐过渡到了互相交换、互相欣赏和相互维护。单向度的自我中心思维开始向多向度过渡,这就需要出现一种超乎物质层面的力量来引导人类的全新探索。因此一些事物就具有了神圣的力量,而相应的一些事物也作为俗的一方而成为人们摒弃的对象。符号经济的积极作用由此也可见一斑。

虽然当代社会各种符号、信息被媒体经过了传播和复制,原来的神圣事物汇入了信息洪流,各种曾经孤立的符号被混乱不堪地排列在一起,但消费社会并没有遮蔽世界本身的神圣特征。消费社会在制造需求的同时也在努力确立一种神圣的仪式感。各种类型的摇滚音乐会、文化节、狂欢节、体育决赛,在特定的时空范围内可以生成一种短暂的神圣感。这些产生极度兴奋与炙热情感的场合,由于伴随着共同的吟唱、舞蹈、仪式等活动,而被进一步强化了。在这种仪式中,常规性日常世界转变成了一个非同寻常的神圣世界,人们暂时获得了一种理想的共同境界。注意到商品和经济活动本身所具有的象征意义,就能够理解这种神圣性和常规性的统一。

(三)片段性和连续性的并置

符号经济是一种平面化、片段化的社会,时间的断裂性和连续性共存。一方面,从直线性的时间观念和进化论中摆脱出来,在新的物质基础上实现了与以往时间观念的区别,但又通过同步、怀旧、虚拟等手段,创造了独立的时间维度。

符号消费的片断化表现为,消费社会是一个历史感消亡的社会,后现代本身就具有消解历史的力量,而符号经济作为一种后现代的文化现象也不可避免地影响了历史在这个社会的继续生长。艺术是最富历史性的社会存在之一,它凝聚着历史的、民族的、时代的深厚文化传统,历史意识作为一种深沉的"根"总是在艺术的故土中养育。而在当代符号文化中,历史上的过去消失了,历史上的未来和任何巨大变革也与我没有关系,审美平面化的同时也丧失了历史的纵深感。当代文化工业只关注"当下",只关注纯粹的、孤立的现在,只剩下永久的"当下"。出现在20世纪末的"红太阳"系列音乐产品的风行,就是一种非历史的当代嘲弄,它没有历史,只有耳熟能详的曲调。作为曲调这样一种符号,它和任何当代摇滚毫无区别。艺术成了断裂的意象碎片的拼贴,是零散的片段材料构成的本体。在这种当下的体验中,时间空间的种种差别都被抽空,民族的、国家的、时代的、历史的区别统统被抹平了。传统社会中仪式的重复性往往意味着延续过去,它的时间指向是过去的。于是我们看到在很多文化中,举行仪式是为了纪念某个神话传说或是神话人物,为了回忆一个在传说中发生的某个事件,为了纪念一系列早期的奠基性事件。而媒介环境下的"媒介仪式"却常常创造新的事件和活动,其时间指向常常是现在或者将来的。其对意义的生成与创造更为有效,也加速了消费社会的无根化走向。

但是这种断裂性也以另外的形式得到了补充,符号要为自身寻找超值的意义,必然要为自身制造一定的渊源,而这种渊源就存在于时间的连续性之中。就像鲁迅先生所说的暴发户造家谱一样,这是符号社会发展到一定阶段所不可缺少的。在符号经济的价值体系之中,传统和历史同样成了可以消费的标签:名酒之所以具有价值,一方面是因为其稀有的自然条件所造就,另一方面也需要岁月所积淀下来的尊贵,而这种价值是不可复制、不能一蹴而就的。而古董则更是如此,能够经历时间考验本身就为事物赋予了超乎寻常的意义。一块动辄十几万的手表不是因为技术先进而获得价值,相反,他们往往标榜自己两百年传统手工工艺,全手工制作。这一点在奢侈品领域表现得尤其明显。越是单薄的符号——传统经济学所描述的"低性价比"的产品——其本身的意义不足以承载其价值,就需要通过历史渊源来提高自身的价值砝码。越是在具有较高精神附加值的商品上,这种标榜"其来有自"的神话越是被反复讲述。

空间的断裂和一致表现得更为明显。媒介的发展是对空间概念的极大挑战,正是因为有了发达的媒介,人们才能够在第一时间得到地球那边刚刚发生的新闻,才能在足不出户的情况下纤毫不遗地获得对世界屋脊的审视。空间的距离感消失了,借助新媒介人们仿佛变成了传说中四面的黄帝,能够获得从前无法企及的丰富资源。但是,随之而来的问题是,这将消解了人们对于未知世界的向往,人在信息的饕餮中变得慵懒,因此制造空间的断裂也成为必须。符号社会中的现代人显得比以往任何时代的人都更加迷恋异域,他们被社会符号化了的各种风情所打动,在其中寻找自己的欲望。人们会从电视上、杂志上的精美画面中认同这些媒介所要传达的信息——地中海吹着慵懒的风,在那里毕加索的画和莎士比亚的写作都沾染了那种慵懒的贵族气;巴厘岛是原始风情的代表,那里的人们至今保留了与现代社会格格不入的生活习惯和信仰……在这种蛊惑人心的文字和画面之后,是人们对于异域符号的巨大消费热情,即便是不能亲临其境,也应该在自己所居住的城市买一个具有某种风情的房子,去体验自己所向往的情调。酒吧文化最为集中地体现了这种时空的二元对立结构。酒吧以其区别于日常的精神感受和变化莫测的时空组合成为消费社会特有的文化景观,异域风情和光怪陆离的音乐灯光共同创造出一种狂欢般的仪式氛围。消费者在其中获得超出日常经验的身心体验。酒吧的时空就是一种类似神圣空间的创造,脱离了日常经验,超出了身边的时间,浸泡在不同的语言、不同的文化景观中,构成了现代人的一种精神洗礼。酒吧的时间是循环的,空间是不确定的,可以是夏威夷的热带风情,也可以是美国的硬式摇滚,只要走进酒吧的门,消费者所期待的某种感觉就会如约而至,虽然这种由符号堆叠起来的场景具有虚幻的特点,但不同文化取向、不同年龄阶段的人都能找到自己的归属和文化符号,获得的心理感受类似于集体仪式。所以在空间方面,被利用的符号造成了一种疏离感和一体化的二元对立,一面是信息社会制造的天涯若比邻的幻象,一面是对异域风光的猎奇式的消费,在二者的对立和转化之中,符号经济实现了对消费的鼓动。

伊利亚德强调神话与当代的联结,对于神话与时间之间的关联,他曾在《符号与象征》一书中说道:"神话在叙述一段故事,这段故事发生在神圣的、神话的时间内,与日常的时间不同。我们日常生活的时间是那种'不断流逝、刹那生灭、去不复返'的世俗的、历史的时间;然而,神话所展现的时间却是循环的、可重复地被实现的。当人在叙述神话的时候,他多少重现了这段神话所处的神话时间,他透过叙述而让听众或读者们重新临现在这段神话时间内,从中获得这篇神话所给予的神力与滋养。诚然,当讲者诵读一段神话时,世俗的、历史的时间即象征地被废除掉、隐没掉、超越掉,取而代之的是神话的时刻——神圣的、神话的时光。换言之,诵读者与聆听者都借着神话故事的叙述而被卷入了另一种光阴里,在那样境界里,世俗的、历史的时刻已被隐没、克服了,他们已浸润在一种超越扩延的、永恒的、可一再临现的时间之中。"①消费社会正是在二元对立中制造了这样一种可以被消费的时空对象。

(四)符号生产的自反性

在社会心理这个层面上,符号在二元对立的结构中被定位,构成了一种神话叙事的框架。消费社会在进行符号编码的过程中,根据不同的心理需求,可以添加不同的元素,从而制造出个性化的假象。实际上,这种个性化是在一种同化与分化的斗争中实现的。人以牺牲自身的真实的差异性为代价归顺于一定的群体性概念,接着又以更多符号的堆叠来获得自身对于差异的需求。因此,消费社会既是一个生产"差异"的社会,也是一个生产"类同"的社会。一切消费物品不仅根据价值、地位进行编码,而且依据个性化的范例编码。在"成为我自己"的"广告霸语"下,人们向个性化的范例汇聚,通过对这种抽象范例的参照来确认自己的身份。然而差异的辩证法是建立在差别丧失的基础上的:在根据普遍范例对个体进行编码时,人们在寻找"个性化的"过程中已经相互类同了,而人们身上真实的差别却被掩盖。这种类同不是一种地位的平等,也不是集体的"同质"意识,而是根据编码形成的,某团体有别于另一团体的相同。"我消费,所以我存在"的逻辑成了这种身份体验的验证码。这种类同取消了人们的真实差异,并以工业化和商业化的方式来加以强化。"消费的意识形态作用是,消费并不是通过把个体团结到舒适、满足和地位这些核心的周围来平息社会毒症……恰恰相反,消费是用某种编码及其与此编码相适应的竞争性合作的无意识纪律来驯化他们……这样消费才能只身替代一切意识形态,并同时担负起整个社会的一体化,就像原始社会的等级或宗教礼仪所做到的那样。"②时尚就是这两种力量斗争的产物,齐美尔也认为应该将时尚理解

---

① Mircea Eliade, *Images and Symbols*, Princeton University Press, 1991, p. 218.
② 让·波德里亚:《消费社会》,刘成富、全志钢译,南京大学出版社2001年版,第90页。

为是在一致化和个人化这种相反的力量之间的张力运动的结果。"齐美尔认识到,时尚深藏着模仿与分化两种相反的趋势。"①生活在符号经济之中的人们也正是在追求归属感和个性化的过程中一再迷失并不断寻求确认。

随着符号经济复制时代的到来,个人叙述意义的丧失,体验的碎片化,人类比以往更加需要一种对照的体系。人类本性一直就在寻求某种支持,来自一个比自身更为强大的群体的支持,社会关系竞争性的事实并不能改变人们对于归属感的要求。而且,这种归属感必须经由某种象征性的符号表现出来,这种符号可能是显而易见、约定俗成的,也可能是密码式的、秘而不宣的默契。"穿某种衣服象征着一个人献身于上帝,衣领上的彩色绶带表明与艾滋病患者的团结一致。一个单独的耳环意味着同性恋团体的成员身份。或者通过向同一面旗帜致敬,唱同一首颂歌,穿上球衣、制服或者特殊的服装,可以激发出民族自豪感、群体归属感以及团队支持感。"②如前所述的阶层划分,也是通过一定的符号系统寻求一种认同感,到什么样的地方度假,穿什么牌子的衣服,居住在城市的什么区域,阅读什么趣味的杂志,诸如此类都是一个阶层获得认同感的符号。

保罗·利科说过,人终其一生都在寻找自己的身份,这里的身份本身就包含了两个方面的内容,其一是一生不变的、持久统一的同一性,其二则是区别于他人和外在条件的自我。消费社会中符号的自反性是指:一方面要与大众文化相认同,争取尽可能多的认同;另一方面却不得不自我更新、在自我的碎片上前进,以此满足消费社会不断刺激需求、不断创造欲望的内在逻辑。"符号物既不能给予也不能用以变换:它是个体加以占有、保留和操纵的,此时它作为符号即符码化差异,就成为自费的对象。"③对消费社会中的个体而言,他们在其中获得的认同感与个性化是相辅相成的,

---

① 迈克·费瑟斯通:《消费文化与后现代主义》,刘精明译,译林出版社2000年版,第127页。
② 菲奥纳·鲍伊:《宗教人类学导论》,金泽、何其敏译,中国人民大学出版社2004年版,第45页。
③ Jean Baudrillard, *For a Critique of the Political Economy of the Sign*, Trans. Charles Levin, Telos Press, p. 65.

可以说,没有个性化的追求和要求就不会有团体的存在,人们为了在一个较大的群体中确认自己的个性而组成特定的群体,同时这种个性化追求也就成了各种群体内在的张力,正是在这种矛盾中,消费社会实现了一种动态的平衡。一个群体存在的前提就是其固有的标准和范围,因此能够为人们提供认同感的群体本身就需要建立一套符号系统来与相似的群体区别。类似于基于种族基础的族群必须在地理上进行划界,而且通过文身、图腾等符号体系表示出自身的疆域。当代社会更多的群体利用消费来划分自身的疆界。风靡一时的《格调》成为全球新兴中产阶级的"圣旨",其魅力就在于为一个阶层划定了文化上的疆界。在利用人们趋同心理的同时,符号经济同时也在制造和满足人们对个性化的需求,没有人能甘于平庸,更不能在竞争社会中忍受默默无闻,于是在确认自身位置和阶层的基础上,人们有强烈的个性化需求,符号经济恰恰为此提供了丰富的符号资源和隐喻化的象征体系。在这种认同与背离的双重否定中,人们在符号消费的逻辑中越陷越深。

四、符号的未来:危机还是希望?

消费社会制造了自身的神话,借助新媒介的巨大威力,人类的欲望被投射在形形色色的新符号之上。卡西尔说过,人是符号的动物,符号是人将自身力量投射于外在世界的一个重要途径,也是主体精神外化的主要方式。在当代文化研究者看来,以消费为核心的现代生活造成了一种新型神话。[①] 消费社会中的符号以特定的结构方式,织成了一张意义之网,不仅将人纳入整个社会的消费链条之中,同时又制造欲望、改变了人的本性甚至是人类社会的走向。符号文化为人们描绘出一个由无穷的欲望织成的

---

① 这是消费社会研究中常见的一种比喻,这里的神话是比喻意义上的,波德里亚、罗兰·巴特都曾经提到。具体的论述参见 Grant McCracKen, *Culture and Consumption:New Approaches to the Symbolic Character of Consumer Goods and Activities*, Bloomington:Indiana University Press, 1990。但本文中通过结构分析得出的结论是:这种神话并非徒有其表,而是由神话思维所主宰的。

甜美梦境,制造出一种不断被满足又能够自我衍生的幻象,人们必须放弃本性,服从于消费社会的文化逻辑,才能不断维持这种快感。而且需要不停地增加符号的刺激,才能保证这种幻象不会消失,人们因而越来越深地被卷入消费社会的符号体系之中不能自拔,不知不觉之间被异己的力量所支配。所幸在人类追求欲望的同时有人从来不曾停止对自身处境的反思和预测,于是就有了社会历史主义批判者发出振聋发聩的告诫,人类一旦陷入对物的顶礼膜拜之中,就有可能在对物的享受中丧失自我。而启蒙主义者则似乎颇有预见性地指出:"谁要是沉浸在极乐世界的幻想之中,谁就会在睡梦中丧失一切生命的力量。"[①]当消费成为人类社会的集体狂欢,其所导致的很可能是对人类主体精神的毁灭以及对资源的极度浪费和对自然的破坏。当今的消费观解放了人的欲望,引导、强化并且迎合各种长期被价值观和道德准则压抑的人的欲望,这看似是一种人本主义,但消费如果走向了极端,就会导致人类更深的"异化"。波德里亚等人对于消费社会的分析和揭露是一种新的启蒙和批判的力量,通过对消费社会符号经济的结构主义分析构成了对这种现代神话的批判和祛魅。波德里亚指出:"消费过程可以从以下两个基本方面来分析:(1)作为建立在一个密码基础之上的明确意义和交流过程,实际消费行为能够在其中得以实现并具有应有的意义。在这里,消费是一种交流体系,而且是一种语言的同等物。……(2)作为社会分类和区分过程,物和符号在这里不仅作为对不同意义的区分,按顺序排列于密码中,而且作为法定的价值排列于社会等级中。这里,消费可能是战略分析的对象,在法定的价值(涉及其他社会含义:知识、权力、文化等)分配中,决定着其特殊的分量。"[②]但这一过程同样有可能为人类社会发展提供新的可能性。

符号的象征性消费直接带来的是一种文化资本的形成,这种文化资本不仅带来经济上的优势,甚至构成一种意识形态,在社会中建构起对符号

---

① 马克斯·霍克海默、西奥多·阿道尔诺:《启蒙辩证法——哲学断片》,渠敬东、曹卫东译,上海人民出版社 2006 年版,第 52 页。
② 让·波德里亚:《消费社会》,刘成富、全志钢译,南京大学出版社 2001 年版,第48 页。

的信仰,催生出非理性的消费迷狂。制造这种信仰的过程,也就是把商品神圣化为一个象征性符号的过程,而在此过程中,神话思维作为一种相对固定的结构,成为符号经济的深层逻辑。消费的神话,只是一种结构层面的神话。商品在符号的簇拥下仅仅具有神圣之形,并不具有神圣的实质。弗莱在反思加拿大百年发展的历程时曾经讲过:"每一个时代都有一个由思想、意象、信仰、认识假设、忧虑以及希望组成的结构,它是被那个时代所认可的,用来表现对于人的境况和命运的看法。我把这样的结构称为神话叙述,而组成它的单位就是神话。"[①]这里他在一种比喻的意义上使用"神话"这个词,他所说的神话实际上就是占据统治地位的社会意识形态。弗莱在古代作为世界观和思维方式的神话和现代意识形态之间建立起了一种联系。而在符号经济条件下,神话思维实际上变成了一种被利用的结构。按照现代心理学的观点,集体无意识是人类思维的一种深层资源,而神话思维作为人类文化的一种初始形态构成了集体无意识的重要部分。

消费社会的一大特点就是对欲望的生产先于对产品的生产,往往通过一个新的概念和一种新的价值观的渲染来带动消费。符号消费在一定程度上以对新体验、新价值、新用语的无止境追求为目标,以制造潮流和时尚为表现,因而消费者不再追求连贯而持久的意义,大量的消费符号铺天盖地而来令人目不暇接,它们刺激人的欲望以及相互攀比的心态,于是出现提前消费、透支消费、预定消费这样的"迷狂"状态。社会的原始自然状态被打破了,人被欲望所奴役,像穿上了红舞鞋一般,双脚只能不停追逐本身并不需要的目标。人们很难意识到,这种绝望是不自然的,而且无限扩张的欲望对人类社会和自然界都是毁灭性的破坏。价值观的变化和编码体系的重组带来的结果是:数十年来人类消耗的资源和能源是以往的若干倍,随之对资源和能源的抢夺也空前紧张。

概括而言,符号经济所导致的危机在于:一方面,符号价值塑造了人的欲望,人在消费的过程中被异化。另一方面,消费的欲望也导致了空前的消耗。但同时我们应该看到,这也为一种新的经济模式提供了机会。也即

[①] 诺斯洛普·弗莱:《现代百年》,盛宁译,辽宁教育出版社1998年版,第74页。

通过恰当的符号建构和引导,人们有望建立一种更加和谐的、指向可持续发展的经济模式。按照传统观点,生态系统是由三种不同的因素组成的:作为"资源的"因素,中立无用的因素,以及那些可以被看作有害的、对抗的或竞争的因素。这种看法其实是将人类的物质需要作为中心来加以划分,其背后的主导性思维是人类中心主义的进步观,势必会导致人对自然耗竭式的开发和利用,最终导向无可避免的生态危机。但如果人们对符号的魅力有所理解,进行适当的引导,就完全有希望建立一种新的价值体系。

按照心理学家的观点,人的欲望只能借助于理性的节制和道德、法律等外在力量才能加以控制。在前工业时代,社会变动缓慢,社会秩序稳定,生活和道德的规范处于一种稳定的状态,在封建时代的欧洲,这些规范经由法律力量和宗教权威加以强化。但是,随着资本主义的高速发展,人的预期和希望被不停地刺激和改造,视野的变化引发了欲望的膨胀,社会规范的确立赶不上变化的步伐。科林·坎贝尔比较了现代消费者不受限制的欲望与相对固定不变的传统消费模式。[①] 与韦伯对于资本主义伦理的起源的分析相似,坎贝尔说,在西方必定先是出现了文化的变化,这一改变使得人们扩展了受到限制的欲望,转而接受一种强调对物品的追求中获取快乐的新型伦理。实际上,现代资本主义的发展,不仅依赖于传统工作模式的革命,而且依赖于传统消费模式的相应改变,因为新的消费社会需要一种全新的消费伦理,以其为产品打造市场。"可以说,5000年来的文明史是培育这种幻象的温床,而300年来加速发展的工业社会则使人们彻底忘记了文化之根,大大助长了要求快速变革以满足物欲的反常心态。"[②]沉迷于物欲的人类在过去几百年中已经透支了经济发展的潜力,如今已经走到了亡羊补牢的境地。华勒斯坦所忧虑的改善环境的巨大代价指的是南北对立和贫富悬殊加剧带来的紧张。其结果不是世界的政治体系崩溃就是地球生态体系的崩溃。人类文明的发展对来自外界侵袭构筑了铜墙铁

---

① C. Compell, *The Romantic Ethic and the Spirit of Modern Consumerism*, Oxford: Basil Blackwell.
② 叶舒宪:《文明/野蛮——人类学关键词与现代性反思》,载《文艺理论与批评》2002年第6期。

壁,最终将人类引向危险境地的,也许正是人类不受控制的欲望。

当消费成为主宰整个世界的统治力量,轻而易举地俘获了社会成员,在利益的驱动和媒体的煽动下,一种新的消费意识形态已经成为我们生活的一部分,宰制着我们的思想和感官,影响着我们对日常生活的感知和体验。在一个欲望被不断"制造"的时代,理想变得奢侈,价值也日益虚幻。符号在后工业时代物质生产的基础之上,通过构拟人的欲望,发起了新的一轮对于人的发现。但这种人的本质是被建构出来的,因而是异己的、虚假的。一个从来没有看过广告的人不会认为法拉利是激情的化身,而宝马是优雅高贵的代名词,也不会觉得拥有卡迪亚的首饰就是对自己的尊重,但当这种信息被接受之后,就具有了不可抵挡的力量。据说香港的职业女性通常会在三十岁生日的时候给自己购买一块卡迪亚的手表,表达对自己辛勤工作的褒奖和犒劳,这里被建构的欲望得到了符号化的表达。政治经济学和生产的时代已经结束,我们生活在一个物质隐形、符号当道的社会,消费社会通过创造一个使人迷惑的影像世界和使人麻木的娱乐形式来安抚人们空虚而疲惫的内心:

> 在当今这个时代,人们更愿意用符号代替事物的所指、用复制代替原创、用幻想代替真实、用表象代替本质,……幻觉一旦是神圣的,真理就会被亵渎。不仅如此,神圣的强化相应地会带来幻想的增加、真理的减少,导致最高程度的幻想往往来源于最大程度的神化。
>
> ——路德维希·费尔巴哈[①]

从精神的层面来考察,消费社会带给人类的梦魇还不只这些。波德里亚指出,随之而来的是社会无序与人的不安全感。物的包围之中人的"社会财富的生产过程中快速发展的代价,就是劳动力的流动,也就是职业的

[①] 转引自斯蒂芬·贝斯特、道格拉斯·科尔纳:《后现代转向》,陈刚等译,南京大学出版社2002年版,第100页。

不稳定。人员更新与循环的结果是,社会负担变得十分沉重,尤其是会产生不安全感,对每个人来说,各方面(收入、声誉、文化等)的流动以及地位和竞争所产生的心理和社会压力变得更加沉重。必须有较长的时间才能自我恢复与自我循环,才能弥补多种危害——上下班的路途、人口过于集中以及不断的侵犯与刺激——所产生的心理和神经上的磨损"[1]。后现代社会充满意义的消解和平面化,上帝死了,作者死了,作为主体的人也在消失。这种消失不仅是历史感的丧失所带来的无根性,欲望被重构所带来的迷乱,更重要的是价值观的混乱和道德标准的消失。在欲望不断生成的过程中主体逐渐失落。消费社会是一种具有迷惑性的异化力量,符号和形象则具有塑造和改造主体的隐性功能。由于对人的欲望的无限鼓吹,具有了一种人本主义的表象。如果说物对于人的役使还可以被察觉的话,那么作为自身心理的外在投射的符号,则直接与我们的存在合而为一了;如果说商品拜物教还是将崇拜的对象定位于人之外的话,那么符号拜物教则将崇拜的对象从外在的物转向了自身的心灵,这是一种深层的转向。因此,当我们在符号社会中认为自己的个性得到了张扬时,这才是一种更深层次的幻觉和错误意识,人不是被自己的自主性所支配,而是被自动的符号系统所支配。这种符号的结构体系,让我们在这种虚幻的温暖中感到自身被美好的存在所包围,这就造成了投射于符号的自恋式的恋物癖。

消费意识形态实际上是以打着新人本主义的旗帜的新异化运动。在古典的人本主义思想中,讨论的是如何将个体整合到集体理性之中;而今天的消费社会中,符号所宣称的,是通过拥有某种商品或者生活表现出"个性化生存",即通过消费帮助人们完成自我实现的过程。但是这种个性化是符号所构建出来的,人们以拥有物品的符号标明自己的身份和地位,在此过程中,消费者也像物品一样被分级、分类。

进一步来说,符号化的生活导致的符号拜物教更加速了信仰的失落与灵性的凋零。符号经济的文化根源与后现代主义的思潮紧密相关,从艺术领域到生活观念无不颠覆了从前的信仰体系。人类在失去了上帝的庇护

---

[1] 让·波德里亚:《消费社会》,刘成富、全志钢译,南京大学出版社2001年版,第20—21页。

之后又失去了主体的判断能力,人迷失在欲望之中,客观真实的世界在符号的遮蔽下变得更加虚幻和不可捉摸,而符号本身则让人丧失了对真与假、美与丑、善与恶的分别。

正如波德里亚在《消费社会》的结论中所讲到的,从工业社会最初期开始,在科学和技术的神话下,商品与交换价值逻辑地支配着社会生活的各个方面,物质的丰裕和生存的恐慌成为一对孪生子;主客体的颠倒、灵肉的分离使人无路可寻。然而自从进入消费社会以来,这种异化已不再是马克思主义意义上的"异化",即主体与主体本质的分离,消费社会是一个没有历史、没有先验性的社会,也是一个没有反思、缺乏追寻的社会。这是一个吸收符号与被符号吸收的社会,人变成了符号与物品的灵魂,变成了玩弄差异和类同规则的游戏伙伴,"再也没有距离和本体论的分裂",也找不到"一个与双重性和异化的神话对等的神话"。

知识分子向来以反思和批判作为自身的使命,每个时代的杰出思想家总是站在大众和主流社会的反面,勇敢地承担着将人类从蒙昧处境中拯救出来的责任,他们试图唤醒那些被愚弄而不自知的大众,提醒人类的危险处境。虽然他们并没有指出醒了之后该往何处去,但社会往往就是在这种互相冲突的力量之中获得了前进中的平衡。从外表看起来,消费社会是一个充分重视人的社会,它打着人本主义的大旗号称要解放被压抑的欲望,它所主张的释放和最大限度的满足具有很大的迷惑性。自从理性启蒙混沌以来,人类在理性的庇护下获得了物质的丰富和发展;在此基础上,理性又成为了新的意识形态,为了祛除工业社会理性化的压抑,快乐原则成了消费社会的一面大旗,不断增长的消费意识形态令人们重新自我发现、定义自我。在透支消费、提前享受的鼓动下,每个人都发现自己竟然有这么多的欲望被长久压抑,尽管这种欲望可能与人本身无关,不过是被建构出来的镜花水月。在《现代性与自我认同》的最后部分,吉登斯考察了启蒙时代以来的"解放"(emancipation)观念,指出进步主义的启蒙运动的普遍律令是"解放",即个人和集体层面上的人类实现,这个概念背后带着一种"生活政治"的诉求。也就是说,个人的解放越被强调,就越有可能出现制度性压抑力的扩展。① 正是在这种情况下,人文知识分子开始发起新一轮的启蒙运动,在人类文化发展史上,理性和技术被视为对蒙昧状态的人类的启蒙,人文主义被视为对宗教控制下的社会的曙光,面对消费社会人类需要新的一轮启蒙运动。虽然启蒙是一个充满了悖论的概念,但如果回到启蒙思想家的初衷——"就进步思想的一般意义而言,启蒙的根本目标就是要使人们摆脱恐惧,树立自主"②,那么这样的目标始终还在远方。面临技术理性和消费社会的双重压力,如何在新的条件下实现人类解放的目标,仍然需要继续探索。如果脱离开当代西方马克思主义学者对消费社会的批判视角,从另一个角度来看,符号经济似乎也提供了走出物欲时代、重建和谐有序的价值体系的又一丝曙光。因为当符号本身具有了价值,并且在交换中具有独立地位的时候,文化生产就可以对整个社会施加更为直接的影响。如何帮助人们走出物的束缚,在物质条件改善的同时创造健康的精神生态?如何打破纯粹的享乐主义,倡导一种更负责任的、可持续的发展观?如何在碎片化的后现代文化景观之上重续文化之根?如何在物欲横流的世界上重建不可或缺的神圣之维?如何在经济全球化的浪潮之中、在跨国资本的压力之下保持民族文化的主体性?这些问题的浮现,似乎恰恰是符号为人们提供的一次疗救的机会,是危机也是希望。

---

① 参见安东尼·吉登斯:《现代性与自我认同:现代晚期的自我与社会》,赵旭东、方文译,生活·读书·新知三联书店1998年版,第23页。
② 马克斯·霍克海默、西奥多·阿道尔诺:《启蒙辩证法——哲学断片》,渠敬东、曹卫东译,上海人民出版社2006年版,第1页。

鲍德里亚的"符号政治经济学批判"[①]

刘玲华

自20世纪60年代以来,现代社会逐步走向没落甚至终结,社会进入了一个物品丰盈、符号影像铺天盖地以及信息高速发展的社会,它被加上了"后"的称号,称之为"后现代社会"。在物质极其丰盈的基础上,消费的地位被独立出来,成为整个社会运作的核心,因此也被冠名为"消费社会"。消费社会的重要特征,一是视觉文化盛行,二是俗雅界限的消失。法国理论家让·鲍德里亚(Jean Baudrillard)指出,消费社会就是一个被符号充斥的社会。他认为,在符号的理论层面上,消费社会呈现出一种新的意义结构:符号分为"能指"与"所指","能指""所指"之间的意指关系构成意义的产生过程。"能指"实现的对比替换使得意义被无限地加以生产,并形成一种系列关系(鲍德里亚称为"物体系"),不是整合,恰恰是凸现差异,使得物品之间产生相互替代的功能。当一切物品可以相互替代时,物品便过渡到符号。当物品作为符号出现时,它与其他物体之间可以产生互换,因此消费中的物既不是一般意义上的物,也不是指向功能产生的物,而是商标所指示的物,物凝结为符号,具有了符号价值。因此,在消

[①] 本文原载于《江西社会科学》2005年第11期。

费社会中"每次的交换行为既是一种经济的行为,同时又是生产不同符号价值的超经济行为"①。

同时,消费作为全球性的现象,正在以其不可抗拒的魔力,向社会的每一个细胞渗透,给自身创造了一个神话。这是一个怎样的神话?神话以怎样一种机制发生作用?它给社会和个人带来怎样的后果?鲍德里亚正是瞄准了消费社会这个神话,从符号价值的角度,对其进行了深刻的剖析与批判。简言概之,一方面,鲍德里亚补充了马克思主义,断言社会已经走向消费社会;另一方面,鲍德里亚又超越了马克思主义,展开了对符号政治经济学的批判。

一、超越马克思主义:以象征交换为基点

鲍德里亚所定义的消费社会:其一,消费就是消费符号,消费无孔不入。在这个社会里,所有的商品是符号,所有的符号也都是商品,甚至爱心、仁慈、性等都可以毫无障碍地公开消费甚至待价而沽。其二,它已经超越了"异化"。马克思所着力批判的焦点,其最终目的在于批判经济交换的原则,或者说致力于追问剩余价值产生的不合理。明显地,马克思忽视了另一个层面的东西,一个与资本主义经济交换没有交叉却又存在着千丝万缕联系的东西,包括"解职、贱卖、挥霍、玩耍和象征主义……对身体力量原有的欢宴式的强化、死亡游戏或来自欲望的行动"②。

鲍德里亚深入了对这个"忽视"的批判。一方面,他强调消费社会脱离了诸如以创造和借鉴为基础的道德范畴,转换为以享乐和消遣为主调;另一方面,他进一步重申马克思的政治经济学并没有使意指的各种观念理论化,因为当代哲学向语言学转变后,能指与所指区别已经消失了。能够提供明证的是,消费社会里的商品无所谓真实与赝品,索绪尔定义的能指

---

① Jean Baudrillard, *For a Critique of the Political Economy of the Sign*, 1981, p.159.
② Jean Baudrillard, *The Mirror of Production*, trans. with introduction by Mary Poster, St Louis, Telos Press, 1975, p.44.

在这里同千千万万个所指不构成一一对应的关系,所指全部成了巴特意指(符号)的代名词。鲍氏意味深长地指出,消费社会已经全然不同于生产社会的剥削和支配,而是"充满神秘、诱惑、独创和象征性的交换"①,在理论上迈开了超越马克思主义的第一步。

"象征交换"即为鲍德里亚理论的"阿基米德支点"。第一,他认为,虽然马克思对资本主义社会提出了彻底批判,究其根底,"却依旧停留在政治经济学的形式之中"。换言之,使用价值和交换价值的交互转化构成了政治经济学所极力描述的内容。在鲍德里亚看来,马克思的分析并没有对资本主义做出一种全面的、适当的批判,因为其矛盾在马克思之后出现了新的变化——媒介广告的介入重新定义了商品的"符号价值",以奢侈性、差异性取代了实用性。如果坚持马克思的理论分析框架,可以这样加以理解:工人与资本家之间被剥削和剥削的关系更表面地表现为丰盈的礼品交换关系。工人的自助消费、自我定位表面上看来足够平等与民主,而这件"外衣"除了遮蔽了不平等交换的实质外并没有做到更多。鲍德里亚认为,正是这种生产方式的不同产生了象征交换的基础。第二,鲍德里亚对符号价值进行了重新地位,并把符号的自我增殖提高到绝对的主导地位。在消费社会里,马克思主义的理论与道德困难在于,工人的工资水平不再与生产过程相适应,劳动不再是一切价值的源泉。然而不可否认,资本主义是一个物品极度丰盈的社会,由于它不可能在物质上被推翻,故能消除这种商品符号主导性规则的唯一办法,就是通过对其操作原则的象征性否定。② 更具体地说,符号的无限增殖产生新商品的循环,并提醒人们注意这样一个事实:没有东西会持久,可每一样东西都有机会获得新生。其言下之意是,消费即意味着体现个人价值,获得地位身份,而不是自豪"这件商品凝聚了我的劳动"。

鲍德里亚同时区分了政治经济史的三个阶段,迈出了超越马克思主义

---

① Jean Baudrillard,"The Beauborg effect:implosion and deterrence", October,20,(Spring), pp.3-13.

② Jean Baudrillard, Symolic Exchange and Death, trans. Iain Hamiltion Grant, with an introduction by Mike Gane,London,Sage,1993,p.123.

的第二步。在他的区分中,第一个阶段指古代社会和封建社会,被交换的仅仅是物质生产的剩余;第二个阶段指马克思称为核心意义的资本主义阶段,所交换的是全部工业产品的价值;第三个阶段就是消费社会,它所包含的内容蕴含更多,曾经被认为不可出卖的东西如"德行、爱、知识"在这里也都可以被用来交换和出卖。在鲍德里亚看来,第三阶段与前两个阶段一样具有独特性和革命性,但它却一直被主导着第二阶段的经济交换所蒙蔽。在创造和推断"资本主义"这个概念上,马克思最终未解决生产过剩与消费能力之间的矛盾,因而理应受到批判。同样,对于消费社会来说,"我们正生活在交换的末日。然而,只有交换才能保护我们不受命运的捉弄"。[①] 在鲍德里亚的理论视野里,交换不是纯粹经济上的交换,而是一种自我认可。只要存在这种认可,消费便不可避免陷入地位确认的宿命中。以挟持人质为例:人质只是一个符号,无所谓阶层之分,任何人任何阶级都有可能被挟持为人质,这里更基本的问题是对符号的结构性控制,即人质的随意性解构了马克思所定义的生产资料的所有制结构。以此为基点,鲍德里亚认为应该提供一个桥梁来重新考虑关于德行、爱、知识等在生产社会和消费社会的地位,这个桥梁就是"象征交换"。

象征交换是一种什么样的概念?准确来说,它具备以下四个特征:其一为非生产性。象征交换包含着"获取和回报,给予和接受……礼物与对应礼物的循环"等各种一般的和可逆的过程。[②] 比如,A送B一瓶好酒,不久B又回送A一条好烟,中间的交换发生了,但却不是经济上的交换,更多的,它是一种礼物往来。其二为非商品的交换循环。象征交换不是凝聚了使用价值和交换价值的商品,它可能只具备其中一样价值或者什么也不具备。其三为互惠性。其四为可限制性。象征性交换只有一种结果,就是一旦发生了交换后,就成了与交换对应的唯一物,它不可能再在别的时间、别的地点发生另一次交换。

[①] Jean Baudrillard,"The ecstasy of communication," ed. and introduced by Hal Foster, in *Postmodern Culture*, London, Pluto Press, p.50.

[②] Steven Best and Douglas Kellner, *Postmodern Theory—Critical Interrogations*, The Guilford Press, 1991, p.116.

由此看来,象征交换实际上明确区分了几种不同的"需要"("价值")。在鲍德里亚的笔下,真实需要和虚拟需要、主要需要和次要需要存在区别。在工业社会里,人们更多地追求获得实用价值或者交换价值,而当符号占据主体位置后,对自我的呼唤认同使得符号价值日占上风,成为主要需要。认同自我必然导致排他,其最终结果是,在消费的无止境舞台上,一切商品都无内容上的意义,只获得形式上的不同,最终导致社会走向虚幻的拟像社会。因此他既致力于批判马克思所定义的生产社会,也不终止对这个符号的世界进行反思,他以坦率的方式说:"马克思在他对于生产的唯物主义的分析中,几乎将生产力定义为一个被授予特权的领域,其中语言、符号和交流通常都被排除在外了。"[1] 在此,鲍德里亚抨击了马克思的"生产力特权论",同时他也认为,即使资本主义进入了消费社会,符号的绝对统治同样不能使消费更加理性化。在他看来,理想的社会只有原始社会,它排除了理性的经济交换和非理性的符号消费,仅仅简单地实行象征交换,从而能够提供批判的公正依据。虽然鲍德里亚也承认我们已不可能再一次返回到原始社会和它的象征变换,然而象征交换却被他看作是最激进的,至少在理论上足以摧毁符号化的选择以及寻求消费理性的杠杆。如果说马克思以资本主义的内部机制——生产方式的立场抨击了资本主义的虚伪性,鲍德里亚则从外部的结构批判了资本主义的符号性,从而最终超越了马克思主义。

二、符号结构的生成:媒介与广告

在消费社会里,消费行为总是蕴含着意义的生产。就鲍氏而言,对消费意义的分析,要求将价值及效用这些经济学范畴转换为符号及能指这些语言学范畴。通常情形下,一个符号由一个能指与一个所指构成,指涉一个真实的"物(thing)",当个体之间进行交换时,能指与所指是等同的。但

---

[1] Jean Baudrillard, *For a Crtique of the Political Economy of the Sign*, translated with an introduction by Charles Levin, St. Louis, MO.: Telos Press, 1981, p. 164.

是经过意指的生成,符号就变成象征性的了,或者说意指转变成了符码。符码不仅具有某个"意义",它还被个体分享,如同礼物交换,它体现着社会关系。在《物体系》和《消费社会》中,鲍德里亚已经详细分析了这种社会关系的编码过程——符号统治的生成,接下来要解决的问题是,既然消费社会遭遇了符号的编码,那么这个编码运用了怎样的手段才得以完成? 在回答这个问题之前,还需要绕一个小小的弯,先完成鲍德里亚对马克思政治经济学的反思批判。马克思曾明确给出了断定不同社会阶段的标准,并认为每一个社会都有一个结构方式支撑——生产力,且随着生产力的改变,生产关系也产生了变化。马克思指出,手推磨产生的是封建主的社会,蒸汽磨产生的是工业资本家的社会,前者产生主人和奴隶,后者则演化为资产阶级和无产阶级。两者分别开启了一个时代,其标志就是手推磨和蒸汽磨本身的技术结构。鲍德里亚认可这个断定,根据同样的逻辑,他将消费社会的批判逻辑建立在另一种技术基础上——电子媒介。如同蒸汽机宣告着工业时代的到来,电子媒介的出现也标志着资本主义社会迈入了一个新的媒介时代。然而鲍德里亚也指出,虽然马克思看到了技术结构给资本主义带来的影响,但将技术结构停留于经济领域,遭到了时代新因素的质疑。[1] 在《符号政治经济学批判》中,鲍德里亚发表《媒介的挽歌》开始发展他的媒介理论。这个题目有点讽刺意味,因为鲍德里亚实际上刚刚开始完善一种社会理论,而且媒介将在这个新社会理论的建构中起着关键性的作用。因而可以理解为,鲍德里亚对马克思做了一次摧枯拉朽的颠覆性反思。[2] 当社会进入消费社会,物品转变成符码时,消费社会的技术结构——电子媒介的作用不容小觑。如果考虑到符码价值在何种平台上被呼吁最多,或眼见或耳闻,我们肯定明白鲍德里亚的言下之意。

这个平台就是媒介。鲍德里亚承继象征交换的理论基础,在现实中又同出一辙地超越了马克思主义的分析。他认为资本主义已从劳动力被剥

---

[1] 在马克思主义哲学中,经济基础决定上层建筑,对应于经济领域则是生产力决定生产关系。这种提法遭到了阿尔都塞、麦克卢汉等的批判,认为马克思最大的不足就是没有将生产力延伸到文化领域。
[2] 麦克卢汉对鲍德里亚的影响很大,特别在"媒介即信息"、内爆、地球村等重要概念上。

削的阶段过渡到劳动被销售、被消费的阶段,"劳动力起先是一种状态,是服从于代码的一种结构"①,因此鲍氏并没有检视生产与消费、物质和象征之间的关系,而是着重提出应该重视符码的作用。媒介的平台生成了符码,引导着无意识性的消费。那么,如何真实地分析媒介呢?

第一,理清马克思之后"媒介"一词的发展线索,有助于鲍氏提出自己的理论。在鲍德里亚的理论视野里,有三种媒介理论受到了他的青睐。② 概括性地说,这三种理论又集中于一个焦点——是否具有交流性? 其一为恩森斯伯格的媒介革命理论。恩氏认为媒介提供了发话者和受话者的可逆交流,鲍氏却认为这种可逆性仅仅是一种中介理论,并非直接的相互交流,而以符码为特征的媒介应该既无发话者也无受话者,只需要崇拜符号。其二为麦克卢汉理论。麦氏认为"媒介即信息",媒介的作用在于将信息展示并内爆,眼前的事实却是,符码使媒介与现实无法区分,因此鲍德里亚认为这种单向交流性应该受到排斥。其三为媒介接受理论。鲍氏认为单方面认可接受者同样不可行。③ 在批判这三种理论的过程中,鲍德里亚同时也奠定了他的理论基础——媒介就是要将社会区分转化为社会化的过程,取其差异性排除同质化,即符码是区分社会身份的唯一交流手段。

第二,电视广告充当了电子媒介最重要的工具,构建了一个新的语言及传播现实。在电子媒介出现以前,传播方式分为手稿和印刷两大类。口头文化和印刷文化在很长一段时间里展现了它们各自的魅力,使得政治、经济、文化三足鼎立,成为独立的三大领域。电子媒介问世以后,电子文化填补了这一鸿沟,经济、政治、文化之间的关系焕然一新:媒介进入了政治

---

① Jean Baudrillard, *Symbolic Exchange and Death*, 1981, p. 12.
② 尼克·史蒂文森做了另外一种介绍。他认为媒介理论分为三种:一是法兰克福学派的意识形态支配理论,包括雷蒙·威廉斯、霍尔等;二是麦克卢汉技术决定论;三是受众研究论,包括约翰·菲斯克,与鲍德里亚所论述的有不同。见尼克·史蒂文森:《认识媒介文化——社会理论与大众传播》,王文斌译,商务印书馆2001年版。
③ 尼克·史蒂文森进行了深入分析,用雷蒙·威廉斯、阿尔都塞的媒介文化理论补充了鲍德里亚理论的不足。但在鲍德里亚的理论视野里,虽然对阿尔都塞、雅各布森等做了理论分析,但都难逃为自己的理论找到一个突破口的出发点,这里不加详述,主要考虑鲍德里亚确认的重点理论分析。

领域,比如一个国家领导人出访另一个国家有可能只是看望灾民;娱乐内爆为教育,电视录像方便了远程教育和"空中学堂"的人。麦克卢汉称这些现象为"深度参与",即电视取消了时空的差异,带来了更广泛层面的信息交流和受众参与。鲍德里亚更乐观地认为,电视广告清楚地展现了新的表意方式,因为符号与指涉之间最重要的联系被粉碎了。广告占据一个能指,这个能指与广告中的物体之间并不具有传统意义上的对应关系,但却被附加到了广告中的物体上。更加不可思议的是,这种新表意方式被每个人言说,确切点说,广告生成了一种集体语言——符码,"每个物体都被翻译为普遍抽象的平等符码,即它的合理性、它的客观法则、它的意义"[1]。至此,符号不仅完成了媒介作用下的编码过程,同样又以符号消费完成了解码过程。因而鲍德里亚认为,电子媒介特别是电视广告的介入在符码的结构生成层面扮演着非常重要的角色,为他构建"超现实"理论及批判"符号政治经济学"找到了一个切入点。

三、走向符号政治经济学批判

媒介与广告作为消费社会里的技术结构,无可置疑地展现了一个符号统治的世界。即鲍德里亚认定消费社会产生了一种新形式的拜物教——符号拜物教。

拜物教历史流长,历经了商品拜物教、货币拜物教、资本拜物教三个阶段。在马克思的分析中,拜物教的产生源于两大"颠倒"性过程:第一是在经济生产过程中产生了"颠倒"。随着工业革命的实现,机器大工业的发展与私人占有关系之间的矛盾对立越来越尖锐,因而劳动和人都产生了异化,沦为"死劳动"和被剥削者。第二是在经济交换过程中产生了"颠倒"。资本家对交换价值的期望以及对剩余价值的追求,使得人被货币所决定,直接导致从对商品有用性的崇尚转向对货币、资本(剩余价值)的渴望。马克思的"颠倒"分析在鲍德里亚的视野中继续深化,在区分了使用价值、

---

[1] Jean Baudrillard, *For a Critique of the Political Ecnomy of the Sign*, 1981, p. 132.

交换价值和符号价值的基础上,他断定,在文化艺术领域同样能够找到"异化"的痕迹。首先,艺术与经济不是对立而言的,它们之间互相联系。艺术品拍卖可以作为一个很好的例证以供参考。不可否认,艺术品起源于经济领域,凝聚着无差别的人类劳动,但它从另一个方面也给予了反驳——为什么艺术品所获得的价值不等同于交换价值?原因就在于,通过拍卖,符号价值取代了交换价值,获胜者将艺术品占为己有,形成了一种优越感和特权。鲍德里亚认为,艺术品的符号价值重新考虑了一种社会关系,毋宁说它就是经济与文化联系的反映。其次,艺术本身的地位同样不容忽视。当艺术品变成符号时,它直接召唤着符号价值的产生。[①]

符号拜物教产生于交换价值的被取代过程中。当一切以符号价值为中心时,马克思的政治经济学批判便让位为符号政治经济学批判。鲍德里亚指出:"如果符号政治经济学的批判易受到古典政治经济学的影响,这是因为它们的形式是相同的。"[②]在此,他再一次强调了符号带来的颠倒特征,这与马克思的分析相似。在经济交换中,使用价值构成理性交换的前提。当使用价值被符号价值所取代,一切以意义和身份的获得为目的、消费社会中的透支消费、迷狂追求、时尚诱惑才能得到理解。这种迷狂状态消除了理性,走向极端的非理性状态,这是鲍德里亚所要指出的第一个"颠倒"。另一个"颠倒"则在于,符号价值延伸到了意识形态领域,产生了主客体关系的变化。阿尔都塞曾指出主体是一个意识形态的假设,强调人与物的自然关系。但是当符号占据了主导位置后,物品以物体系中符号功能物的身份遮蔽了意识形态,使人与物的关系变得不再透明可见。贝斯特与凯尔纳认为"鲍德里亚同时宣布客体的成功和主体的失败,告诫我们与主体支配客体和改变世界的计划决裂"[③],这可以视作鲍德里亚展开对符号政治经济学批判的高度概括。

[①] Genosko 也认为,符号决定了使用价值与交换价值的地位,它产生的是社会的或审美的关系。参见 Gary Genosko, Baudfillard and Signs, 4.
[②] Jean Baudrillard, *For a Critique of the Political Economy of the Sign*, 1981, p. 126.
[③] 斯蒂芬·贝斯特,道格拉斯·科尔纳:《后现代转向》,陈刚等译,南京大学出版社2002年版,第131页。

因而,以下两个方面的批判得到了能够阐释的可能性:在直接层面上,鲍氏所要批判的是符号价值,正如马克思批判使用价值和交换价值一样。鲍德里亚重申了"需要"的定义,按照马克思政治经济学的观点,主体占有客体的结果就是"需要",但在符号政治经济学中,"需要"就是意义和符号的获得:前者是使用价值和交换价值,后者是符号价值。对符号价值的追求,使得真/假意识被模糊了,真实与符号无可再分,客体支配主体世界,因而必须受到批判,即致力于批判追求当中的无差异性和同质性;在符号学意义层面,鲍德里亚主要针对符号形式,其核心又在于对所指进行批判。在传统观念领域,从经济基础决定上层建筑出发,文化逻辑总是依附于经济逻辑之上,然而进入消费时代后,"物"不是作为生产出来的物出现,而是折射了文化意义的象征物,因此批判仅从经济逻辑入手就不足以解释文化意义现象。也就是说,批判必须从文化逻辑身上找到一个理论立足点。鲍德里亚进而指出,媒介的介入构成生产的中介,并抛弃一一对应的能指与所指关系,使得所指开始变得复杂,成为孕育多种意义的所指。它提供一种集体言说,重新获得意识形态的特征——"直接意指的客观性与作为意识形态的含蓄意指相对立,是最意识形态的话语"[1]。因此,文化逻辑中意指的产生过程与经济过程具有了同构性特征,从而也让鲍德里亚的符号政治经济学批判成为可能。

四、两个二律背反的尴尬

鲍德里亚对符号政治经济学展开批判,意味着他关于消费社会的论断告一段落。从他的分析中可以看出鲍氏极力超越资本主义的意图,然而由于理论本身的矛盾性,他也不可避免地陷入欲解决矛盾却未解决的尴尬中。

尴尬之一:补充马克思与超越马克思。在论述符号价值过程中,鲍德里亚借助了马克思的经典框架,从使用价值、交换价值和劳动异化展开了

---

[1] Jean Baudrillard, *For a Critique of the Political Economy of the Sign*, 1981, p. 159.

对消费社会的分析。从《物体系》到《消费社会》，鲍德里亚的理论重点试图补充马克思所不曾遭遇的时代特征，以完善马克思主义理论。虽然鲍德里亚论述了符号社会的特征，但思路仍奠基于马克思的生产逻辑上，将消费视为生产中的一大环节。这个马克思主义立场使得能够将他早期对商品的批判视为历史唯物主义的可贵补充。到了《符号政治经济学批判》中，鲍德里亚开始将符号的地位独立出来，颠覆了马克思所声称的主客体关系理论，认为符号支配了主体的决定作用。符号的绝对统治既许诺构建一个新话语体系，一个超越同质性的体制体系，同时又使个体服从新话语的实践。在这里，鲍德里亚已不满足于完善马克思主义，而是转而探寻一种新的意识形态，为新话语的合理化构建开辟通途。因此，鲍氏选择了超越马克思主义，并非故意而是自然而然地进行了超越，这也就同他的初衷——补充马克思主义理论——相距甚远了。

尴尬之二：图像增殖与符号虚无。在鲍德里亚看来，能指与所指的分裂决定了符号与现实的分离。他断言，在媒介的复制下，所有真实的东西最终都走向同一个结局——消失。因为原件消失了，原件通过媒介变成了无限多的延伸以及数量上的增加，它不再是独一无二的，而是无穷多个。或者说，真实在无限的复制中"死亡"了，它的存在只在于复制后的"复兴"中。无穷多的符号表达一个事实：真实已经被它纠缠的符号和影像系统所接纳，甚至符号比真实还要真实，从而产生了"超现实"的图像增殖后果。这里存在两个问题：如果符号统治了一切、操控了一切，那么是否有可能走出符号世界？马克思将社会矛盾界定为生产关系和生产力之间的矛盾，在实践上实现了引导人们变革这个社会的可能，那么在符号世界里，是否也同样可能产生变革？然而鲍德里亚的后期作品只能得出一个结论，他将希望完全寄托于象征交换上，认为符号支配了主体。无限精美地"谋杀"了主体。除了符号，一切都在符号世界中变得无意义，符号世界只是一片荒漠。这种矛盾表明，鲍德里亚早期试图以符号补充马克思主义的乌托邦（Utopia）幻想最终成了一个不可实现的神话，并最终陷入虚无。贝斯特、凯尔纳这样加以评述："当鲍德里亚的著作带领我们发展一种后现代理论时,它却在传递上最终失败了。"[1]

如前所述,是否能够评价鲍德里亚就是一个马克思主义者,或者确切地说是一个后马克思主义者?按照西方理论界的观点,鲍德里亚的思想可以划分为三个阶段,其早期思想是在新的社会条件下补充和发展马克思主义[2],但就后两个阶段的思想转向来看,现今更普遍的看法,则是将鲍德里亚当作后现代主义者,并且是其中最重要的一位。道格拉斯·凯尔纳极其推崇鲍德里亚的后现代影响,称他是"迄今为止立场最为鲜明的后现代思想家之一"[3];詹明信也明确指出,无论在文化、社会、传播理论中,只要讨论后现代境况中的媒介功能,都绕不开对鲍德里亚的论述;德里达等后现代主义巨匠虽然以某个理论来加以搪塞,实际上仍无法忽略鲍德里亚的影响力。然而,鲍德里亚却并不认同自己是个后现代主义者,同时也否定了他自己的社会学出身。确实,他的理论在范围上无所不包,不仅涉猎马克思主义、符号学、社会学、媒介学等诸多领域,而且影响深度难以估计。马克思主义者?社会学家?后现代主义巨匠?鲍德里亚是他们,但又不是他们。因此,将鲍德里亚硬贴上某个理论的标签,确乎有些武断,鲍德里亚跳跃的行文方式和多面化的理论思维不是一个简单的定位能够加以概括的。至于鲍德里亚在哪个阶段冠以哪种定位,则是此文以外有待论述的问题了。

---

[1] Steven Best and Douglas Kellner, *Postmodern Theory – Critical Interrogations*, The Guilford Press, 1991, p. 143.

[2] 西方学术界一般认为,鲍德里亚的理论发展大致可以分为三个阶段:第一阶段,鲍德里亚聚焦于对象征交换理论进行研究,依据索绪尔符号学以及拉康的精神分析学理论,展开对消费社会的批判分析,并试图将马克思主义和符号学结合起来,作品主要有《物体系》《消费社会》和《符号政治经济学批判》。第二阶段,鲍德里亚转变了研究方向,开始背离马克思主义,并对马克思的历史唯物主义进行了尖锐的批评。这一时期主要集中在20世纪70到80年代,即鲍德里亚通过符号政治经济学批判,转向后现代社会的模拟、拟像和超现实问题研究,作品主要有《生产之境》和《象征交换与死亡》。第三阶段,20世纪80年代以来鲍德里亚理论发生了一个"形而上学"的转向,论题在于他同一切现实决裂,认为物体可以支配一切,并提出"终结"的理论。这一阶段的作品主题涉及广泛,笔端触及生活中的许多方面,包括广告、媒介、时尚、身体、性别等等。详见Best and D. Kellner, *Postmodern Theory*, Houndmills: Macmillan, 1991, pp. 111-114。

[3] 斯蒂文·贝斯特、道格拉斯·凯尔纳:《后现代理论——批判性的质疑》,张志斌译,中央编译出版社2001年版,第143页。

中国文化产业学科面临的问题[①]

叶舒宪

何谓"文化产业"？举例来说，笔者2006年8月访问新西兰，在基督城一下飞机就在机场看到一本书《〈指环王〉外景地导引》。它是根据国际上成功的文化产业精品——影片《指环王》（汉语又名《魔戒》）——而制作的当今新西兰最流行的特色旅游导览书。理由很简单：根据小说《魔戒》改编的电影《指环王》是由新西兰导演特意在新西兰这个与大陆隔绝的岛国风光中拍摄的。如今这部影片已经成为继卡梅隆《泰坦尼克号》之后电影史上票房第二位的艺术经典，也是拉动这个岛国旅游业和经济的"招财之神"。此书要引领你去看电影《指环王》三部曲的拍摄外景地，让人们了解影片中哪些场景和形象是高科技合成的，哪些是新西兰特有的仙境般的湖光山色实景。这就是文化产业的成功案例。如同到巴黎旅游有专门的特色组团叫"卢浮宫《达·芬奇密码》外景地体验游"一样。文学作品原来只供人们在茶余饭后消遣和欣赏，如今却成为直接拉动经济的引擎。在我们以前所受的教育（不论是中等教育还是高等教育）中根本没有文化产业这个学科。语言文学专业的师生对于如何将文学创作变成和工业生产一

---

① 本文原载于《学术月刊》2010年第8期。

样的经济产业,可以说完全是陌生的。今天教育部的专家们也没有明确把文化产业规定为几级学科以及在高校怎么招生。因为它的对象完全是适应现实需要而催生出来的新生事物。可以说,文化产业是适应后工业社会的现实——迫切需要我们的知识转型——而提出的一个大有可为的新方向。为什么要拿这部书来说事?因为这个文化产品的前身就来自一部小说,一部英国文学的三部曲作品——托尔金的《魔戒》。

我所理解的文化产业,它不仅仅是一个经济问题。它的出现和兴盛是人类文化当代转型的重要结果。理解文化产业的前提是要先理解文化。如果说有一个学科是专门研究文化的,那就是文化人类学。学界认为20世纪繁荣起来的文化人类学,其最重要的贡献就是对文化及其原理的自觉认识。20世纪对文化的发现可以跟哥白尼提出日心说具有同样重要的意义。人类学家首先把人确定为是"文化动物"(cultural animal)。我们人类和其他动物的区别就在于我们有文化,是文化传统塑造出的独特生物。"文化"这个词在我国过去的学科体系中竟然没有相应的学科地位。因为文化人类学是一个帝国的学科,这里有意识形态背景。虽然北京大学有社会学人类学研究所,却是把人类学和社会学混在一起的。中国的大学中原来就有文化人类学系科的,就是厦门大学和中山大学,那都是1949年以前建立的。这样一种现状,就预示着中国发展文化产业学科的先天不足。今日的我们必须为冷战时代的学科设置偏见及其后遗症而买单。文化产业首先要面对文化这个概念。而它被认为是20世纪人文社会科学的最重要的一个发现。从人是"文化动物"的新界定着眼,所带出来的内涵是非常丰富的。文化的资本化和产业化,是人类步入后工业时代所面临的崭新课题,它对于转变经济增长方式具有至关重要的意义。

下面先说明现代社会(工业)和后现代社会(后工业)的根本区别,从长时段的透视中凸显文化产业学科的历史意义。在文化产业(即文化工业)提出以前,资本主义的基本产业就是工业主义,我们过去简称为资本主义生产方式。自启蒙运动以来约三百年,资本主义工业经过全球化扩展而建立了世界经济体系。这样一种建立在大量消耗地球自然资源前提下的物质生产方式,一方面创造出惊人的物质财富,另一方面也将地球生态引入空前危机。从 2009 年哥本哈根会议已经可以看得很清楚,症结已经得到明确诊断,这种发展方式不能再持续下去了,必须重新谋求发展方向。① 我国的"科学发展观"也是在这个严酷的现实背景下提出的。哥本哈根会议之前,在 20 世纪 90 年代的里约热内卢会议(联合国环境与发展大会)上,提出人类经济社会协调发展的问题,也就是可持续的重大前瞻问题。工业主义体现为人类生产能量的大释放,其基础是开发自然资源(几乎是没有限制的),然后生产最大化的利润。这就是马克思写《资本论》所要解答的资本主义社会的核心运作规则。后现代社会,要求把生产目标从无限制的开掘自然资源转向文化资源。这是一个非常领先的、非常前沿的问题。马克思完成了《资本论》,但是文化如何变成资本这个问题在 19 世纪的工业主义语境中不可能出现。所以现代性的西方学科体系里也没有这方面的内容。人文学界对工业社会的走向提出的批评比较多,文学艺术家一般都是反思批判工业主义的先锋。从 D. H. 劳伦斯的小说、卓别林的《摩登时代》,到 21 世纪最新的卡梅隆编导的影片《阿凡达》,可以开列出一长串的名单。不过唯有从人类学立场提出的批判才更具有高屋建瓴的深刻优势:在不耗费自然资源也不损害生态的状态下,人类在这个地球上存活了三百万年。有了工业革命以来,仅仅几百年,地球上的资源已经消耗了一半。② 在这种情况下,工业主义的发展模式,肯定不是未来的发展方向。文化产业也好,文化资本也好,是在这种资源和环境的双重危机背景下提出的后现代经济转型之课题。较早的提法有"知识经济""非物质经济"③,还可称"虚拟经济"或"符号经济"(鲍德里亚)④。其基本特征是不耗或少耗能源和资源,同时几乎没有污染和碳排放。笔者举出《指环王》到《阿凡达》的系列作品为例,这些作品都是国际市场上最成功

---

① 佩尤托:《佛教经济学》,叶舒宪译,载《法音》2001 年第 9 期。
② 叶舒宪:《人类学质疑"发展观"》,载《广西民族学院学报》2004 年第 4 期。
③ 参看托夫勒:《力量的转移:临近 21 世纪时的知识、财富和暴力》,刘炳章等译,新华出版社 1996 年版。汪泰姆:《形象经济》,刘舜尧译,中国纺织出版社 2004 年版。叶舒宪:《非物质经济与非物质文化遗产》,载《民间文化论坛》2005 年第 5 期。
④ Jean Baudrillard, *For a Critique of the Political Economy of the Sign*, translated with an introduction by Charles Levin, St. Louis, MO.: Telos Press, 1981, p.164.

的文化产业的精品。下文尝试说明它们是怎么打造出来的,以此为借鉴反观中国文化产业面临的"文化匮乏"问题,并提出解决的对策。

小说《魔戒》三部曲在《哈利·波特》系列风行之前半个世纪就已经问世,堪称是20世纪后期席卷全球的魔法风暴之源。这样一部作品,它的创作过程本身就有很多故事可讲,这里只能简介一下作者的身份。作者托尔金(J. R. R. Tolkien,1892—1973)是全世界最老牌的大学牛津大学的古英语教授。他几乎是用毕生精力写出这一部小说的。该书出版几年后,他就从牛津大学退休了。后来的研究者发现,这部小说中甚至每一个人的名字背后都有典故。如果你在英美的书店看到有很多《托尔金指南》[①]或《魔戒百科辞典》之类的流行读物,就会明白作品的文化含量是如何丰富而深厚。[②] 2004年美国的西弗吉尼亚大学还创办了一个刊物《托尔金研究》,包括语言、神话、哲学、宗教、心理学、民俗学和生态学等各个学科的专家都找得到他们需要研究的内容。过去讲西方神话,人们只知道古希腊罗马神话和《旧约》所代表的古希伯来神话。托尔金通过自己的挖掘探索,动用四种神话体系的素材(希腊罗马神话、希伯来神话、凯尔特神话和北欧神话),试图重新建构一部新的英伦神话作品。作品中的"中土"(middle earth)就是寓指位于欧洲大陆和冰岛之间的英伦三岛。这部小说被搬上银幕以前,在20世纪后期就已经产生巨大而深远的影响。20世纪结束之际曾经举办过英语文学界的一次评选,要选出一个世纪来最伟大的一部小说,学院派评出的是乔伊斯的《尤利西斯》,网上更广大读者群评出的就是《魔戒》。这样一部作品是由一位学富五车的西方文化专家打造出来的,它是文化资本打造过程的精品示范。相比之下,今日的中国文化产业面临的主要问题是什么?就是"产业有余而文化匮乏"的问题。换言之,我们有国家给予的倾斜政策支持,也有金融资本的鼎力相助,而缺少的恰恰是对"文化资本"的自觉锤炼。

[①] J. E. A. Tyler, *The Tolkien Companion*, London:Pan Books Press,1977.
[②] 从各种学科和理论视角对《指环王》内涵的发掘和解读,请参看《〈指环王〉与哲学》一书中文译本。

由于文化产业的现实拓展在我国只有大约十年,是新世纪才发展起来的,在很多方面是仓促上马,准备不足。像人才的匮乏问题、教育的脱节问题等都十分严重,其间更重要的应该是国民的文化自觉问题。你必须首先认识到你所生存其中的这个文化——中华文化,是一个什么样文化?其内部的构成蕴藏着怎样丰富的多样性资源?这里存在着巨大的探索空间。而不尽人意的是,受到西学东渐风潮的裹挟,中国人在过去的一个世纪里都在革自己文化的命。改革开放三十年更是西风盛行,国人对自己的本土文化传统已经日渐陌生和隔膜。流行一时的"文化搭台经贸唱戏"口号,居然能够成为政府主流话语,充分显示出我们这个文化大国的当代悲哀!在这样的情况下,期待文化产业拿出能够走向世界并征服全球的文化产品很不现实。一个以本土文化自觉为先导的文化启蒙和再认识过程,是从业者必须经历的"成年礼"。没有这样一个过程,中国的文化产业难以摆脱文化匮乏的当下窘境,陷入所谓"临时抱佛脚"的轻浮和浅薄,拿不出足以和国际文化精品相比肩、相抗衡的国字号产品。

受《魔戒》的影响,英国作家罗琳写出的《哈利·波特》系列,并迅速变成了全球跨世纪最畅销的小说。在《哈利·波特》之后,21世纪以来最畅销的作品非《达·芬奇密码》莫属。同样是从小说到电影,再到品牌营销、旅游和文化衍生品等,形成巨大的产业链条。[①] 假如要找这些作品的共同性,第一就是认真学习文化传统,充分发掘和利用不同的神话资源,重新建构或再造一个新的神话传统。这绝不是说让编剧和导演凭着灵感闭门造车。《达·芬奇密码》的作者丹·布朗说得很明白,他的小说每一页背后有十页撕掉的资料。丹·布朗为写小说而下的功夫比我们做一个博士论文还要多得多。他要懂得宗教学、符号学、音乐学、神话学……所以说此类小说、电影都堪称是专家级的文化产品。从创作者到文化产品的过程,正是文化资本铸造完成的过程,也是一个前所未有的文化品牌问世的过程。

[①] 从文学创作到文化产业链的形成,请参看黄悦:《神话思维与符号经济》,中国社会科学研究生院硕士论文(2005年);唐卉:《从神话原型到品牌图腾——解读〈很久很久以前〉的文学人类学意蕴》,载《江西社会科学》2005年第11期。

在中国当下的情况,刚好形成一种十分强烈的反差:一般的制片人和导演根本不会亲自做学术研究或调研。其功夫主要用在讨好观众或搞笑逗乐方面,作品的文化蕴含基本没有在考虑之列;或者是虽有所考虑,却力所不及。甚至很多大讲特讲文化的领导干部和从业人员,自己最缺乏的就是文化自觉和文化研究的积累。这种局面若不加以警觉和改变,制约文化产业发展的一大瓶颈就无从突破,中国的文化资源就无从转化为文化资本。

在文化产业的主要领域之一的出版界中我国的某一个出版社加入了国际性的重述神话运动,在2005年签约苏格兰的Canongate出版社组织的国际合作大项目——在全世界二十多个国家招标,每一个国家选出一个有名的作家来中标,写一部自己本民族的神话作品。中国中标的第一位作家是苏童,随后有叶兆言、李锐等相继入选。这本来是一个利用神话资源重新打造中国文化资本和品牌的大好机会。可是令人惋惜的是,国内的出版者也好,导演也好,编创人员也好,文化管理干部也好,并没有意识到文化精品是必须由专业知识来打造的。其主要的考虑在于产业的利润率、发行量和投入产出比。我们把叶兆言的这部小说《后羿》打开一看就明白了。他主要写中国神话第一大英雄后羿的古老题材。他是怎样来重新创作这个家喻户晓的本土神话故事呢?这一套重述神话丛书在世界上二十几个国家同时发行,写完后要翻译为多种文字向世界发布。叶兆言随心所欲地把后羿神话写成一个"阴谋与爱情"[①]的俗套故事:主人公后羿被改写成一个受到阉割、却又没有被阉割干净的男性;再把嫦娥写成是他的母亲,实现母子之间的乱伦等等。这位作者应该不属于民间的低俗作者之列。叶兆言是很有名的作家,为什么写出这样一种"新神话",而且大张旗鼓地被出版商推向中国和世界的图书市场?如此缺乏文化底蕴的文化产品,又如何面对《指环王》《阿凡达》等打造十五年的国际精品?如何能有中国文化产业的品牌行销威力呢?如果不遵循学术和文化研究的脉络,仅从发行量上看一部作品的行销数字,这是远远不够的。由国际出版商启动的"重述神话"项目,其背后是风起云涌的全球文化寻根思潮,还有在欧美发达国家

---

① 叶兆言:《后羿——后羿射日和嫦娥奔月的神话》"封底说明",重庆出版社2007年版。

已经积累几十年的新时代运动,特别是文学艺术方面的新神话主义创作流派。国内从业者在对此背景不甚了了的情况下,仓促上马,凭借捉襟见肘的拼凑和反弹琵琶的戏说、恶搞,是无法实现"创意"初衷的,也是和新神话主义的国际潮流貌合神离的。

  综上所述,本文认为中国的文化产业方兴未艾,任重道远。中国作为文化大国,却在文化产品的外贸方面远远落后,关键原因不在于产业运作方面,而在于文化资本的锤炼方面。核心的问题是全体从业者如何尊重本土传统文化资源,实现文化再启蒙和再教育的问题。迎接文化资本的新时代到来,我们不得不先有一个虔诚的扪心自问:你准备好了吗?你用来参与国际竞争的文化资本何在?

用神话原型打造经典品牌[①]
——解读《很久很久以前:以神话原型打造深植人心的品牌》的文学人类学意蕴

唐 卉

语言文学专业和心理分析方面的学人对于神话原型的概念都已经非常熟悉。加拿大文学批评家诺斯洛普·弗莱(Northrop Frye)倡导的神话原型批评成为20世纪孕育出的最重要的批评流派之一;而分析心理学创始人荣格(K. G. Jung)围绕原型概念打造的集体无意识理论,也已经在人文社会科学界产生了非常广泛的影响。在这两个学术研究领域的激发之下,一种打破学科壁垒的"文学人类学"研究思路在国内外方兴未艾。此外,近年来在商业——市场营销方面,也出现了一种研究神话原型的热潮,由此催生了实用性很强的运用文学原型的品牌创意理论,给传媒广告业、形象设计和市场开发方面的从业者带来不小的震动。

美国女学者玛格丽特·马克(M. Mark)和卡罗·皮尔森(C. Pearson)便是新兴的知识经济潮流中涌现出来的佼佼者。她们利用自己多年来对原型及应用研究的经验,透视顾客对品牌的认同心理与品牌构成要素,在

[①] 本文乃作者旧作《从神话原型到品牌图腾——解读〈很久很久以前〉的文学人类学意蕴》(载于《江西社会科学》2005年第11期)基础上修改而成。

21世纪伊始推出《很久很久以前:以神话原型打造深植人心的品牌》[①](以下简称《很久很久以前》)一书,旨在挖掘出能够为人类的典型处境提供力量的故事,为人们提供一个崭新的市场心理学的思考架构,帮助我们了解在当今这个消费社会取代组织化资本主义的后现代状况里,一个品牌和一家企业是如何像往昔的一部作品那样,获得或者失去意义、注意力、价值和市场占有率的。

两位女性作者一位是顾问公司的总裁,一位是创立"原型研究暨应用中心"(CASA)的哲学博士。两人的经验与知识组合产生了一加一大于二的化合效果。书中所阐述的是人类心理结构中最古老的"印记"——20世纪最具有召唤力的心理学大师荣格将此印记称为"原型"(archetype)——的市场开发价值。在将文学和心理学意义上的原型融会贯通之后,市场创意人士要思考的是,如何运用这些原型来为产品注入意义,进而创造价值。在当今这个追求文化附加值和不断满足人类潜意识里的欲望的消费社会里,打造出一个知名的品牌,并为自己的品牌找到活力的源泉,让它经久不衰,拥有神话般的影响力,几乎成为每一位在商海浪潮中航行的有识之士的愿望。而此书就是透过研究世界各大知名品牌,具体归纳出"天真者""探险家""智者""英雄""亡命之徒""魔法师""凡夫俗子""情人""弄臣""照顾者""创造者""统治者"12种原型角色。这12种原型人物反复出现在世界各地的传说与神话故事中,也是亘古以来深藏在人类无意识心理中的"形象",只要借由分析这些原型/意象与品牌之间的关系,便能够建立起一套运用原型理论与意义管理系统来建构品牌图腾的技术方法。

书中举了许多经典之例。比如,20世纪末曾经被国际媒体热炒的戴安娜王妃的故事,总围绕着"情人王妃"这个原型主题打转;卖座电影也都具备了原型的架构,奥斯卡"最佳影片"得主《勇敢的心》(Brave Heart,1995)讲的就是苏格兰民族英雄华莱士的胜利和磨难,来自于古典原型中

---

① Margaret Mark, Carol S. Pearson, *The Hero and the Outlaw*, 2001, 书名直译为《英雄与匪徒》,许晋福等译为《很久很久以前:以神话原型打造深植人心的品牌》,汕头大学出版社2003年版。

的英雄故事;有史以来最棒的英雄品牌耐克(Nike),名称就出自于有翼女神耐克的原型故事,代表着自由与逾越;苹果电脑(Apple)虽然犯过许多经营上的错误,但顾客的耿耿忠心却一再挽救了它(这些顾客不管怎么样就是爱苹果电脑)。该公司的座右铭("与众不同地思考")、商标(被咬了一口的苹果——暗示亚当和夏娃违抗神旨,偷吃了知识树上的果实),以及该公司勇于创新的声誉,都令人联想到古老《圣经》伊甸园中的原型。在笔者看来,在《很久很久以前》问世之后出现的美国小说家丹·布朗的超级畅销书《达·芬奇密码》,写到开启内藏千年之谜的拱形石的最后一道密码,即"A–P–P–L–E"(苹果)组成的五个字母,也是自觉利用伊甸园故事原型的佳例。原型密码使紧张曲折的故事情节本身又笼罩了一层神秘气氛,令全球的万千读者为之感叹,为之着迷。

在玛格丽特·马克和卡罗·皮尔森看来,商品就像一出原型戏剧中的道具,原型的作用力能够引发人们内心深层的情感,它可以突显生命的意义,并让生命变得更加高贵。就某种角度而言,原型的意义正是一个品牌能够在消费者心目中"活起来"的原因。在这方面,使她们二人受惠最多的一位理论家,还是将荣格的原型心理学融合到比较神话学研究中的美国学者坎贝尔(J. Campbell)。正是坎贝尔的《千面英雄》一书,给出了千变万化的各种英雄背后那个终极的原型英雄。[①] 原型恰恰补足了顾客动机和产品销售量之间那个欠缺的环节。而最好的原型品牌,其最最重要的条件就是,它是一个能够满足并实现基本人性需求的原型产品。当代日本著名的动漫导演宫崎骏的作品便是一个很好的论证。宫崎骏的动漫作品,天马行空,看似一个不经意的感官世界,唤醒的却是一个理性的内核,作品丰富又寓意深远。他的每部作品,题材虽然不同,但却将生存、信仰、梦想、环保、欲望这些令人反思的信息融合其中。宫崎骏这份直视人性、鞭策人寰的执着,不单令全球人产生震撼与共鸣,更令日本动画被全世界所瞩目。其成功的代表作《千与千寻》就是在反省人类贪婪欲望,人变猪(古代人变兽的原型)的故事中,让幼小的女主人公承担起拯救遭受惩罚的人群的重

[①] J. Campbell, *The Hero with a Thousand Faces*, New York: Meridian Books, 1956.

任,那份执着、单纯和不言放弃的信念、爱与关怀都留给我们最深切的感动,影片当之无愧成为带有原型意义的成功的佳作。

《很久很久以前》这本书还交代了原型如何影响意识以及撰写该书的主要原因。伴随着"现代"的结束,"后现代"的来临,外在世界丧失了意义,"人类失去了外在的依靠,他们能依靠的只有自己。他们必须发现自己,知道自己的想法、感受、欲求,以及自己所代表的意义。就品牌而言,这意味着探险家(找到自己的定位)和智者(探索自己的内心)世界的原型可能成为显著的诱因"[①]。一个品牌承载意义所诉求的,便是人类心理深层的需求与渴望。书中用了很大篇幅帮助读者辨识原型品牌和原型广告背后的形态,进而了解它们的威力为何如此之大。着重介绍在四大动机类别中的12种原型,探讨各种原型在典型广告、品牌形象、顾客动机、组织文化和行销策略中的表现方式。

一、天真者。座右铭:"自在做自己。"原型杰作:可口可乐。

二、探险者。座右铭:"不要把我困住。"原型杰作:星巴克。

三、智者。座右铭:"真理将使你解脱。"原型杰作:邦诺书店。

四、英雄。座右铭:"有志者事竟成。"原型杰作:耐克。

五、亡命之徒。座右铭:"规划就是立来破的。"原型杰作:哈雷。

六、魔法师。座右铭:"梦想成真。"原型杰作:万士达卡。

七、凡夫俗子。座右铭:"人生而平等。"原型杰作:钍星(Saturn)问世。

八、情人。座右铭:"我心只有你。"原型杰作:香奈儿。

九、弄臣。座右铭:"如果不能跳舞,我就不要和你一起革命。"原型杰作:百事可乐。

[①] 玛格丽特·马克、卡罗·皮尔森:《很久很久以前:以神话原型打造深植人心的品牌》,许晋福、戴至中、袁世珮译,汕头大学出版社2003年版,第44页。

十、照顾者。座右铭:"爱邻如己。"原型杰作:康宝浓汤。

十一、创造者。座右铭:"想象得到的,都能创造出来。"原型杰作:芝麻街。

十二、统治者。座右铭:"权力不是一切,而是唯一。"原型杰作:IBM;凯迪拉克。

由于神话原型的出现,改变了消费者与商品之间的纯粹商业联系。消费者所消费的并不只是"物",而是多少带有宗教崇拜意义的品牌图腾。荣格曾经告诉我们,原型是人类集体无意识在文化和文学艺术中的显现方式。由于其深远的传承作用,一个原型可以发出一千个人的声音:

> 一个原型的影响力,不论是采取直接体验的形式还是通过叙述语言表达出来,之所以激动我们是因为它发出了比我们自己的声音强烈得多的声音。谁讲到了原始意象谁就道出了一千个人的声音,可以使人心醉神迷,为之倾倒。与此同时,他把他正在寻求表达的思想从偶然和短暂提升到永恒的王国之中。他把个人的命运纳入人类的命运,并在我们身上唤起那些时时激励着人类摆脱危险、熬过漫漫长夜的亲切的力量。①

在荣格看来,善于运用原型是一切伟大艺术成功的秘密,也是伟大作品产生持久影响力的秘密。作为荣格与坎贝尔的忠实弟子,玛格丽特·马克和卡罗·皮尔森对此早已经心领神会。她们还根据时代的新变化,提出更加容易为当代人接受的新的比喻,来阐发原型的巨大心理学潜能。那就是:原型是心灵的"软件"。她们接着写道:"就好像某个电子邮件软体或文字处理软体是你电脑的预设程式似的。一个品牌若是被人和这些原型联想在一块,就会让表现这些原型的人觉得舒服自在,并以某种有趣的方

---

① 荣格:《论分析心理学与诗的关系》,见叶舒宪编:《神话-原型批评》,陕西师范大学出版社1987年版,第101页。

式为这些人的生命增添意义。"①荣格将原型比喻为人类集体无意识的声音,玛格丽特·马克和卡罗·皮尔森则更进一步比喻为电脑的软件。这个微妙有趣的变化说明她们俩并非鹦鹉学舌之辈。荣格所表达的道理在新的比喻中更好地得到了诠释:"原型和软件一样,在它被开启或唤醒以前,是一直沉睡在潜意识中的。一套软件可以帮助我们写作、编报表、做投影片,而原型则可以帮助我们实现自我、发展潜能。比方说,当我们内在的英雄被唤醒了以后,我们就能够学会振奋起勇气,为他人和自己而战。"

这个道理会给从事文化创意产业的人士带来深刻的启迪。古典文学的知识修养不光要在大学文科课堂里充当主角,也要在市场开拓方面发挥巨大的潜移默化作用。将2004年的进口大片《特洛伊》与国产大片《十面埋伏》做一对比,就可以看到:前者是自觉利用文学传统的英雄原型故事进行再创造的范例,能够给观众带来"我们内在的英雄被唤醒"那样的心理效果;后者则是缺乏文学原型知识功底而片面追求视觉刺激效果的例子。《十面埋伏》以及《英雄》等,尽管票房可观,却让许多观众失望,乃至有花钱"中了影片编导的埋伏"一类抱怨。即使是商业性的影片,要想获得广泛而持久的市场效应,最好的办法是满足大众的深层心理需求,即对意义的渴望。即便是取了"英雄"的名字,却无法真正地"唤起人们内在的英雄",那还是无济于事的。

再举一个对照的例子:我国央视每年推出的春节联欢晚会,历时30年,花费大量人力、物力、财力,虽然已经被不少人认为是一种"新民俗",但却没有形成自己最独特的品牌形象,至今还在探寻其节目定位和基本风格等等(比如2012年的"春晚"就在一定程度上做了创新和改革,对此,国内诸多媒体都纷纷有所报道,此不赘述),这不得不说是一种遗憾。反观,备受欢迎的美国电视节目《芝麻街》现在已进入播映的第32年,成为全球最知名、最受尊崇的品牌节目之一。何以如此呢?"芝麻街"本身,正是"原型"的第11种创造者品牌创造过程和诞生的最佳例证。在奔放的创

---

① 玛格丽特·马克、卡罗·皮尔森:《很久很久以前:以神话原型打造深植人心的品牌》,许晋福、戴至中、袁世珮译,汕头大学出版社2003年版,第38—39页。

意和"芝麻街"教育工作间,出现建设性的角力,正是这个创造者品牌成功的核心。

人类学方面开阔的视野和整合性的知识,给《很久很久以前》的两位作者带来激发商业智能的种种联想:

> 每种产品都有可能成为意义的媒介,就像是各种仪式中所用的道具一般。①
>
> 在这个没有神圣故事来为我们的整个文化提供共同意义的社会中,行销扮演了类似祭师的角色。就某方面来说,这类故事的缺席为我们带来了一种前所未有的个人自由。人类学家告诉我们,在已开发国家中,这是人类史上第一次,我们无法用一个人的性别及其出生时的社会地位来预测他生命的故事。②

在她们看来,今日的市场行销人士唯有给消费者提供具有真实意义的"神圣故事",才能够充当起当代"祭师"的角色。然而可惜的是,迄今为止,大多数的公司高管们还没有这样的文化自觉意识和能够与之相应的人类学、心理学和文学艺术方面的知识素养。所以,大多数公司也就不能出于自觉地在组织文化、企业价值观与品牌形象之间做出有系统的联结。这也正是传统产业经济向后现代知识经济的转型对人才知识结构提出的新标准。缺乏深厚的人文学素养,对神话文学以来的各种主要原型的无知,是与今日"图腾"和"祭师"无缘的关键因素。

总体而言,《很久很久以前》是一部令人耳目一新的书,它打破了文学与商学的学科隔膜,从真正的"文学人类学"意义上,用讲故事的平易方式,深入探讨了品牌意义对消费者心理的深层作用,挖掘了时代的集体意识和集体无意识中储藏着的最具有影响力的原型故事。笔者以为,它是知

---

① 玛格丽特·马克、卡罗·皮尔森:《很久很久以前:以神话原型打造深植人心的品牌》,许晋福、戴至中、袁世珮译,汕头大学出版社2003年版,第52页。

② 玛格丽特·马克、卡罗·皮尔森:《很久很久以前:以神话原型打造深植人心的品牌》,许晋福、戴至中、袁世珮译,汕头大学出版社2003年版,第51页。

识人面对正在迅速崛起的符号经济大潮,改换自己的知识结构和知识功能不可不读的新经典。在这部书的启迪下,人们会明白:原来,神话原型不光引导文学艺术创作之灵感,也引导着消费社会中的时尚和潮流。

那种认为人文学科无用、不创造价值、没有经济效益的传统偏见,尽管已经十分的根深蒂固了,但在这部迎接知识经济时代的理论佳作面前,肯定会不攻自破的。由此连带出来的还有对老问题的新思考,即给千千万万以文学为职业的人(特别是国内那些热衷纠缠于文学研究与文化研究关系之争论的文学从业者)带来的反躬自问:文学在何种意义上是人学?一种打破原有学科界限的"文学人类学"能不能引发传统知识系统的解构与重构呢?

符号经济的消费特点与品牌增值[①]

谢美英

　　当代资本主义发展使消费主义呈现席卷全球之势。消费社会商品的符号价值被全面开发和无限放大,以"符号"的生产、交换和消费为基础的符号经济时代已到来。人们对商品价值的关注不仅限于传统的交换价值和使用阶值,更重要的是其所包含的文化附加值,从这个意义上来说,身处当代消费社会中的人所消费的符号(服饰,谈吐,闲暇时间的安排,饮食的偏好,家居、汽车、假日的选择)会成为他或其社会群体区别于他者的认知符号。品牌符号为什么具有那么大的魅惑力?除了人表面的虚荣和所谓的感觉之外,主要在于符号作为文化表达意义的载体,影响社会行为者看待世界、思考世界、察觉世界。因而作为同一文化成员交流自己的世界观、价值观和社会情感的品牌符号在一定程度上与人类固有的心灵图式有着内在的联系,唤醒人类许多代以来那种隐秘的内心渴求,从源头上满足了人类的情感需求,所以很容易激起消费者共鸣,风行一时。此外,从品牌的符号属性和幻象效应看,品牌是原型的延伸和现代表征,是现代人的情感表征形式。一个品牌一旦打造成功了,等于揭开了原型的盖子,那种积累

[①] 本文主体部分发表在《新闻界》2010 年第 6 期,现经作者修改后辑入。

了多少代的心理内核就会释放出巨大的能量,激起人类强烈的情感认同和归位意识。例如一个人不会只为了代步而购买奔驰,购买奔驰是通过其品牌的价值寻求一种身份归属感和认同感。所以说某些品牌之所以价值连城,关键在于品牌背后存在的符号性象征意义,因而,要想去理解某个品牌的流行原因,在人类学的原型理论中可以找到深层次的文化解释;要想成功地发挥品牌的广告效应,有必要运用深刻的原型原理来打造产品的符号附加值,增加产品与消费者之间情感的、信任的、文化认同的多重内涵品牌是广告宣传的重要策略。

一、符号经济的消费特点

符号经济的概念最早虽由美国经济学家彼德·德鲁克(Peter Drucker)1986 年提出,但对这一现象的关注却可以追溯到 17 世纪中叶,威廉·波特在其《致富秘诀》中预言具有符号意义的票据通货将取代真正的财富。现阶段由于文化的介入,符号经济的概念已由金融学语境中的符号经济拓展为符号学语境中的符号经济,具体而言就是指当代消费社会商品符号价值超过本身的使用价值,经济活动围绕商品符号价值展开的特有现象。在此语境下,通过商品符号价值的全面开发和无限放大,来建构商品差异性并制造需求,在消费者群体中培育和诱导一种类似于宗教迷狂和艺术追星的消费痴迷。[①] 从这个意义上说,符号经济的消费路径往往表现为消费者在选择商品的过程中,主要期待商品能够为其提供声望和表现个性特征、社会地位、权力,具有以下特点:

(一)注重过程消费和符号效用

在符号经济形态中,符号的信息功能已经改变,消费社会中的信息、文化等被用来传递的意义已经成为符号产品的本质属性,而物质性实体只是充当了权力和资本实现其价值的载体,是次要的、非本质的属性。符号产品的生产者逐渐放弃了对最终消费结果的把握,而专注于对消费过程的控

[①] 叶舒宪:《符号经济·文化资本·文化情怀》,载《博览群书》2007 年第 4 期。

制。受此影响,消费者对过程和意义的追求超越了产品购买的范畴,期待和意义甚至远比体验的实际消费更重要:"它追求的并不是传统消费中实用性的一面,而是通过身份与地位的符号价值,标识自己的社会地位并确证这种地位的合法性。"①于是,产品的消费只是表面形式,对意义消费、过程的消费成为符号经济的真正价值所在。

(二)从日常消费品到品牌需求

在物质产品严重不足的农业社会和工业社会初期,人们购买商品主要是为了物质消费。工业社会后期,绝大多数人的生存需求基本得到满足,物质消费的边际效用开始递减,社交、尊重和自我实现等精神文化需求得以提升,人们购买商品时不再单纯地强调由物质材料所构成的使用价值,更多的是关注由无形的文化含量所凝结的符号价值,用不同于群体消费意识的专有"符号"展示自身的价值。这样消费者通过品牌消费,或者说,通过挪用原始的符码意涵和对符号的操弄与建构,追求符号生活的富足和地位的提升,满足现实生活中缺失的某种经验和精神需求。

(三)强调个人体验的多样性和追求个人价值的普遍认同

在符号经济时代,文化产品的交换和消费过程不再是简单的物质交换和消费过程,而是一种文化和意义的交换和消费,因而商品符号自生产之日,就蕴含了意义的多样性,并毫不掩饰地流露出对个体体验的迎合与对多样性的标榜:"就符号经济的产品特性来说,其价值体现在产品的差异性所带来的不同体验上,当可供选择的消费产品极大丰富时,符号产品必须体现其差异性特质,才能充分适应符号经济时代的消费规律,在市场上获得超值的效益。"②

此外,符号经济更是一种依赖于价值认同的经济形态。随着商品的符号价值和文化功能的开发和提升,越来越多的需要和意义被带入符号消费领域。人作为文化动物,毫无疑问会借助消费一定的符号塑造自己,寻找

---

① 柳洲:《两种文化与创新型国家建设——创新型国家发展动力和阶段的跨学科研究》,见《科学·创造·和谐:天津市社会科学界第二届学术年会优秀论文集 上卷》,天津人民出版社2006年版,第87页。
② 陈亚民:《符号经济时代文化产业品牌构建战略》,载《经济社会体制比较》2009年第4期。

群体归属感和互相认同的价值系统和文化体系。在此过程中,符号融入了我们的日常生活,导致个人失去了以自主方式控制符号的能力,成为符号经济系统中一个组成部分的存在。

二、品牌增值:原型意义与无形资产

(一)"原型"的符号意义

在对原型的理解上,学术界普遍认为这一概念最早源于荣格提出的"集体无意识"概念:有史以来沉淀于人类心灵底层的、普遍共同的人类本能和经验遗存,它们以原型的构成存在着,因此原型作为"具有集体本质的,透过神话元素出现在世界各地的形式或形象"[①],具有无限共时性和恒久历时性。从这一点而言,"一个原型的影响力,不论是采取直接体验的形式还是通过叙述语言表达出来,之所以激动我们是因为它发出了比我们自己的声音强烈得多的声音。谁讲到了原始意象谁就道出了一千个人的声音,可以使人心醉神迷,为之倾倒。与此同时,他把他正在寻求表达的思想从偶然和短暂提升到永恒的王国之中。他把个人的命运纳入人类的命运,并在我们身上唤起那些时时激励着人类摆脱危险、熬过漫漫长夜的亲切的力量"[②]。原型研究理论被玛格丽特·马克和卡罗·S.皮尔森运用到品牌的意义系统管理中去,发现一个深刻的事实:原型心理学可以帮助我们了解产品内在意义,也因此可以帮助行销人员创造出历经不衰的品牌形象,这些形象不但能够占领市场,也能够为顾客提供意义、激发顾客的忠诚度,[③]因而由广告唤醒品牌文化中永恒而普遍的原型将成为建构品牌意义、维护品牌、提升品牌资产,使品牌成为最受欢迎品牌的必备条件。

---

① 荣格:《心理学与宗教》,转引自玛格丽特·马克、卡罗·S.皮尔森:《很久很久以前:以神话原型打造深植人心的品牌》,许晋福、戴至中、袁世珮译,汕头大学出版社2003年版,第10页。

② 荣格:《论分析心理学与诗的关系》,见叶舒宪编:《神话-原型批评》,陕西师范大学出版社1987年版,第100页。

③ 玛格丽特·马克、卡罗·S.皮尔森:《很久很久以前:以神话原型打造深植人心的品牌》,许晋福、戴至中、袁世珮译,汕头大学出版社2003年版,第18页。

首先,消费时代,产品数量繁多,竞争激烈,能够以可辨认的产品差异来分割品牌实在太难了,因此必须用"意义"这个新概念来区分产品,我们可以通过心理学的神话原型理论来完成意义的构建。举例来说,如果你要行销麦片产品,你可能就要先研究农业的起源、五谷之神的特性等。而卖座电影几乎都具备原型架构和蕴含古典原型故事:《阿甘正传》中大智若愚的傻瓜"展示";《勇敢的心》中胜利英雄的"再现",《英伦情人》和《铁达尼号》描述了蜕变的情人;《莎翁情史》中,作家将失恋的痛苦转化为高贵的艺术品。

其次,商家将原型理论运用到品牌塑造和管理中,既可以利用品牌的原型形象,改变消费者与商品之间的纯粹商业联系,神化消费者所消费的"物",从而避免资源的浪费,又可以帮助顾客在生活与工作寻获意义,满足消费者真正的需求,加固他们对品牌的忠诚。法国经济和政治学家雅克·阿塔利在其著作《21世纪词典》中,对品牌做了如下解释和预言:永恒的品牌是那些能够代表世界视野,使消费者能够从中永远找到自我的品牌,并在购买他们之后,有一种归属这个特殊群体的感觉。① 因而要使品牌文化在高度发展的商业文明社会或为人类的精神代表,必须发挥原型理论的作用和进一步扩充品牌研究的视野。

再次,扬雅广告的"品牌资产评估系统"(BAV)研究表明,与原型定位有关的品牌能够为公司的实际资产评价带来正面且深刻的影响,一个完整的原型可以成功地决定品牌的定位并影响它的表现:与单一原型关联密切的品牌,其市场增值的增长速度比模糊的品牌高出了97%;经济增值的增长幅度也比关联薄弱的品牌高出了66%。② 哈雷-戴维森(Hatley-Davidson)是一个具有恒久情感定位的品牌,它向世人展示其"哈雷精神":富有激情,追求自由,享受生活。尽管如此,哈雷-戴维森还是十分清楚让顾客锁定其核心产品,支持其品牌的价值。他从摩托车业务的年收入中拨出

---

① 参见雅克·阿塔利:《21世纪词典》,梁志斐、周铁山译,广西师范大学出版社2004年版。
② 玛格丽特·马克、卡罗·S皮尔森:《很久很久以前:以神话原型打造深植人心的品牌》,许晋福、戴至中、袁世珮译,汕头大学出版社2003年版,第36页。

22亿美元投入到FY2000上,还从零部件及一般商品的年收入中拨出了6亿美元。这些商品不仅为公司带来了高额的利润,也使普通的顾客体验到了适合自己的哈雷－戴维森品牌。

要之,品牌诉诸的是深层且持久的人性需求,一致地表现出适当的原型,便能以实在且持久的方式造就获利率与成功。

(二)品牌原型与广告效应

弗莱曾多次提到人类生活的两个世界:一是人们实际生活于其中的世界,由科学对它做出解释;一是人们希望生活于其中的世界,即高度理想化的世界,由文学对之做出描绘和塑造。因而我们在广告这个重要而无所不在的媒介中要多运用文学原型的品牌创意理论,激发人们内心深层的情感,使品牌在人们心目中真正"活起来",产生巨大的广告效应和销售前景。

1.品牌原型能满足深层人性需求,提升品牌知名度。

所谓品牌知名度就是指潜在的消费者认出或想起某品牌的能力。经验告诉我们,消费者一般会经历先认识品牌,继而喜欢品牌,接着产生购买或重复购买行为,最终成为忠实的购买者。从这一点可以说,高知名度可以引发消费者熟悉和好感,从而成功延伸品牌。一个能具体展现某个原型的产品必能抓住并持续吸引我们的注意力,因而我们可以通过广告和媒体造势,唤起人类内心的渴望诉求,提高其知名度和美誉度。星巴克被国际品牌顾问公司Interbrand列为"21世纪25个最佳全球品牌之一",《财富》(*Fortune*)杂志也将其评选为"最受尊敬的企业",成功的重要原因就在于其展示了一个稳定可靠的原型形象"星巴克"。"星巴克"最早源自于古典文学著作《白鲸记》中捕鲸船"皮考特号"的大副。相对于一心想杀死大白鲸,以报咬腿之仇并最终导致"皮考特号"毁了的船长哈伯而言,星巴克处事极其冷静,极具性格魅力。在今天这个世界,如果将哈伯对大白鲸的疯狂攻击喻为现代人对环境的摧残,那么星巴克(以及这家公司)对大自然的爱护与对顾客的态度则为我们提供了一个现代的环保典范。

2.原型式的品牌形象,能唤起消费者对品牌的认同,深化品牌意义。

所谓"品牌认知"指消费者对某品牌产品和服务的整体认识,其内涵包括功能、特点、可信赖度、耐用度、服务度、高品质的外观等。当消费者对品牌信息缺乏全面了解时,往往根据自己心目中的品质认知来决定购买哪种品牌的产品,因而在产品更新速度极快的今天,广告可以通过某个原型塑造品牌形象,唤起消费者对品牌的认同,深化品牌意义。风靡世界的"黄腕环"广告就是通过讲故事的方式使其品牌获得成功。这个感人的故事就是:2004年环法自行车赛六冠王阿姆斯特朗是一位癌症患者,他与NIKE公司联手,制作了印有"活得坚强"(Live strong)的黄腕环,寓示无坚不摧的生命力。这样,一个简单的"黄腕环"隐含了深刻的生命含义,成为礼赞顽强生命的象征,以至许多人产生强烈的黄腕环情结,佩戴黄腕也成为美国一种新的社会现象。再如,Nortel Networks(北方电信)在他们的一支广告里引用了卡罗斯·山塔纳(Carlos Santana)的话:"这条路,通往一个没有疆界、没有边境、没有旗帜,也没有国籍分别的世界,在这里,心是你需要携带的唯一护照。"这条广告以国际网络提供通往完美世界的象征之路的承诺满足了人们希望完美、自由生活的心理诉求。

3. 创造品牌联想,增强消费者购买信心。

品牌联想指记忆中与品牌相连的每一件事,即一提到品牌名称,消费者脑海中出现的所有事物。它将为消费者提供购买的理由和品牌延伸的依据。综观世界知名品牌,大多有透过品牌而塑造出为消费者所易记的品牌联想,让消费者心目中留下更多有意义的印象,以更好、更快地被消费者接受、认可、喜爱,从而增强消费者的购买信心,丰富品牌价值和品牌资产。例如亚马逊网站的名字令人联想起在亚马孙河上泛舟的画面,尽管你此刻正舒舒服服地坐在自己家中。再比如,"耐克"篮球鞋之所以能给人与普通鞋不一样的感觉,主要源于"耐克"品牌形象传递"Just do it"("想做就做")的主张和精神,这种自由的、个人主义的张扬,就是"耐克"的品牌联想。同样,麦当娜(打破规则)、西游记(超越一切)、哈利·波特(梦想成真)、麦当劳(家庭的欢乐)、SOHO公司(不断创造)、丽江花园(自然和谐)等品牌大多展现出了最符合其价值观、目标和理想的原型,并使其变成一种标志,从而和消费大众建立极为良好而持续的共鸣。

4. 原型能引发深层情感,维护消费者品牌忠诚度。

品牌忠诚度是顾客对品牌情感的量度,反映出一个顾客转向另一种品牌的可能程度。研究表明,吸引一个新消费者的花费是保持一个已有的消费者的4～6倍;从品牌忠诚者身上获得的利润是品牌非忠诚者的9倍之多。[①] 钱并不总能买来信任和爱,这是现实世界一个不争的事实,只有持久的表现才能赢得两者。一些世界上最受青睐的品牌就有意识地运用品牌的原型意义(在其他知识领域中已被认可和命名了的东西),培养稳固顾客忠诚度,阻止消费者更换品牌。如苹果电脑(Apple)虽然在经营上曾经出现过一些错误,但顾客的忠心却一再挽救了它。造成顾客不管怎样就是爱苹果电脑的重要原因,就在于该公司的座右铭("与众不同地思考")、商标(被咬了一口的苹果——暗示亚当和夏娃违抗神旨,偷吃了伊甸园树上的果实),以及该公司勇于创新的声誉,使人联想到一个有创新性的人,从而维系了大众对它的信任和支持。保洁公司(Procter Gamble)一篇题为《美国人的最爱——象牙香皂百周年庆》的文章,一开头便肯定它延续了"六代美国人所珍爱的传统。每当新的一代拿起一块象牙香皂,每当这个品牌又一次实现了它对品质的承诺,这个传统便又再生了一次"[②]。这里用延续中的再生,引起人们对传统永恒而健全的价值观的传承和产品的再次肯定和认同。

人类学家格尔兹曾说,人是寻求意义的动物。和其他生物不同,人不仅生存着,而且意识到自己生存着。从诞生开始,人就一直苦苦思索生存的意义,并通过各种各样的活动,竭力把异于己的大自然纳入自己的意义范畴。因此,大自然的各种物象就与人类精神之间建立了密切的联系。人类通过品牌,就把外在世界的物象纳入自己的心灵版图,在无可把握的物质世界获得生存意义和精神的满足。守护一个品牌,就像守着隐秘的快乐。这也许是品牌广告效应在经济学背后最为深层的文化动因。

---

① 参见何佳讯编著:《品牌形象策划——透视品牌经营》,复旦大学出版社2000年版,第357—358页。
② 玛格丽特·马克、卡罗·S.皮尔森:《很久很久以前:以神话原型打造深植人心的品牌》,许晋福、戴至中、袁世珮译,汕头大学出版社2003年版,第70—71页。